KB047169

공주가 키운 유관순과 공주의 여성독립운동가

● 이 책은 2020년 공주시 지원에 의한 유관순 열사 순국 100주년 기념 책자 발간 사업의 일환으로 발행되었습니다.

유관순 열사 순국 100주년 기념

공주가 키운 유관순과
공주의 여성독립운동가

서만철 · 임연철 · 송충기 · 정을경 지음

저자의 말

　유관순 이름을 모르는 대한민국 사람은 없다. 그럼에도 불구하고 그동안 우리 정부에서는 유관순 열사의 서훈 등급을 3등급으로 수십년 동안 유지해 올 만큼 무성의하게 대해 온 것이 사실이다. 다행히 2019년 3·1운동 100주년을 맞이하여 열사의 독립운동에 관한 내용과 옥중 고난과 사망을 겪으면서도 불굴의 정신을 보여준 사례 등이 국제적인 관심을 받으면서 민간과 국회와 정부의 노력으로 그의 서훈 등급을 1등급 건국훈장 대한민국장으로 격상시킨 바 있다.

　소녀 유관순의 독립운동과 옥중 순국이 오늘을 사는 우리들과 앞으로 후손들에게 남기는 그 정신은 무엇일까? 서대문형무소에 수감되어 고문을 당하면서도 수감자들의 석방과 한국의 독립을 요구하는 용기를 보였으며 "내 손톱이 빠져나가고, 내 귀와 코가 잘리고, 내 손과 다리가 부러져도 그 고통은 이길 수 있사오나 나라를 잃어버린 그 고통만은 견딜 수가 없다"라던 발언과 1920년 9월 28일 순국 직전에 "일본은 패망할 것이다"라는 말을 남긴 죽음 앞에서조차 의연했던 그 용기를 우리는 배워야 하는 것이다.

　유 열사가 걸었던 그 길은 인도의 독립을 이끌었던 간디의 무저항 불복종운동과 성격적으로나 시기적으로 유사하며, 약 500년 전 프랑스를 위기에서 구한 국민영웅 잔 다르크에 비견되기도 한다. 또한 중국 현대사의 분기점의 하나로 간주되는 중국 5·4운동에도 영향을 미쳤다. 늦은 감이 있지만, 이제 유관순 열사는 세계적인 여성지도자 반열에 오른 것이다. 이와 같은 유관순 열사의 민족독립을 위한 불굴의 정신과 죽음을 무릅쓴 용기는 어떻게 형성되었는지 그의 짧은 삶의 궤적을 살펴보는 일은 반드시 필요한 일이다.

그에게 근대적인 교육을 시키고 민족정신을 고취시킨 공주의 영명여학교에서의 첫 스승 사애리시 선교사와의 만남은 그의 18년 짧은 인생에 가장 큰 영향을 주었을 것이며, 그와 함께 동문수학하던 영명여학교와 영명학교의 학우들과 선생님들은 1919년 4월 1일에 있었던 공주의 독립만세운동의 주역이었다. 켜켜이 쌓인 공주의 역사에 있어서 유관순 열사를 비롯한 여성독립운동가들의 발자취와 그들을 키워낸 공주와 서울의 감리교 공동체와의 관계 그리고 앞으로 공주에서의 소녀 유관순과 관련된 기념사업 등에 관한 전반을 살펴보면서 현재까지 밝혀진 사항들을 정리하는 차원에서 이 책을 출판하게 되었다. 부족한 내용이지만 이 책을 출간할 수 있도록 지원하여 준 공주시(김정섭 시장)와 공주대학교 공주학연구원(이찬희 원장)에게 깊은 감사를 드리며, 향후 더 깊은 사료조사와 연구에 대한 바람을 갖게 된다.

2020년 12월

저자 서만철, 임연철, 송충기, 정을경

소녀 유관순과 공주의 여성독립운동가를 기억하며!

　　교육과 문화의 도시 공주가 유관순과 독립운동의 도시로도 조명되기까지 많은 연구자와 김정섭 시장님의 노력이 있었습니다. 공주대학교 공주학연구원이 공주시와 협력하며 공주에 관한 모든 자료의 아카이빙을 통해 지속적으로 수집하고 정리하며 기록한 결실이기도 합니다. 이를 토대로 학술세미나와 토론회를 열며 당시의 공주 정서와 문화를 바탕으로 공주의 독립운동사와 독립운동가에 대한 발굴과 다양한 연구를 수행해 왔습니다.

　　100여 년 전, 충청의 수부였던 우리지역 공주는 항일민족정신을 길러주던 요람이었습니다. 일제에 항거하던 많은 독립운동가들께서 공주와 인연이 되었고, 독립운동의 상징이 된 소녀 유관순은 영명학교에서 독립정신의 씨앗을 틔우게 되었습니다. 여기에는 여성선교사의 삶과 근대의 교육이 함께 하였고 마지막까지 숭고한 뜻이 빛을 발하며 조국독립의 등불이 되었습니다.

　　금년은 유관순 열사 순국 100주년으로서 나라의 자유와 독립을 위해 헌신한 공주 여성독립운동가의 위업을 기리기 위해 '유관순 열사와 공주 항일독립운동 학술세미나'를 개최하였고, 오늘을 사는 우리에게 그분들의 희생을 되새기는 자리가 되었습니다. 이러한 연구를 바탕으로 공주와 소녀 유관순의 깊은 인연을 널리 알리고, 유관순을 키운 기독교감리회와 유관순의 스승 및 여성독립운동가의 활동을 기억하고자 이 도서를 발간하게 되었습니다. 또한 이분들의 독립정신과 고통으로 점철된 희생에 의해 만들어진 역사가 오늘의 번영을 만든 것으로 여기며 감사할 수 있었습니다.

'공주가 키운 유관순과 공주의 여성독립운동가'는 근대교육의 산실인 영명학교에서 소녀 유관순을 친 딸처럼 이끌어준 사애리시 선교사와 이화학당에서의 마지막 스승이었던 지네트 월터 선교사의 삶을 기록하며, 한편의 역사소설처럼 펼쳐 있습니다. 또한 독립을 위해 몸과 마음을 바친 공주의 여성독립운동가에 대한 생생한 증언을 통해 사회적 상황을 뛰어넘은 여성의 독립운동이 어떤 울림과 의미였는지를 반드시 기억하고, 이분들의 고귀한 의식과 시대를 앞서간 다양한 여성운동을 더욱 발굴하여 우리의 미래를 밝힐 수 있는 사표로 삼아야 하겠습니다.

　이런 뜻이 담긴 도서 발간을 위해 수많은 자료를 조사하고 면밀하게 분석하여 집필에 참여하신 서만철 회장님, 임연철 작가님, 송충기 교수님, 정을경 연구원님의 노고에 감탄하지 않을 수 없습니다. 이는 공주의 역사와 문화 및 교육의 진정한 가치를 잘 알고 계신 김정섭 시장님의 의지이기도 했습니다. 이 도서를 위해 함께하신 모든 분들께 깊이 감사드리며, 이를 통해 대한민국에 드리워졌던 암흑의 역사 36년이 재조명되기를 바라고 오늘과 미래의 삶을 살아가는 공주 사람들께는 뜨거운 역사가 되어 가슴 깊이 남기를 기대합니다.

2020년 12월
공주대학교 공주학연구원장 **이찬희**

축사

공주독립의 꽃 유관순 열사와 그의 스승 사애리시 선교사

일제강점기 35년은 반만년 역사의 우리 민족 최대의 수탈기였습니다. 그 압제와 속박에서 끊임없는 독립운동을 통해 독립을 맞이했습니다. 덕분에 대한민국은 오늘날 번영의 길을 걸을 수 있게 되었습니다. 그 토대가 된 순국선열과 애국지사들의 존엄한 희생에 존경과 감사의 마음을 담아 애도합니다.

2020년은 우리시와 깊은 인연이 있는 유관순 열사가 서대문형무소에서 순국하신지 100주년을 맞는 해입니다. 우리시는 열사의 숭고한 독립정신을 기리기 위해 추모제, 연극공연, 학술대회의 사업을 추진하였으며, 마지막 사업으로 이 책을 발간하게 되었습니다. 우리지역에서 유관순 열사와 지역의 독립운동, 유적 등을 연구해온 저자 분들의 노고에 감사드립니다.

유관순 열사는 1902년 12월 16일, 충남 목천군 이동면 지령리(現 충남 천안시 동남구 병천면 용두리)에서 태어났습니다. 독실한 기독교 집안에서 자란 그녀는 13세가 되던 1914년, 앨리스 해먼드 샤프(사애리시) 선교사를 따라 공주 영명여학교 보통과에 입학해 2년간 수학하였습니다.

유관순 열사가 공주에서 수학한 이 기간은 민족적 자존감과 불의에 대한 저항을 행동화할 수 있는 정신의 싹을 틔운 시간이 되었으며, 이후 1919년 파고다공원에서 일어난 3·1만세운동에 참여하고, 4·1아우내장

터 만세운동을 주도하는 계기가 되었습니다.

이 책은 일제의 모진 탄압에도 꺾이지 않았던 유관순열사와 공주지역 독립운동가들의 믿음에 찬 이야기이며, 열사의 스승이었던 사애리시 선교사, 지네트 월터 선교사와 공주지역 독립운동 관련 유적에 대해 소개하는 독립선언문 입니다.

이 책을 통해 공주와 유관순 열사의 깊은 인연을 알리고, 열사의 스승이었던 선교사들의 활동에 대해 제대로 후손들의 기억에 오롯이 새겨지기를 위함입니다. 공주시는 앞으로도 관련 분야를 계속 연구하고 널리 알리겠습니다.

감사합니다.

2020년(경자년) 겨울
유관순열사 순국 100주년을 기념하며,
공주시장 **김정섭** 삼가 올림

목차

contents

1910년대 공주시가지

1910년대 후반경 지금의 3·1중앙공원 유관순 동상 자리에서 공주시가지를 촬영한 사진그림엽서이다. 서쪽에 우뚝 솟은 봉황산 아래 조선시대 충청감영을 이어 받은 충남도청이 자리하고 있으며, 남북으로 제민천이 시가지 중심부를 가로질러 흐르고 있다. 충남행정의 수부지로서 도청을 비롯해 공주지방재판소, 경찰서, 우체국, 헌병수비대, 자혜의원 등 여러 관공서와 각종 상점 그리고 초가지붕 형태의 민가가 빼곡하게 자리했다.

百濟の舊都
公州市街

● 1930년대 공주시가지

지금까지 남아있는 중학동 미국 선교사 가옥
부근 야산에서 촬영한 1930년대 공주시가지
전경이다. 사진 중심부에 충남도립의원과 함
께 제민천 너머에는 공주경찰서, 공주읍사무소
등의 관공서도 보인다. 또 우측 가장자리에는
공주객사 옛 건물을 허물고 새롭게 지은 공주
공립보통학교 새 교사도 보인다. 특히 제민천
하류부근에 자리한 공주읍시장에는 많은 사
람들이 오고가고 있어 점차 번성해 가고 있는
도시의 모습을 보여 주고 있다.

서만철

한국선교유적연구회장

공주사범대학, 서울대학교 대학원을 거쳐 미국 루이지애나 주립대학교에서 지구물리학 박사를 받았다. 귀국 후 한국해양연구원과 한국동력자원연구원에서 근무하였으며, 1991년부터 2019년까지 공주대학교에서 교수, 학장 및 총장을 역임하였다.

서만철 회장은 공주대학교 총장 재임시절, 공관 인근의 등산길에서 마주한 오래된 선교사들의 묘지를 보면서 100여 년 전 이 땅을 찾은 선교사들에 대한 생각을 다시하게 되었다. 이들의 숭고한 삶과 선교사역이야말로 이대로 잊혀져서는 안된다는 생각으로 그들의 발자취를 들추면서 유관순 열사의 공주 영명여학교 수학에 관한 내용을 또한 추적하게 되었으며, 그 과정에서 유관순 열사의 서훈등급 격상을 위한 정부심사위원으로 활동하였다.

현재 그는 '백제역사유적지구'의 UNESCO 세계유산 등재에 기여하였던 경험을 살려 (사)한국선교유적연구회를 조직하여 몇 안 남은 기독교 선교유적을 세계유산으로 등재하고자 노력하고 있다.

소녀 유관순과
사애리시 선교사

1. 세계적인 여성지도자 유관순 열사

1919년 기미년에 일어난 3·1운동 100주년을 앞두고 미국의 권위 있는 신문 〈뉴욕타임즈(New York Times)〉의 2018년 3월 28일 자 신문에 뜻밖에도 유관순 열사의 스토리가 실렸다. 뉴욕타임즈는 창간 150주년을 맞아서 그동안 창사 이래 백인 남성 위주로 부고(obituary)란에 실리던 운영관습을 반성하고 이를 바꾸어 주목할 만한 여성들을 추가하겠다는 취지 아래 '더 이상 빠트리지 않는다(Overlooked No More)' 시리즈를 마련하였다. 여기에 "한국 독립을 위해 싸운 10대 순교자"라는 제목으로 유관순(1902~1920) 열사를 추모하는 기사를 실은 것이다.

〈뉴욕타임즈〉는 "1919년 봄, 한국의 독립을 위한 평화적 시위가 일어났을 때 유관순은 민족의 집단적 자유를 갈망하는 운동의 얼굴이 됐다"고 평가하면서, 유관순이 이화학당에 다니면서 독립만세 시위에 참가하고 이화학당이 휴교하자 고향인 충남 천안에 독립선언서를 반입해 만세운동을 이끈 것을 소개하였다. 이 신문은 유관순이 서대문형무소에 수감돼 고문을 당하면서도 수감자들의 석방과 한국의 독립을 요구하는 용기를 보였으며 "내 손톱이 빠져나가고, 내 귀와 코가 잘리고, 내 손과 다리가 부러져도 그 고통은 이길 수 있사오나 나라를 잃어버린 그 고통만은 견딜 수가 없다"라

The New York Times

Overlooked No More: Yu Gwan-sun, a Korean Independence Activist Who Defied Japanese Rule

When a call for peaceful protests came in spring 1919, a schoolgirl became the face of a nation's collective yearning for freedom.

Yu Gwan-sun took an active part in the March 1, 1919, independence movement against Japanese colonial rule in Korea. Dying in prison at 17, she became a national hero.

〈뉴욕타임즈〉 2018년 3월 28일자 부고난 기사 제목

던 유관순의 발언과 1920년 9월 28일 순국 직전에 "일본은 패망할 것"이라는 말을 남긴 사실도 전했다. 이어서 유관순의 출생과, 당시 개화한 그의 기독교적인 집안 분위기, 이화학당에 진학한 배경도 소개하면서 캐나다 출생으로 미국에서 온 앨리스 해먼드 샤프(Alice Hammond Sharp) 선교사의 인도로 이화학당에 진학한 내용을

간단히 언급하였다. 앨리스 해먼드 샤프가 바로 유관순 열사의 첫 스승이신 사애리시(史愛理施) 선교사이다.

뉴욕타임즈의 부고난에 난 유관순 열사의 기사 이후에 국내외에서 유관순 열사에 대한 인식이 한층 달라졌다. 마침 3·1독립운동 100주년을 앞두고 있는 터라서, 그러잖아도 3·1독립운동의 꽃이라 불리는 유관순 열사의 애국지사 품격이 3등급으로 된데에 대한 의아심과 불만들이 터져 나오기 시작하던 시점과 맞아 떨어진 것이다. 애국지사 3등급 품격은 해마다 개최되는 기념식에 대통령의 화환을 보내지 못하는 등급이다. 온 국민이 3·1독립운동 하면 유관순 열사를 떠올리는데 정작 우리 정부에서는 그를 3등급의 품격을 부여한 채로 마냥 있어 온 것이다. 이러한 상황에서 미국의 권위 있는 신문에서 유관순 열사를 간과해서는 아니될 세계적인 여성지도자로 인정을 하고 나온 셈이다. 반기문 UN 사무총장은 유관순 열사를 '폭력이 한 사람을 죽일 수는 있어도 그들의 기억과 이상을 죽일 수는 없다는 점을 보여준다'며 그를 프랑스의 국민적인 영웅 잔 다르크(프랑스어: Jeanne d'Arc, 1412년 1월 6일~1431년 5월 30일)에 비유하기도 하였다.

이러한 국제적인 움직임에 힘입어 우리 국회와 정부에서도 유관순 열사의 애국지사 서훈 등급을 상향시키고자 노력을 전개하였다. 사실 유관순 열사와 관련된 민간 단체에서는 서훈등급 격상을 해마다 요구해 왔지만 정부의 입장은 유관순 열사의 서훈등급 상향조정의 필요성은 인정하지만 애국지사 서훈등급 재조정 작업을 한번 시작하면 여기저기에서 재조정 요구가 봇물 터지듯 많을

게 예상되어 쉽지 않다는 입장이었다. 그러나 그 봇물 터지듯 들어올 재조정 대상이 유관순 열사의 경우와 같이 국제적으로 인정받는 경우는 없기에 이번 기회는 정말 좋은 기회였다. 국회에서는 홍문표 국회의원을 중심으로 유관순정신계승사업회와 함께 유관순 열사 서훈등급 격상을 위한 국회대토론회를 여는 등 많은 노력을 한 결과 정부로 하여금 유관순 열사의 서훈등급을 3등급(건국훈장독립장)에서 1등급(건국훈장대한민국장)으로 격상하게 되었으며, 그 과정에서 필자 또한 심사위원으로 참여하게 된 점을 뜻깊게 느끼고 있다. 우리나라의 현행 상훈법에 따르면 일단 정해진 서훈을 조정하는 것은 불가능함에도 불구하고, 정부는 유 열사의 기존 독립운동 유공 외에 '국위선양'이라는 별도 공훈으로 1등급 훈장을 '추가 서훈' 하기로 결정한 것이다.

사실 3·1독립운동은 세계적으로 기념비적인 억압에 대한 비폭력 저항운동이라 할 수 있다. 우리가 잘 알고 있는 인도 수상 마하트마 간디(Mahatma Gandhi)에 의해 주도된 무저항 불복종 운동과 유사하다. 간디는 인도 민족운동의 정신적 지도자로서 비폭력주의로 영국의 식민지였던 인도의 독립을 주도했고 인도 건국의 아버지로 추앙받고 있다. 우리나라의 3·1독립운동과 세계적으로 인정 받고 있는 간디의 무저항 불복종 운동은 시기적으로 유사한 20세기 전반부에 한국과 인도에서 따로 따로 전개된 운동으로서 강대국의 식민지배에서 벗어나 자유민주국가로 출범하는데 반석역할을 하였다.

한반도의 3·1운동으로부터 약 2개월 후인 1919년 5월 4일 북경대학생들에 의해 주도된 중국의 5·4운동은 이후 전 중국에 영향을 미친 중국 현대사의 분기점 중 하나로 간주되는 중요한 운동이다. 1918년 11월 11일 제1차 세계대전 종전 후에 패전국 독일이 차지하고 있던 칭다오(靑島)를 포함하는 산동(山東)지역의 중국반환을 믿고 있던 중국이 독일의 권리를 일본에게 넘긴다는 파리강화회의 결과에 분노하여 피끓는 젊은 북경대 학생들이 중심이 되어 시위를 시작한 것이다. 천안문광장에 집결하여 대회를 치른 후에 "중국은 망하려 한다. 동포여, 일어나라!"는 내용의 전북경학생선언을 배포하였다. 이 선언문에서 다음과 같이 우리의 3·1독립운동을 언급하고 있다.

> "알자스-로렌을 위한 투쟁에서 프랑스인은 '우리에게 희망이 아니면 죽음을 달라'라고 외쳤다. 아드리아 해협을 위한 투쟁에서 이탈리아인은 '우리에게 희망이 아니면 죽음을 달라'라고 외쳤다. 조선인도 독립투쟁에서 '우리에게 희망이 아니면 죽음을 달라'를 외쳤다."

하버드대 에레즈 마넬라(Erez Manela) 교수는 한국의 3·1독립운동을 "중국의 5·4운동에 영향을 준 것은 확실하다. 5·4운동에 가담한 중국 지식인과 학생들은 3·1운동을 명시적으로 거론했다. 그들은 한국 상황을 면밀히 주시했다. 마오쩌둥도 1919년 여름에 3·1운동에 대해 논하는 글을 남겼다. 인도나 이집트의 경우에도

3·1운동이 간접적인 영향을 준 것은 확실하다"라고 평가하였다.

이와 같이 3·1운동의 메시지는 '억압에 대한 비폭력인 저항'으로서 국제적인 영향력을 끼친 세계사적인 중요성을 지닌 운동이며, 어린 유관순 열사의 행동으로 보인 리더십을 세계인들이 인정하는 때가 온 것이다. 한편, 2019년 1월 15일 뉴욕주 상원의회는 2019년 3월 1일을 한국의 3·1독립운동 100주년을 기념하고 유관순 열사를 추모하는 날로 지정하기도 하였다.[1] 미국의 뉴욕은 1900년대 초반 서재필 박사와 이승만 대통령, 조병옥 박사 등이 독립운동을 하던 무대로서 한국의 독립운동 본거지 역할을 하였던 뉴욕한인교회에 그 기록이 남아 있다. 특히 조병옥 박사는 유관순과 같은 천안 출신이며, 그의 아버지는 유관순의 부모와 함께 유관순이 주도한 아우내만세운동에서 일경의 총탄을 맞고 쓰러졌다. 그는 선교사들이 공주에 세운 공주영명학교 2회 졸업생으로 선교사들의 도움으로 1925년에 미국 뉴욕의 명문 콜롬비아대학에서 경제학 박사학위를 받았으며 정부의 내무부 장관을 역임하였고 민주당 대통령 후보를 지내기도 하였다.

한국의 3·1독립운동 100주년을 맞아서 뉴욕타임즈에서 유관순 열사의 기사를 싣고, 또 뉴욕주 상원의회에서 2019년 3월 1일을 한국의 3·1독립운동 100주년을 기념하고 유관순 열사를 추모하는 날로 지정한 일은 매우 뜻 깊고 감사한 일이다. 우리의 유관순 열사가 세계적인 여성지도자로 인정받고 폭력적인 억압에 대한

---

1)   Voice of NewYork, 2019년 1월 18일 기사.

그의 비폭력 저항운동의 정신이 세계인들의 가슴에 새겨져 지구촌 구석구석에서 더 이상은 한 나라가 다른 나라를 또한 한 민족이 다른 민족을 폭력에 의해 지배하는 일이 없어지는 계기가 되기를 바란다.

2. 유관순 열사의 첫 학교는 공주영명여학교

유관순은 13세이던 1914년에 사애리시 선교사가 운영하던 영명여학교에 입학하여 1915년까지 2년을 공부하고 사애리시 선교사의 주선으로 이화학당에 교비 장학생으로 3학년에 편입하게 된다. 유관순은 1919년 4월 1일에 벌어진 병천 아우내장터의 만세운동에서 2살짜리 조카 제경을 등에 업고 만세운동을 하였다고 어머니로부터 여러 차례 들었음을 류제경은 그의 일기에 적고 있다.[2] 류제경은 후에 공주사범대학 교수를 지냈으며 애국훈장 애족장을 받은 애국지사인데 사애리시 선교사의 학비지원으로 학업을 할 수 있었다고 그의 일기에서 밝히고 있다.[3] 그의 어머니는 사애리시 선교사의 제자였던 한국 최초의 여성 경찰서장 노마리아 여사이다. 유관순 가문은 독립운동과 관련하여 부모, 형제 및 조카까지 3대

---

2) 류제경, 『왜 교육인가? 류제경 교수의 사람 바로 세우기』, 신앙과지성사, 2018.

3) 류제경, 『왜 교육인가? 류제경 교수의 사람 바로 세우기』, 신앙과지성사, 2018.

에 걸쳐 총 7명이 애국훈장을 받은 그야말로 대한민국 독립운동사에 빛나는 가문이며, 그 핵심인 유관순에게 신학문을 가르치고 민족정신을 교육시킨 사람이 바로 사애리시 선교사인 것이다. 사애리시 선교사와 유관순 가문과의 관계는 이렇게 밀접하였으며 우리가 더 밝혀내고 기려야 할 커다란 과제이기도 하다.

한편, 유관순의 이화학당 편입에 있어서 사애리시 선교사의 추천으로 가능하였다는 사실은 인정하지만 영명여학교에서 2년간 수학하였다는 역사적 기록이 없기 때문에 유관순 열사가 영명여학교 수학사실을 인정하기 어렵다는 연구자들이 간혹 있기도 하다. 영명남학교의 경우 안전상의 이유로 1921년 완공되었던 영명학당 건물을 철거하고 2010년에 그 모양을 반영하여 새로운 영명학당을 증축할 때, 구 건물의 철거과정에서 '사립영명학교상황일람(私立永明學校狀況一覽)' 기록이 타임캡슐 안에서 발견된 바 있다. 이 기록에는 사립영명학교연혁, 사립영명학교식림지도면, 교가, 사립영명학교직원명부, 사립영명학교졸업자조사, 사립영명학교교과과정 및 매주교수시수표, 사립영명학교교과용도서일람표, 사립영명학교경비일람, 학부형직업별통계 등이 포함되어 있어서 당시의 영명학교 현황에 대하여 상세하게 알 수 있는 계기가 되었다. 이 기록의 '사립영명학교졸업자조사' 난에 의하면 유관순 열사의 사촌인 유경석(柳京錫)이 1915년 3월에 영명학교를 졸업하였다. 안타깝게도 영명여학교의 졸업생 명부는 현재까지 발견되지 않고 있다. 영명여학교는 미국감리교 해외선교 100주년(1919) 기념사업으로 영명학당 건물이 완공되어 타임캡슐을 넣던 시기(1921년 6월 15일)에 별도의 학교로 존재했던 관계로 영명여학교 졸업생 명부나 재학생 명부가 사립영명학교의 타임캡슐에 함께 포함되지 않았던 것으로 판단된다.[4] 그러므로 유관순이 영명여학교에 다녔다는 기록이 없다고 해서 100년 이상 영명학교 동문들 사이에 내려오는 구전이나 다른 증언들이 있음에도 불구하고 유관순 열사의 영명여학교 수학을 인정하지 못하겠다는 인식은 대단히 잘못된 것이다. 당시의 영명여학교의 여타 졸업생 명부도 확인된 바가 없지만 졸업생은 엄연히 있기 때문이다.

2006년, 공주영명중고등학교(교장 오대현)에서는 유관순 열사와 공주영명학교와의 관련성을 확인하기 위한 의미 있는 설문조사를 진행하였다. 미국 캘리포니아 미션 비에조(Mission Viejo)에 살고 있던 강신근을 방문하여 유관순 열사의 공주영명학교 수학 사실에 대하여 그가 들었던 내용을 청취하였다. 강신근은 1920년에 공주영명학교를 졸업하고 일본에서 활동하고 있던 미국인 건축가 보리스(William Merrell Vories, 1880~1964)의 건축설계사무소에서 건축설계를 배운 이후 당대 한국의 대표적인 건축가가 된 강윤(姜沇, 1899~1974)의 3남이다. 건축가 보리스는 공주에 영명학교를 세운 윌리엄스 선교사와 같은 배를 타고 선교길에 올랐던 사람으로서 선교사보다는 건축가로서 명성을 이어가며 당시 조선에도 146건의 건축물을 건축하였다. 윌리엄스 교장은 공주의 영명학교 건물도 보리스에게

---

4) 영명여학교와 영명학교는 1932년에 '영명실수학교'로 통합하여 남녀공학체제로 바뀌었다.

설계를 의뢰하였다.[5] 강윤은 윌리엄스 교장의 주선으로 영명학교 졸업 후에 보리스 건축 오사카지소에 입소하여 건축설계 실무와 학업을 계속할 수 있었다. 강윤은 공주영명학교 재학 중인 1919년 4월 1일에 공주장터에서 있었던 만세운동을 주도한 죄명으로 6개 월 옥살이를 하였다.

강윤의 삼남 강신근은 유관순 열사가 공주영명학교를 다녔다는 사실을 윌리엄스(Williams) 선교사 부부, 사우어(Sauer) 선교사 부부 그리고 보리스 선교사로부터 들었다고 증언하였다. 윌리엄스 선교 사는 그의 부친인 강윤의 스승이며 공주영명학교의 설립자이다.

강신근은 '윌리엄스 선교사 부부와 사우어 목사 부부 말씀이 사 애리시 선교사가 유관순의 고향지역에서 부흥회가 끝나고 공주로 데려와서 양딸처럼 공부시키면서 2년 정도 데리고 있다가 서울 이 화학당으로 편입시켰다. 이를 계기로 관순의 오빠인 유관옥, 유석 준이 영명학교에 오게 되었다'는 내용을 2006년 4월 5일에 증언하 였다.[6] 강신근은 이러한 증언 내용을 1956~57년경에 미국 캘리 포니아 글렌데일(Glendale)의 자택과 교회에서 들은 것으로 기억하 였다. 글렌데일은 윌리엄스(Williams) 선교사 부부와 그의 맏아들 우 광복(Dr. George Zur Williams)의 묘가 있는 도시이다.[7] 또한 그는 '저

---

5) 김정동, 〈건축가 선교사, 미국인 보리스에 대해〉, 기독교타임즈, 2001년 8월 17일.

6) 부록 2에 실린 내용 참조.

7) 윌리암스 선교사 부부의 묘소와 그들의 맏아들 우광복의 묘소는 Glendale 의 Forest Lawn Cemetery에 있다.

의 두 고모들도 학비 없이 영명여학교를 다녔으며 큰고모(강나열)는 유관순과 같은 때 영명을 다녔다. 큰 고모 말씀에 의하면 사애리시 선교사가 관순이를 유별히 친딸처럼 보살펴주고 사랑을 해서 다 부러워했다고 한다'라고 증언하였다.[8]

또한 황인식 충남 초대도지사의 손자인 황용배 전 공주영명중고 등학교 교장은 '황인식 조부님과 방우로 조모님, 유관순 오빠 유우석에게 직접 유관순이 영명여학교에 재학했던 이야기를 들었다. … 또 조모님으로부터 지방에 있는 선교사 설립학교는 선교와 교육의 기초역할을 하였고, 가능성이 보이는 학생을 학년 관계없이 남학생은 평양 숭실이나 서울 배재로, 여학생은 서울 이화학당으로 유학시킨 사실을 말씀하시는 것을 들었다. 유관순 열사도 이런 경우에 해당되어 사애리시 선교사께서 이화학당으로 유학시켰다는 말씀을 수차례 들었다'고 증언하였다.[9]

박흥순은 유관순의 4촌 오빠인 유경석과 결혼한 영명여학교 1회 졸업생인 노마리아 장로로부터 유관순이 영명여학교에 2년간 재학했다는 이야기를 1968년 즈음 당시 조창석 담임목사와 청년부 학생회 30명이 있는 자리에서 들었다고 증언하고 있다.[10] 노마리아 장로는 사애리시 선교사의 제자로서 6·25 동란 기간동안 대구에서 한국 최초의 여성 경찰서장을 역임하였으며, 유관순 열사

---

8) 고혜령, 『유관순 횃불되어 타오르다』, 초이스북, 2019, 109~111쪽.
9) 고혜령, 『유관순 횃불되어 타오르다』, 초이스북, 2019, 109~111쪽.
10) 고혜령, 『유관순 횃불되어 타오르다』, 초이스북, 2019, 109~111쪽.

의 사촌 올케이다.

이와 같이 1920년도 공주영명학교 졸업생이며 독립운동가 강윤 선생의 3남 강신근 씨의 증언, 공주영명학교 1회 졸업생으로 충남

유관순 열사의 공주 영명학교 재학에 관한 증언내용 요약

증언자	관계, 증언일시, 증언장소, 참고문헌	증언 내용 요약
강신근	영명10회 졸업생 강윤의 3남 2006.4.5. 미국 캘리포니아 Glendale 자택 및 교회	윌리엄스 선교사 부부와 사우어 목사 부부 말씀이 사애리시 선교사가 유관순의 고향지역에서 부흥회가 끝나고 공주로 데려와서 양딸처럼 공부시키면서 2년 정도 데리고 있다가 서울 이화학당으로 편입시켰다. 이를 계기로 관순의 오빠인 유관옥 유석준이 영명학교에 오게 되었다
강신근	영명10회 졸업생 강윤의 3남 2006.4.5. 미국 캘리포니아 Glendale 자택 및 교회	저의 두 고모들도 학비 없이 영명여학교를 다녔으며 큰고모(강나열)는 유관순과 같은 때 영명을 다녔다. 큰 고모 말씀에 의하면 사애리시 선교사가 관순이를 유별히 친딸처럼 보살펴주고 사랑을 해서 다 부러워했다고 한다
황용배	전 영명중고등학교 교장 (고혜령, 2019)	황인식 조부님과 방우로 조모님, 유관순 오빠 유우석에게 직접 유관순이 영명여학교에 재학했던 이야기를 들었다. … 또 조모님으로부터 지방에 있는 선교사 설립학교는 선교와 교육의 기초역할을 하였고, 가능성이 보이는 학생을 학년 관계없이 남학생은 평양 숭실이나 서울 배재로, 여학생은 서울 이화학당으로 유학시킨 사실을 말씀하시는 것을 들었다. 유관순 열사도 이런 경우에 해당되어 사애리시 선교사께서 이화학당으로 유학시켰다는 말씀을 수차례 들었다
박흥순	공주제일교회 장로 전 영명중고등학교 행정실장 (고혜령, 2019)	유관순의 4촌 오빠인 유경석과 결혼한 영명여학교 1회 졸업생인 노마리아 장로로부터 유관순이 영명여학교에 2년간 재학했다는 이야기를 1968년 즈음 당시 조창석 담임목사와 청년부 학생회 30명이 있는 자리에서 들었다

초대도지사를 역임한 황인식 선생의 손자인 황용배 전 공주영명중고등학교 교장의 증언 및 박흥순 선생의 증언에 의해 유관순 열사가 공주영명여학교에서 수학하였음은 역사적 사실로 인정된다.

한편, 유관순 열사의 공주영명여학교 수학에 대한 우리 정부의 공식인정은 공주영명학교 동문이며 중등학교 교장으로 은퇴한 한 향토사학자에 의해 본격적으로 추진되었다. 충남향토연구회 박철희 회원의 유관순 열사의 연보를 수정해달라는 민원에 따라 천안시 사적관리소는 구체적인 확인 절차를 위해서 국가보훈처에 관련 내용을 질의하였으며, 국가보훈처는 유관순 열사의 학적부 관련자료 '이화백년사(이화여자고등학교, 1994)'와 '영명100년사(공주영명중고등학교, 2007)'를 참고하여 수정 가능하다는 회신을 하였다. 이를 근거로 독립기념관 학술팀으로부터 유관순 열사의 이화학당 편입기록은 '1914년 공주영명학교에 입학하여 수학했다'는 내용을 포함해야 한다는 답변을 받은 천안시는[11] 천안시학예연구사, 사단법인 유관순열사기념사업회, 유족대표 및 유족학회장으로부터 연보수정에 이의 없음을 확인받고 기존의 '1915년 이화학당 보통과 2학년 편입'에서 '1914년 공주영명여학교 2년 수학한 후에 1916년 4월 이화학당 편입'으로 수정하기로 2015년 4월 23일에 확정하였다.[12]

한편, 최근 충남역사박물관에서 개최한 '충남인의 100년전 생활상' 특별 사진전에서 13세의 소녀 유관순으로 추정되는 인물이 포

---

11) 천안시의 유관순열사 연보수정 관련 각 기관별 의견취합 및 검토결과 향후계획 참조(부록 3).

12) 연합뉴스, 〈유관순 열사 첫 학교는 공주 영명여학교〉, 2015.04.23.

유관순 열사가 공주 영명학교에 재학 중이던 13세 때 촬영한 것으로 추정되는 단체사진. 앞에서 세 번째 줄 오른 쪽에서 세 번째 인물(둥근 원으로 표시한 사람)이 유 열사로 추정된 다고 충남역사문화연구원은 밝혔다. 충남역사문화연구원 제공(경향비즈, 2020.10.28.)

함된 영명여학교 단체사 진이 전시되어 관심을 끌 고 있다. 현재까지 널리 알 려진 유열사의 사진은 한 성감옥에서 고문으로 인하 여 얼굴이 부어 있는 죄수 복을 입은 사진이며, 유 열 사의 이화학당 시절의 사 진이 가장 어릴 때의 모습 이었다. 앞으로 13세 소녀 유관순으로 추정되는 인 물이 과학적인 분석을 거

13세 유관순(추정)의 확대사진

쳐 '13세 소녀 유관순' 으로 확실시 된다면 그동안 기록된 사료나

사진과 같은 확실한 증거 없이 구두증언으로만 인정되었던 유관순 열사의 영명여학교 재학 사실이 더욱 분명해지는 것이다. 이번에 전시된 1915년 7월에 촬영된 영명여학교 학생일동 사진에 대한 과학적인 사진분석결과를 기대해본다.

3. 공주지역 감리회공동체와 유관순

공주지역 감리회공동체는 3·1운동 시기 공주읍내(4월 1일)는 물론이고 천안(병천; 4월 1일) 등 충남 각지 만세시위운동의 촉매제 역할을 수행했다. 3·1운동에 감리회공동체가 적극적인 반응을 보인 것은 미국 대통령 윌슨이 민족자결주의 원칙을 표방하는 등 미국의 전후 영향력이 강화되면서부터였다. 민족대표 33인 가운데 감리회 목사가 많은 것도 이런 이유 때문이다. 유관순도 선교사들이 설립한 영명여학교와 공주제일감리교회 등의 공주지역 감리회공동체의 영향 가운데서 성장한 인물이었다.

유관순은 1902년 12월 16일 천안 병천에 아버지 유중권과 어머니 이소제의 5남매 중 둘째딸로 태어났다. 아버지 유중권은 흥호학교를 설립하였으며, 작은 아버지 유중무도 일제에 의해 불태워진 교회를 재건하는 등 독실한 기독교인이었다.

사애리시 선교사는 충남의 전 지역과 일부 충청북도 지역을 때로는 몇 시간씩 걸어서 직접 방문하면서 교회 사경회를 열곤 하였다. 유관순의 고향 교회도 사애리시 선교사의 선교구역에 포함되어 주기적으로 방문하면서 총명하며 신앙심 깊은 어린 유관순을 눈여겨보았다가 자신이 세운 공주영명여학교로 데려와 양녀를 삼고 집에서 먹이고 재우며 보살피게 된 것이다. 이렇게 하여 유관순은 사애리시 선교사의 배려로 1914년부터 공주의 영명여학교를 2년간 다니다가 1916년 이화학당에 진학하여 보통과를 마친 뒤 1918년 고등과에 입학했다. 유관순은 이화학당을 다닐 때 정동교회에서 이필주 목사와 손정도 목사에게 독립정신과 민족의식을 몸에 익힐 수 있었다고 한다. 유관순은 1919년 3월 10일 모든 학교에 휴교령이 내려지자 사촌언니 유예도와 함께 천안으로 내려와서 4월 1일 아우내 장터 시위를 주도하였다. 아우내장터에서 이날 있었던 만세 시위에는 3,000여 명이 참여하였으며, 그중에 일경의 총탄에 맞아 19명이 목숨을 잃었고 30여 명이 부상을 입고 16명이 체포되었다.

당시 천안지역 감리사였던 윌리엄스(禹利岩, Williams) 선교사는 1919년 연회에서 다음과 같이 보고하였다.

"구미동 교회는 독립운동으로 인하야 곤란하였는데, 여학교 교사와 생도가 수개월 징역하였고 근일 출옥하였으며, 천안 동구역 중심지되는 병천 시장에서 지난 4월 1일 장날을 이용하여 모든 사람이 시위운동을 열렬히 하는 동시에 일본 헌병에게 20여 인이 참혹한 일을 당하는 중 신자가 3인이었으며 그 중에 제일 참혹한 것은 한 교우의 가족이 학살당한 사실이외다. 주인 부부는 참살당하였고 여식은 3년 징역에 선고를 받았고 그의 어린 아이 둘은 의지할 곳이 없어 목불인견이외다."(윌리엄스, 1919)

월리엄스 선교사의 보고문에서 유관순이나 현장에서 피살된 유관순의 부모 이름 등 사람 이름은 일체 언급되지 않아서 조금은 아쉬운 점이 있다. 3·1독립운동 직후의 선교사들이 세운 학교와 교회에 대한 일제의 삼엄한 감시환경을 고려하면 이정도의 보고를 남긴 것만 해도 월리엄스 선교사가 큰 위험을 감수한 것이리라 생각된다. 실제로 감리교선교본부는 해마다 서울에서 선교사들이 모여서 연회를 개최하고 지난 1년 동안 있었던 선교보고를 한 후에 보고서를 발간하곤 하였는데, 1920년에는 지역별 연회 보고서를 발간하지 못했다. 실제로 전국의 각 지역에서 선교사들이 세운 학교의 학생들이 지역의 만세운동을 주동하였으며 이에 따라 공주영명학교도 1919년 문을 닫은 바 있다. 교회 또한 각 지역의 만세운동을 준비하기 위한 선언문, 태극기 준비 및 비밀회의 등의 장소로 쓰였기 때문에 일제의 교회에 대한 감시는 그들로서는 어쩌면 당연한 것이었다. 월리엄스 선교사의 경우에도 영명학당 설립이념으로 '나라와 겨레를 위하여 몸바치는 애국자를 기른다'는 항목을 넣었듯이 학생들로 하여금 신앙교육은 물론 민족정신을 고양하는 교육을 시켜왔던 만큼 늘 일제의 관찰대상이 되어 왔었다.

위의 인용문에 나오는 3년 징역을 선교 받은 여식이 바로 유관순인데, 당시 유관순은 공주지방법원에서 보안법위반 및 소요죄로 징역 5년형을 선고 받았으나 불복공소하여 경성복심법원에서 징역 3년형을 선고받았다. 인용문에 나오는 어린아이 둘은 유관순의 동생들로서 유관순의 부모인 유중권, 이소제 부부가 아우내장터의 만세운동 현장에서 일제가 쏜 총탄에 맞아 즉사함으로서 천애고

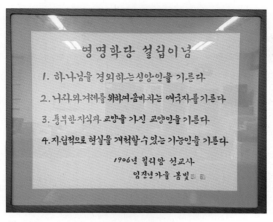

월리엄스 선교사의 영명학당 설립이념

아가 된 것이다. 유관순의 두 동생은 유인석과 유관석인데 오갈 데 없는 그들을 조화벽을 비롯한 영명학교의 교사들이 돌보았다. 유관순은 4월 1일 아우내장터 현장에서 체포되어 천안헌병대 유치장에서 열흘간의 갖은 고문과 협박을 통한 조사를 받은 후에 천안헌병대에서 공주형무소로 이감되었다. 공주형무소에는 아우내장터 만세시위와 같은 날 공주장터에서 만세시위를 주동하다가 체포된 관순의 오빠 우석도 체포되어 이미 갇혀 있었으나 동생 관순이 이곳으로 이감된 사실조차 알지 못하였다. 뿐만 아니라 그 부모의 피살소식조차 모르는 상황이었다. 관순은 공주형무소에서 아산지역 만세운동을 주동한 김복희를 비롯한 이화학당 친구들 너덧 명을 만났다.[13] 위에서 언급한 월리엄스 선교사의 보고문에 나오는

---

13) 장종현, 『유관순 이야기』, 웅진주니어, 2010, 124~131쪽.

독립운동으로 인하여 곤란을 당한 구미동 교회가 바로 충남 아산에 있는 구미동교회(현재 백암교회)이며 김복희는 이 교회 출신으로 이화고등보통학교에 재학하던 중 3·1운동이 발생하자 학교의 휴교로 인해 고향 아산 백암리에 내려온 후 영신학교 교사 한연순과 함께 3·1운동을 주도하였다.

1919년 5월 9일, 공주지방법원에서 일심판결이 있는 날 두 남매는 포승줄에 묶인 채 서로 스치면서 알아보았고 오빠 우석은 그제서야 관순으로부터 부모의 피살 소식을 듣게 된다. 유관순은 이날 작은아버지 유중무, 김상훈 그리고 조인원(조병옥의 부친)과 함께 5년형을 선고 받았으며, 이 밖에도 김교선, 이순구 등 총 16명이 공주지방법원에서 무거운 형을 선고받았다. 이들 16명은 다시 경성복심법원에서 상고하여 6월 30일에 있은 이심재판에서 대부분 일심재판의 선고형량보다 줄었으며 유관순도 이때 5년 징역형에서 3년 징역형으로 줄었다. 다른 대부분의 사람들은 경성복심법원에서 받은 형량도 인정할 수 없다며 다시 고등법원에 상고하였으나 유관순은 '온 나라가 다 감옥인데 상고를 해서 뭐하겠느냐'면서 스스로 상고를 하지 않았다.

악명높은 서대문 형무소에 수감 중 유관순은 옥중에서 매일 독립만세를 부르다 50세가량의 일본인 여간수 야마사끼에게 끌려나가 모진 매를 맞았으며, 1920년 3월 1일 오후 2시, 3·1운동 1주년 때는 서대문 형무소 내에서 이신애, 어윤희, 박인덕 등과 함께 옥중만세운동을 주도하여 3천여 명의 수감자들이 함께 시위하였다. 이 옥중만세시위를 주동했다는 이유로 이후 유관순은 온갖 악

형에 시달리며 고문으로 방광이 파열돼 갖은 고생을 하다 그 해 9월 28일 출옥을 이틀 남겨두고 끝내 숨을 거두었다. 원래 유관순의 형기는 1922년 3월 말까지였으나, 1920년 4월 28일 영친왕과 이방자 여사의 결혼기념 특별사면령으로 형기가 1년 6개월로 감형되어 9월 30일이 출소날이었다.[14]

1920년 9월 28일 오전 8시 20분에 유관순이 옥중에서 고문으로 사망하자 일제는 이 사실을 은폐하기 위하여 시신을 내주려 하지 않았다. 그러나 이화학당측의 노력으로 1920년 10월 12일에야 월터 선교사, 김현경 선생 그리고 유관순의 오빠 유우석이 서대문형무소로부터 시신을 인수받았다. 유관순의 마지막 스승 지네트 월터 (1885~1977) 선교사가 기록한 유관순의 열사의 마지막 모습이다.

> "몇 달 후 어린 16세 학생이었던 유관순이 감옥에서 죽었다. 우리는 그녀의 시신을 학교로 운구해왔고 학생들은 그녀를 매장하기 위해 무명으로 된 옷을 준비했다. 그런데 하룻 밤 사이에 학생들은 유관순이야말로 진정한 영웅이라고 생각해 밤새 비단 옷감을 찾아내 비단으로 그녀의 시신을 다시 입혔다. 우리는 유관순의 학급 친구들만 참석한 가운데 조용히 예배를 보는 것만 (일본 당국으로부터) 허락을 받았다. 학생들은 모두 묘지까지 걸어가기를 원했지만 불허되었고 말썽의 소지가 많을 것으로 생각했다. 그

---

14) 중앙일보, 〈유관순, 출감 이틀 남겨두고 순국〉, 2004.2.27. 종합9면.

때 헬렌(김활란)이 자신이 학생들의 대표이자 홈 룸 지도교사로서 나(월터)와 함께 묘지에 가겠다고 학생들에게 말해 이 문제는 조용히 해결할 수 있었다.

그러나 유관순은 잊혀지지 않았다. 한참 뒤, 한국이 해방됐을 때 유관순의 생애를 담은 영화가 한 편 제작돼 전국에서 상영됐다. 나도 한 장면에 나오는데 그 당시 나는 한국에 없었기 때문에 내 역할은 선교사로 일하던 엠마 윌슨(Emma Wilson)이 맡아서 했다. 그 후 나는 1959년 한국에 갔는데 이화여고에서 한 무리의 학생들과 인터뷰를 하며 유관순의 시신이 훼손되지는 않았었다고 녹음까지 하며 확인해 줬다. 나는 유관순을 매장하기 위해 옷을 입혔다고 증언했다." (우연히도 엠마 윌슨은 나와 함께 같은 은퇴자의 집에서 살고 있다.)

유관순은 온 이화학당 학생들이 눈물바다를 이룬 가운데 학교에서 지어준 비단 옷을 입고 하늘나라로 떠났다. 1920년 10월 14일 오전, 유관순의 관은 정동교회로 엄숙하게 옮겨져 김종우 목사의 집례로 장례식이 거행된 후 수레에 실려 그가 꿈을 안고 교정을 오가던 덕수궁 돌담길을 통하여 이태원 공동묘지로 향하였다.

월터 선교사는 유관순의 모교 이화학당의 학당장 대리 자격으로 서대문형무소에서 직접 시신을 인수해 정동교회 장례예배와 이태원공동묘지 안장까지 모든 장례절차를 직접 주관했던 인물이다. 월터 선교사는 1911년 내한하여 이화학당에서 영어와 체육선생이자 학당장을 지냈고 평양정의여학교 교장으로 활동하였으며 1926

년 부친의 병환으로 미국으로 귀국할 때까지 15년간 조선에서 일어난 역사적 사건을 자신의 일기에 기록하면서 그가 목격한 3·1운동과 유관순의 장례과정을 상세히 묘사하였다. 당시 일제는 대체로 형무소에서 죽은 사람들을 화장하여 인계하였는데, 선교사는 제자 유관순의 시신을 그대로 인도해줄 것을 당국에 강력히 요구하여 이를 관철하였다.[15]

공주영명학교 독립 유공자 표창 일람[16]

성명 (한자)	생존기간	출생지	운동계열	훈격(연도)	독립운동 당시행적 및 영명학교관련사항
유관순 (柳寬順)	1902.12.16~ 1920.9.28	충남 천안	3·1운동	건국훈장독립장 (62) 건국훈장대한민국장(2019)	징역3년 복역중 옥중사망 (영명여학교2년 재학 1914~1915)
조병옥 (趙炳玉)	1894.3.21~ 1960.2.15	충남 천안	국내항일	건국훈장독립장 (62)	징역3년 (광주학생운동) 징역2년 (수양동우회사건) (영명보2회)
유우석(柳 愚錫, 俊 錫, 寬玉)	1899.5.7~ 1968.5.28	충남 천안	3·1운동	건국훈장독립장 (90)	징역6월, 집행유예2년 (영명고10회)
윤창석 (尹昌錫)	1898.8.1~ 1966.8.23	충남 천안	2.8 독립선언	건국훈장독립장 (91)	일본에서 징역9월 (영명고 10회)

15) 임연철, 『지네트 월터 이야기』, 밀알북스, 2020.
16) 지수걸, 「공주지역 감리회공동체와 지역사회운동」『공주의 선교역사와 유산』, 2017, 156~159쪽.

성명 (한자)	생존기간	출생지	운동계열	훈격(연도)	독립운동 당시행적 및 영명학교관련사항
노명우 (盧明愚)	1897.8.5~ 1936.6.11	충남 부여	3·1운동, 국내항일	건국훈장독립장 (90)	징역2년, 집행유예2년 (영명고 10회)
안창호 (安昌鎬)	1884.1.5~ 1969.12.31	서울(천안)	미주방면 (3·1운동)	건국포장(93)	무죄, 천안교회 목사 (영명학교, 3·1만세선도)
김현경(金 賢敬, 賢 卿, 順点)	1897.6.20~ 1986.8.15	충남 공주	3·1운동	건국포장(98)	징역4월, 집행유예2년, 원명어학교교사 (영명여고 2회)
강윤 (姜沇)	1899.4.28~ 1975.1.30	충남 논산	3·1운동	대통령표창 (2002)	징역6월, 집행유예2년 (영명고10회)
오익표 (吳益杓)	1866.6.8~ 1922.10.15	충남 공주	임시정부 (3·1운동)	건국훈장애국장 (91)	무죄, 청산학원생 (영명고?회)
조화벽 (趙和璧)	1895.10.17~ 1975.9.3	강원 양양	3·1운동	애족장	영명학교 교사 유관순동생보호
정환범 (鄭桓範)	1903.10.9~ 1977.7.14	충북 청주 (충남 공주)	임시정부	건국훈장독립장 (90)	항일외교활동 독립운동 유공(영명고7회)
신현창 (申鉉彰)	1892.1.7~ 1940.10.21	충남 논산	임시정부 신간회	건국훈장독립장 (90)	독립운동자금 전달 (영명고2회)
안신영 (安信永)	1902.3.1~ 1975.5.25	충남 청양	국내항일	건국훈장독립장 (2006)	3·1운동 참가 (영명보4회)
이규남 (李奎南)	1898.12.27~ 1971.5.9	충남 공주	3·1운동	대통령표창	징역4월, 집행유예2년 (영명고6회)
이규상 (李圭尙)	1894.5.12~ 미상	충남 공주	3·1운동	대통령표창	징역8월, 집행유예2년 (영명고3회)
현석칠 (玄錫七)	1880.1.23~ 1943.9.23	평남 평양	3·1운동	건국포장	공주감리교회 목사 (영명학교 교목)

※ 그 밖에 영명학교 교사 출신 유공자로 건국훈장 독립장을 받은 이규갑, 이애일라, 신현
구 등이 있다.

유관순 열사 관련 사항 요약

년 월 일	유관순 관련사항 요약	국내외 관련 환경
1902.12.16. (음력11.17)	충청남도 목천군 이동면 지령리(현 천안시 동남구 병천면 용두리 338번지)에서 아버지 유중권과 어머니 이소제 사이에서 출생	
1905.11.17.		일본이 대한제국을 강제로 합병한 을사늑약 체결
1907.8.		유관순의 작은아버지 유중무, 조병옥의 아버지 조인원을 비롯한 82명의 병천주민들이 '충남 목천 이동면 대지령 야소교당' 이름으로 국채보상운동 참여
1911.1.	막내동생 관석 출생	
1914.	사애리시 선교사 주선으로 공주영명학교 보통과에 입학	
1915.7.	영명여학교 단체사진 촬영(사애리시 선교사와 13세 유관순 추정인물 포함됨)	
1916.	공주영명학교 보통과 2년을 마치고 서울 이화학당 보통과 3학년에 교비생으로 편입학	
1916.	오빠 우석 공주영명학교 입학	
1918.3.18.	이화학당 보통과 졸업	
1918.4.1.	이화고등보통학교 1학년 진학	
1919.1.22.		고종황제 서거
1919.2.8.		도쿄 유학생들이 도쿄기독교청년회관에서 '2·8독립선언'
1919.3.1.		민족대표 33인 '3·1독립선언'
1919.3.5.	대한문 앞에서 만세시위를 하다가 체포되었으나 곧 풀려남	
1919.3.14.	아우내장터 만세운동 준비 시작	
1919.3.31.	매봉산 봉화를 올려 4월 1일 아우내장터 만세운동을 알림	

년 월 일	유관순 관련사항 요약	국내외 관련 환경
1919.4.1.	아우내장터 만세운동 주도후 체포 오빠 우석은 공주장터 만세운동주도하다가 체포 아버지 어머니 만세운동 현장에서 일경에 의해 피살	유관순 유중권 유중무 조인원 이 주도하였으며 3천여 명이 만세시 위에 참여했고, 19명이 목숨을 잃 고 16명이 체포되고 30여 명이 부 상을 입음
1919.5.9.	공주지방법원에서 5년형 선고 받음	
1919.6.	경성복심병원에 항소, 서대문형무소 이감	
1919.6.30.	경성복심법원에서 3년형을 선고받음	
1919.9.11.	(유관순은 '온 나라가 다 감옥인데 상고를 해서 뭐하겠느냐'면서 스스로 상고를 하지 않았음)	아우내장터 만세운동 참가자들의 상고가 고등법원에서 모두 기각
1920.3.1. 오후2시	서대문형무소 내에서 이신애, 어윤희, 박인 덕 등과 함께 옥중만세운동을 주도하여 3천 여 명의 수감자들이 함께 시위함	
1920.4.28.	영친왕과 이방자 여사의 결혼기념특별사면 령으로 형기가 1년 6개월로 감형	
1920.9.28.	서대문형무소에서 순국	
1920.10.12.	월터 선교사, 김현경 선생 그리고 유관순의 오빠 유우석이 서대문형무소로부터 시신을 인수받음	
1920.10.14.	정동교회 김종우목사의 집례로 장례식이 진 행되고 이태원공동묘지에 묻힘	
1948.	'순국처녀 유관순전'(전영택) 출판 영화 제작(윤봉춘 감독)	당국의 후원아래 유관순 조카 류제 한과 이화여대 김정옥 교수의 구술 을 바탕으로 집필(영명2회 조병옥 의 노력)
1951.	순국의열사 심사위원회에서 '순국의열사'로 선정됨	
1962.3.1.	대한민국 정부에서 건국훈장 독립장 수여	
1989.10.12.	충청남도 천안시 동남구 병천면 매봉산 기 슭에 초혼묘를 마련함	
2019.3.1.	대한민국 정부에서 건국훈장 대한민국장 수 여	

4. 사애리시 선교사

1) 공주의 영명동산

공주의 영명동산에는 120여 년 전 이땅에 복음을 전하기 위하여 자기를 버리고 헌신적인 삶을 살다가 순교한 샤프(Sharp) 목사를 비롯하여, 이곳 공주에서 34년간 공주 영명학교를 세우고 유지해왔던 프랭클린 윌리엄즈(F.E.C. Williams, 한국명: 우리암) 선교사의 맏아들로 미 군정시기에 하지(Hodge) 군정사령관의 정치고문으로 혼란한 한국의 정치상황에서 보이지 않게 정부수립을 위하여 커다란 역할을 했던 조지 윌리암즈(George Zur Williams, 한국명: 우광복)와 8살 나이에 풍토병에 꽃잎이 떨어진 그 여동생 올리브(Olive Williams)의 묘가 있다. 또한 공주와 서울에서 23년간 복음을 전한 아멘트(Ament, Charles C. 한국명: 안명도) 선교사의 아들 로저(Ament, Roger Allen)는 이 땅에서 2살을 넘기지 못하고 여린 육신을 영명동산에 남긴 채 하늘나라로 갔으며, 1916년부터 9년간 공주에서 선교사로 봉직한 테일러 부부(Taylor, Corwin and Nellie) 역시 5살의 예쁜 딸 에스더(Esther)를 그들의 가슴과 영명동산에 묻은 채 하늘나라로 보냈다.

공주와 충남 각지에서 복음을 전하다가 순교한 샤프(1872~1906) 선교사는 1903년 31살의 나이에 미국 감리교 선교사로 내한했다. 서울에서 황성기독청년회(YMCA)에서 헐버트, 언더우드, 에비슨, 게일 등과 함께 초대 이사로 기독교 청년운동을 활발히 펼치면서 정동제일교회와 배재학당에서 교육을 담당하였다. 그는 내한하여 곧 뉴욕선교훈련기관에서 알고 지냈으며 3년 먼저 조선에 온 Alice

Hammond(한국명: 사애리시) 선교사와 결혼하였으며, 1904년에 감리교(미북감리회) 공주선교부 책임자로 임명되고 공주에 최초의 서양식 벽돌 양옥집을 짓고 이주하였다.

그는 아내 사애리시 선교사와 함께 이곳 공주에 선교부 본부를 두고 오늘날의 세종, 대전 및 충남 전역에 순회선교를 하였다. 그러던 중 1906년 2월 한겨울 추위에도 불구하고 강경과 논산지역에 전도하고 귀가하던 중 벌판에서 만난 진눈깨비가 화근이었다. 인근의 산모퉁이에 있는 초가를 발견하고 잠깐 피신한 그 곳이 불행하게도 발진티푸스로 죽은 사람의 장례를 치른 상여를 보관하는 상여 집이었고, 그 상여를 만진 것이 그만 죽음으로 이어지게 된

공주 영명동산에 있는 선교사묘원.
사진 상단 좌측의 흰 비석이 사애리시 선교사의 남편 샤프 선교사의 비석이다

샤프(Sharp, Robert Arthur) 선교사(1872~1906, Seoul, Kongju/1903~06)
와 그의 아내 사애리시(Sharp, Alice Hammond, 1871~1972 : Seoul,
Kongju/1900~39) 선교사

것이었다. 신혼의 아내 앨리스의 정성어린 간호와 교인들의 눈물
어린 보살핌과 기도가 있었으나 1906년 3월 5일 34세의 젊은 나
이에 순교를 하였다. 샤프 선교사로서는 한국에 온지 3년, 공주에
정착한지는 채 1년이 안된 시기이었다.

　샤프 선교사의 죽음에 관하여 '순교'라는 단어 사용이 적절하지
않고 '순직'이라는 단어를 써야 된다는 주장을 들었다. 순교의 사전
적 의미는 신앙을 지키기 위하여 목숨을 잃는 것이다. 원론적으로
는 신앙을 지키기 위해서 죽음을 선택하는 일이 자신의 의지로 행
해져야 하며 그 의지가 신앙을 지키기 위해서 발휘되는 경우에 해
당한다는 의미이다. 다시 말하면 신앙을 포기할 경우에는 생명을
지킬 수 있는 경우를 말하는 것이다.

부인 사애리시 선교사는 1906년 3월 남편 샤프 선교사의 죽음 이후 2년여 미국에서 안식년을 보낸 후 1908년 말에 남편이 묻혀 있는 공주에 다시 왔다. 그는 공주에 본부를 둔 감리교 선교기지를 중심으로 오늘날의 충남, 대전 세종 및 충북 지역에서 39년간 선교사역을 하다가 1939년 은퇴하여 미국으로 귀국하였다. 이후 사애리시 선교사는 감리교 본부에서 운영하던 미국 캘리포니아주 Pasadena 시에 있는 은퇴선교사양로원에서 생활하다가 1972년에 101세의 나이에 소천하였다.

사애리시 선교사는 서울에서 3년(1900~1903), 공주에서 36년(1904~1939) 총 39년을 한국에서 사역하면서 특히 여성교육에 많은 업적을 남겼다. 특히, 독립운동의 표상이 된 유관순 열사에게 어린시절에 신앙교육과 민족교육을 시킨 일과 한국 최초의 여성 목사인 전밀라 목사, 한국 최초의 여성경찰서장을 역임한 노마리아 장로 등의 제자들을 배출한 일은 한국 여성교육사에 있어서 기념비적이며 실제로 사애리시 선교사는 한국 근대여성교육의 어머니이시다.

2019년 3·1운동 100주년과 2020년 유관순 열사의 서거 100주년을 맞아서 독립운동의 표상이 된 소녀 유관순에게 신앙과 민족교육을 시킨 사애리시 선교사의 희생적인 삶을 돌아보고 그의 업적을 다시 한번 기념하는 일은 매우 뜻깊은 일이었다. 또한 그동안 역사적 기록의 미발견으로 인하여 뚜렷하지 않았던 유관순 열사의 공주 영명학교 재학에 관한 내용을 정립하는 하는 일은 공주의 역사적 인물을 기리는데 있어서 매우 중요한 일이 되기도 하였다.

2) 사애리시의 전도사역

사애리시 선교사의 공주에서의 사역은 크게 선교사역과 교육사역으로 대별된다. 사애리시 선교사는 1900년에 내한하여 서울 이화학당과 상동교회에서 선교활동을 하던 중 1903년 샤프 선교사와 결혼 후에 공주선교기지 상주책임자로 1904년 공주에 왔다. 1906년 갑작스런 남편의 순교 후에 2년여의 안식 기간을 본국에서 보낸 후에 1908년에 재내한하여 1939년까지 공주에 본부를 두고 충청지역의 여러 지역을 순회방문하면서 여성 전도사업과 여성 교육사업에 힘을 쏟았다.

사애리시 선교사가 충청지역에서 벌인 전도사역은 크게 순회전도여행, 사경회, 전도부인 양성, 그리고 교육 사업이었다. 1년 중에 상반기에는 사경회를, 하반기에는 순회전도여행에 집중하였는데, 1909년 한해만 해도 73곳의 교회와 마을을 방문하였으며 지속적인 순회전도활동을 한 결과, 선교사업을 재개한지 5년만인 1913년에는 공주동 지방에 여성교인이 남성교인의 수를 넘어서는 놀라운 사실을 기록했다. 선교 초기 교회에는 남성들만이 참여하였기에 '홀아비 교회'라는 별칭이 있었는데, 여자교인수가 남자교인수를 넘어서게 된 것이다. 사경회 진행 횟수는 해마다 늘어 1929년에 이르면 49회에 달했다. 1916년에는 '가정성경공부 과정(Home Study Course)'을 개설했다. 전도부인 양성 훈련 역시 중요한 사역이었다. 사애리시 선교사는 1909년 공주에서, 1910년에는 논산에서 전도부인 양성을 위한 강좌를 열었다. 1916년에 '십일조회(날연보,

tithing class)'를 개설하였고 1922년에 공주에 성경학원을 세웠다.[17]

사애리시 선교사는 순회전도여행과 사경회를 개최하면서 천안 병천에 있는 유관순의 고향마을도 자주 방문하게 된다. 그곳 사경회에서 어린 유관순을 만났다.

3) 근대 여성교육의 어머니

사애리시 선교사는 1905년 10월 5일에 명선학당을 설립하여 여학생을 모아 교육을 시작하였는데 후에 영명여학교가 되며, 이는 충청전역에서 근대여성교육의 시초가 되었다. 이때 첫 두명의 소녀가 진영신(陳永信)과 박초희(朴楚姬)였다.

남편과 함께 선교를 하며 영명여학교의 전신인 명선학당을 설립하여 운영하던 결혼 3년차 신혼의 사애리시 부인에게는 남편 샤프 선교사의 죽음은 청천벽력이었고 모든 소망이 멀어져 가는 느낌이었다. 사애리시 선교사는 침착하고 다정다감하면서도 추진력과 인내가 뛰어난 여성이었음에도 불구하고 남편의 죽음은 엄청난 충격이었으며 그 일로 인하여 장례를 치른 후 명선학당의 운영을 스웨어러(Swearer) 여사에게 맡기고 미국으로 돌아갔다. 그가 공주를 떠나는 당시의 상황을 '영명 100년사'에서는 이렇게 전하고 있다.

---

17) 황미숙, 「앨리스 샤프(Alice H. Sharp)의 충청지역 여성 전도사업과 교육사업」『한국기독교와 역사』 제47호, 2017, 209~238쪽.

"사애리시 부인이 명선학당의 운영을 스웨어러(Swearer) 여사에게 맡기고 공주를 떠나던 날 교회와 학당은 울음바다가 되었다. 이별의 슬픔위에 남편을 잃고 자신의 소망을 버리고 떠나는 사애리시 부인의 모습이 너무나 애처로워 떠나는 사람이나 떠나보내는 사람들 모두가 가슴이 뭉클하는 심정에 몸 둘 바를 몰랐다."

떠날 때는 아무도 몰랐다. 그가 다시 돌아오리라고 생각하는 사람도 없었다. 그러나 그가 진정 소망을 버리고 이 땅을 영원히 떠날 결심을 하였다면 남편의 유골함을 안고 미국으로 귀국하지 않았을까? 미국에서 약 2년여의 안식기간을 보낸 사애리시 선교사는 마침내 1908년 말에 영명동산에 있는 남편 곁으로 다시 와서 선교와 교육 활동을 계속하였다. 공주에 세웠던 명선학당

공주영명중고등학교에 건립된 사애리시선교기념비
(1938. 9. 15. 건립)

재건에 힘쓰는 것은 물론이거니와 1909년에는 강경 만동(萬東) 여학교와 논산에 영화(永化) 여학교를 세웠으며, 이 땅의 여성들을 개화하기 위한 여성교육에 헌신하여 유관순과 같은 걸출한 독립운동가를 길러냈다. 해방 후 자유당 정부에서 장관을 지낸 서울 중앙대학교를 설립한 임영신, 한국 최초 여자 경찰서장을 역임한 노마리아, 한국 감리교 최초 한국인 여자 목사 전밀라 등이 영명여학교에서 그의 가르침을 받았다. 이러한 여성교육에 대한 공로로 1938년에 그의 공적비가 영명학교 내에 건립되어 오늘에 이르고 있다. 사애리시 선교사는 1900년에 내한하여 1940년 일제에 의해 선교사 강제철수 조치가 있기 직전인 1939년까지 39년간 한국에서 교육선교에 헌신하였다. 1931년 발행된 〈동아일보〉는 그녀에 대한 기사를 실으면서 다음과 같은 제목을 붙이고 있다.

사애리시 선교사 관련 동아일보 기사(1931.4)

三十餘年을 一日가티	삼십여년을 하루같이
教育과 宣教에 獻身	교육과 선교에 헌신
教育機關實로 十一個所	교육기관 실로 11개소
고결한처녀로화갑을맞나	고결한 처녀로 화갑을 맞아
公州의 「시애리시」孃	공주의 「사애리시」양

4) 충남북 지역에 여학교 20개 설립운영

1904년 샤프부처가 공주로 파송 받아 활동할 당시 충청지역에 학교는 하나도 없었다. 남편 샤프 목사는 1904년에 남학생을 대상으로 명설학당을 시작하였으며 사애리시 선교사는 1905년 자신의 집에 있는 채 1평이 안되는 2.4㎡의 작은 방에서 12명의 작은 소녀들을 데리고 가르치기 시작했다. 1906년 갑작스런 남편 샤프 목사의 순교로 인하여 사애리시 선교사 자신도 본국으로 돌아가 약 2년여의 안식기간을 갖게된다. 이 기간 동안의 여학당 일은 스웨어러 부인 선교사에게 일임하였다. 사애리시 선교사가 1908년에 다시 공주로 돌아와 학부모들을 설득하면서 여학당 일은 다시 본격적으로 시작되었다.

사애리시 선교사와 더불어 충청지역 여선교사들이 추구했던 여성교육의 궁극적 목적은 남녀차별에서 벗어나 즉 여성차별적인 무지한 관습과 미신에서 벗어나 진리를 추구하도록 함이었다. 남녀차별과 반상구조 그리고 나라 잃고 억압 받는 한국의 여성들에게 선교사들로부터 신앙교육과 근대 교육을 받는 일은 한줄기 빛과 같은 존재이었다.

사애리시 선교사가 설립한 공주영명여학교에서는 서울의 이화학당이 실행하고 있는 교육과정을 기본으로 영어와 음악은 선교사 부인들이 가르쳤고, 한문·작문·수학·미용체조 등은 이화를 졸업하거나 외부에서 임시로 오는 교사들이 가르쳤다.[18]

또한, 당시의 큰 도시인 논산·강경을 비롯하여 천안, 대전, 충주, 진천 등의 지방 곳곳에 여학교를 설립해 나갔다. 1905년에 열었던 공주 여학교는 앨리스 샤프가 1908년 재내한하여 다시 열자, 42명의 학생이 등록했다.

논산의 영화여학교는 사애리시 선교사가 1908년 2명의 어린이를 데리고 시작하였다. 한명은 케이블(Elmer M. Cable) 선교사 조사의 딸 '메리'였고 다른 한명은 시집이나 가라는 아버지의 매를 맞으며 학교에 다니던 15세 소녀였다. 논산여학교는 2명으로 시작하여 1년여 만인 1909년 40명이 되었다. 강경에서의 학교사업은 1913년에 25명의 소녀들을 데리고 시작한 만동여학교인데, 1917년에는 독일교회에서 보내준 기부금으로 방을 얻어 교실로 사용하였다. 1917년 당시 학급은 1학년에서 4학년까지 있었고 학생 수는 40명이었다. 이 후 만동여학교는 강경지역의 여성교육기관으로 1920년대 말까지 순탄한 교육을 실시했다.

사애리시 선교사는 야학도 개설하였는데, 충청지역의 첫 야학은

18) 황미숙, 「앨리스 샤프(Alice H. Sharp)의 충청지역 여성 전도사업과 교육사업」 『한국기독교와 역사』 제47호, 2017, 209~238쪽.

1904년에 12살부터 60살까지 다양한 연령대의 한글을 아는 몇 사람을 모아 1주일에 한번씩 진행한 '여자성경야학'이었다. 여성 교육을 위한 본격적인 여자야학은 공주에서는 1916년에, 강경에서는 1924년에 시작되었다. 1916년 공주에서 시작된 여자야학은 1920년대 중반 이후 지방 유지들이 경영에 참여하면서 재산이 없는 가난한 집안의 아들들의 교육기관인 공금학원(公錦學院)으로 발전하였다.

유치원 사업 역시 사애리시 선교사가 심혈을 기울인 교육사업이었으며, 대표적인 유치원은 강경유치원(1921년 5월 개원), 홍성유치원(1921년 5월 개원), 진천유치원(1929년 4월 15일 개원), 대전유치원(1929년 5월 3일 개원), 논산유치원(1931년 9월 1일 개원) 등이었다. 1930년대 중반 이후 유치원 사업에 대한 선교부의 지원이 급격하게 줄어들어 경영난에 빠졌는데, 지방 유지들이 인수하여 사업의 명맥을 이어갔다.

이러한 소식을 듣고 미국 감리교 해외여선교회의 뉴욕지회에서는 공주에서 어렵게 여성교육 사역을 이어가고 있는 사애리시 선교사를 돕기 위하여 그의 선교역사, 모금내역 및 사용처를 설명하는 전단지를 발행하여 배포하였다. 그중에는 사애리시 선교사가 운영하고 있는 13개의 유치원을 지원하기 위하여 한 곳당 20달러씩 지원하기 위하여 총 260달러를 특별모금한다고 밝히고 있으며, 강경에 있는 학교 선생님들의 월급을 지원하기 위하여 175달러 목표로 모금하고 있다고 밝히고 있다.

사애리시 선교사는 전도지역마다 소녀들을 위한 여학교를 세워나갔는데 공주·논산·강경을 포함하여 최소한 20개가 넘었으며 각 지역에 설립한 여학교는 다음과 같다. 그러나 교회성장이 잘되는 몇 지역을 제외한 대부분의 학교는 재정과 교사가 부족하여 근근히 유지되는 경우가 많았다.

사애리시 선교사에 의해 설립되고 운영된 충남북 각지의 여학교 현황표[19)]

지역 학교	설립추정	학생수	보고년도
누동(태안군 고남면 누동리)	1908	10	1909
인내(논산 양촌면 인천리)	1910		1911
둔포(아산군 둔포면 둔포리)	1913	30	1914
양대(천안시 입장면 양대리)	1913	15	1914
경천(공주시 계룡면 경천리)	1914	20	
직산(천안군 직산면 군서리)	1914		1915
궁천(논산시 벌곡면 검천리)	1916		1917
아산(아산 염치읍 백암리 구미골)			
여포위	1916	20	1917
남부구역의 3곳	1916		1917
갈산(홍성군 홍북면 갈산리)	1917	7	1917
공금(公錦)학원(야학, 공주)	1917	20	1917
명신학원(진천읍 교회 운영)	1920		1921
성선학교(진천읍 교인 운영)	1920		1921
청양(충남 청양군 청양읍)	1922		1923
궁말(예산시 고덕면 상궁리)	1922		1923

---

19) 황미숙, 「앨리스 샤프(Alice H. Sharp)의 충청지역 여성 전도사업과 교육사업」 『한국기독교와 역사』 제47호, 2017, 209~238쪽.

1938년 9월 2일 오전 10시에 앨리스 샤프의 선교를 기념하는 기념비 제막식이 있었는데, 당시 〈동아일보〉는 1938년 9월 5일자에 제막식을 보도하면서 앨리스 샤프의 업적에 대하여 '28세의 꽃다운 청춘으로 충남 각지에 선교와 교육사업에 진력하는 중에는 비상한 파란을 거듭하며 공주·천안·논산·입장·아산·둔포·경천 각지에 학교를 설립하고 대전·공주·논산에 유치원을 경영하야 수많은 인재를 길러 내어 그의 공적은 실로 막대하다'라고 기사를 실었다.

사애리시 선교사와 더불어 충청지역 여선교사들이 '여성차별적인 무지한 관습과 미신에서 진리로의 해방'이라는 목적을 위해 설

미국감리교 해외여선교회(W.F.M.S.)의 새로운 공주 여학교 건물
(사진출처 : GCAH, The United Methodist Church)

립한 학교는 공주 · 논산 · 강경을 포함하여 최소한 20개가 넘었다. 앨리스 샤프를 통하여 복음과 교육을 받아들인 충청지역 여성들은 하나님의 자녀로서 "새로운 여자가 되었다"고 고백하며 여성으로서의 정체성을 찾아갔다. 사애리시 선교사는 실로 '여성교육의 어머니'라 해도 과언이 아닐 것이다.

5) 99세의 제자가 기억하는 스승 사애리시[20]

1939년 69세의 나이에 한국을 떠난 이후의 사애리시 선교사에 대한 행적은 잘 알려지지 않았다. 공주 영명동산 순례를 온 순례객과의 대화 중에 어머니가 사애리시 선교사의 아끼던 제자였으며 98세로서 미국 LA에 살고 계신 박한나 권사라는 사실을 들었다. 2015년 12월 29일에 LA를 방문하여 박한나 권사를 면담하게 되었으며 그분들이 간직한 일대기를 추적하여 48년 전인 1972년에 작고하신 사애리시 선교사의 마지막 거주하였던 곳과 납골묘까지 파악하게 되었다.

영명학교를 졸업하고 세브란스 간호학교를 졸업한 후에 철도간호학교의 설립을 주도하였으며 한국 간호학계의 큰 역할을 하였던 박한나 권사의 가족은 그야말로 사애리시 선교사의 교육으로 천지개벽하여 커다란 은혜를 경험한 가족으로서 그 가족사가 하나님의

---

20) 서만철, 『한국을 사랑한 푸른눈의 사람들 공주편』, 크레아트, 2020, 95~98쪽.

사애리시 선교사의 애제자인 LA 거주 박한나 권사(중앙, 98세) 인터뷰 후 기념사진
(2015.12.29). 사진 우측이 첫째 딸 부부(허리훈 전직 대사), 좌측은 필자와 금번 사애리시
선교사 행적 추적에 그의 남편과 함께 큰 도움을 준 셋째 딸

축복의 통로가 됨을 100세를 눈앞에 둔 노 제자는 감사함으로 증
언하였다.

박한나 권사의 '한나'라는 이름도 사애리시 선교사로부터 받은
성경에 나오는 여성의 이름이다. 박한나 권사는 "하루는 영명동산
의 계단 옆에서 사애리시 선교사님이 속이 안좋아 구토를 한 후에
발로 낙엽을 끌어와 덮는 모습을 보고 저렇게 외롭고 쓸쓸하고 아
픈데도 아무도 도와줄 사람이 없는 인생을 사는 선교사님을 보고
불쌍하기도 하고 마음이 짠했는데, 내 평생에 그 모습이 선하다."
고 회상했다.

사애리시 선교사는 창문 밖으로 건너다보이는 산자락에 있는 남편 샤프 목사의 무덤을 향해 "오늘은 부여 갑니다", 그 다음 날은 "논산과 강경에 갔다 옵니다" 하고 매일 아침 얘기하듯이 보고하면서 일생을 그렇게 보냈으며, 항상 그녀의 오르간 위에는 아들같이 젊은 남편의 사진을 놓고 생활했다고 회상했다. 사애리시 선교사는 목소리가 너무 아름다웠으며, 오르간 반주를 해가며 '예수가 우리를 부르는 소리' 찬송가를 늘 함께 부르곤 하였다. 사애리시 선교사는 박한나 권사에게 오르간 연주법을 가르쳐 주었는데, 박한나 권사는 이 때 배운 실력으로 이후에 교회에서 피아노 반주를 하였으며, 100세를 눈앞에 둔 지금도 몇 곡은 피아노 반주를 하며 찬송을 하면 함께 사는 사위가 놀라곤 한단다. 찬송가 559장 '사철에 봄바람 불어오며'와 304장 '어머니의 넓은 사랑' 등 100여 곡 이상을 작곡하여 한국 찬송가의 개척자로 불리는 구두회 교수와는 이 때 주일학교를 같이 다녔다고 회상하였다.

사애리시 선교사는 행방불명된 독립군 아버지를 둔 오애리시를 입양하여 키우며 박한나 권사와 함께 세브란스 간호학교에 입학하도록 하였는데, 이들은 방학마다 공주에 내려와 사애리시 선교사의 집에서 함께 생활하면서 인근지역으로 사경회와 합창, 크리스마스 공연 등을 함께 다니며 전도했다고 한다. 한번은 샤프 선교사의 묘소에 친구와 함께 갔을 때 사애리시 선교사는 '앞으로 너희들이 샤프 목사님의 비석을 잘 돌보아 달라'는 특별한 부탁을 하였다고 한다. 한참 뒤에 친구와 함께 샤프 선교사 묘역에 갔더니 비석이 넘어져 있어 영명학교 황인식 교장에게 바로 세워 줄 것을 건의

하였는데, 학교측에서 더 높은 곳에 있던 아멘트 선교사의 아들 묘가 있는 곳으로 옮기면서 비석도 똑바로 세웠다고 회상하며, 그 때의 사애리시 선교사의 부탁을 들어주게 되어 그분의 은공에 조금이나마 보답하게 되어 기뻤다고 회상하였다.

사애리시 선교사는 1871년 4월 11일 캐나다에서 출생하였으며, 1972년 9월 8일 미국 캘리포니아주 파사데나의 은퇴선교사요양원에서 101세의 나이로 영면하였다. 그의 육신은 파사데나의 품격 있는 납골묘원에 영구 안치되었다.[21] 그는 39년간 미국 감리교회 선교사로 일하였으며 33년을 캘리포니아에 거주하였다는 사망기록서 내용으로 볼 때, 1939년 한국을 떠난 이후에는 소천 때까지 캘리포니아 파사데나의 은퇴선교사요양원에 거주하였다.

박한나 권사의 남동생이 이민 떠날 때 '미국에 가면 꼭 사부인을 찾아가 감사인사를 드리거라' 하시던 어머니의 말씀에 따라 1972년에 사애리시 선교사를 찾았을 때 안타깝게도 2주 전에 소천 하였다는 요양원 직원의 말에 그는 그 자리에 털썩 주저앉고 말았다. 직원의 안내에 따라 방문한 아직 정리되지 않은 사애리시 선교사의 방에 남겨진 유품이라고는 옷가지 몇별과 오래된 트랜지스터 라디오 한 대 뿐이었다고 자서전에 적고 있다. 빛도 없이 이름도 없이 살다가 가신 선교사의 고귀한 생애를 생각하니 돌아오는 길은 자기 삶에 대한 눈물의 회개시간이었다고 전하고 있다.

---

21) Mountain View Mausoleum, Columbarium of Peace, Niche: 00026 Row:PL2300, Morengo Ave., Pasadena, Los Angeles, CA.

Alice H. Sharp 선교사(1871~1972)
납골묘 헌화 (2015.12.29.)
사애리시 선교사님에게는 7~80년 만
의 애제자의 첫 방문이었고, 그분 인
생의 꽃다운 시기를 다 바친 충남 공
주로부터의 첫 방문과 헌화였는지도
모른다

　약 2시간의 인터뷰시간을 가진 뒤 방문한 사애리시 선교사님
의 납골묘원은 그 겉모습과는 다르게 내부는 천지창조 천정화와
스테인드글라스, 아름다운 이태리산 대리석으로 마감한 품격 있
는 납골 묘원이었으며 6대 째 한 집안에서 관리해오고 있는 특이
한 곳이었다. 하나님 나라에서 계시는 사애리시 선교사님으로서는
7~80년 만에 애제자의 첫 방문이었고, 그분 인생의 꽃다운 시기를
다 바친 충남 공주 사람으로부터의 어쩌면 첫 방문과 헌화였는지
도 모른다. 그 곳에서 3달 뒤에 100세 잔치를 앞둔 박한나 권사님

의 평생을 사모하던 사애리시 스승님에 대한 즉석 기도 내용을 여기에 담는다.

"오늘 주님을 위해 일생을 외롭고 아프고 쓸쓸하면서도 주님의 사랑을 증거한 사애리시 선교사님의 납골당에 저희들 찾아왔습니다. 오늘 이렇게 귀한 시간을 허락하신 주님의 은혜에 감사합니다.

20대에 남편 따라 고국을 떠나 우리나라에 와서 일평생 혼자서 외롭고 쓸쓸하고 아프면서도 주님의 사랑을 증거한 사애리시 선교사의 무덤에 찾아왔습니다. 주님 그의 외롭고 쓸쓸한 삶에 주님께서 항상 친구가 되고 지켜주시고 인도하시고 보호하여 주셨음을 감사드립니다.

저희도 그의 빛나는 삶을 본받는 삶을 살 수 있도록 저희 신앙심을 주님께서 북돋아 주시옵소서. 주님, 아직도 주님을 모르는 이 세상 모든 사람들에게 주님의 이 귀한 사랑을 증거 할 수 있는 증인의 삶을 살 수 있도록 저희 각자에게 힘을 주시옵소서.

저희들이 남은 여생 온전히 주님의 사랑을 증언하는 증거하는 삶을 살 수 있도록 사랑 많으신 예수님 이름으로 기도드렸습니다."

101세에 부름을 받으신 스승 사애리시 선교사님의 묘소 앞에서 100세의 제자가 드린 추모 기도내용의 핵심은 '주님의 사랑을 증거 하는 삶'이었다. 박한나 권사는 덕분에 꿈에 그리던 사애리시 선교사님이 잠들어 있는 묘소를 찾아내게 되었고 처음으로 기도와 헌화를 하게 되어 기쁘고 여한이 없다며 정말 감사하다는 표현과 함께 아쉬운 작별인사를 하였다. 이 일이 있은 후 박한나 권사는 이듬해 봄에 소천하였다.

6) 사부인 저택을 방문하는 가난한 유학생[22]

당시에는 우마차 이외의 교통수단이 없던 관계로 공주에서 멀리 떨어진 보령까지는 걸어서 2박 3일은 가야 하였다. 공주에 막 도착한 샤프 선교사 부부는 때로는 함께 또 때로는 각자 충청도의 여러 지역을 방문하며 전도와 교육을 하였는데, 서해안 지역의 보령에 갔을 때 이들 눈에는 복음을 잘 받아들이고 총명한 한 시골 처녀가 그렇게 귀여울 수가 없었다. 그의 가족은 충남 보령에서 사부인의 인도를 받아 온 가족이 기독교 신앙을 갖게 되었다. 선교사 내외를 잘 따르는 13살짜리 소녀를 매우 사랑해서 이름을 제씨라고 지어 불렀고, 이 소녀가 교회에서 봄, 가을로 열리는 사경회 때면 빼놓지 않고 참석하여 성경공부에 열을 올렸다. 제씨는 가난한 기독교 신앙을 가진 청년과 결혼하게 되었고 이들은 종국에는 사부인이 세운 영명여학교에서 제씨의 남편이 근무하게 되면서 그 자녀들은 모두 영명남학교와 영명여학교를 다니게 되었다. 그 여럿 남매 중 의식은 서울대학교 치과대학을 졸업하고 미국 캘리포니아에 있는 남가주대학에 유학까지 하여 공부하게 된다. 그 때의 이야기를 기록한 그의 가족사 기록에서 사애리시 선교사와 관련된 내용을 발

---

22) 서만철, 『한국을 사랑한 푸른눈의 사람들 공주편』, 크레아트, 2020, 111~114쪽.

췌하여 소개하고자 한다. 이 기록에 나오는 '사부인'은 당시의 충청지역 사람들이 존경의 의미를 담아 사애리시 선교사를 부르는 호칭이었다.

몇 달이 지나 한숨을 돌리고 나니까, 그제서야 한국을 떠날 때 어머니가 하신 말씀이 생각났다. '의식아, 미국갈 기회가 되거든 파사데나(Pasadena)에 살고 있는 사부인을 찾아 꼭 인사 드려라.' 어머님 말씀이 생각난 김에 그날은 꼭 사부인을 찾아가자고 마음먹고 파사데나 11번 프리웨이로 차를 몰았다.

의식은 운전하면서 즐거운 공상에 싱글벙글 웃음이 입가에 맴돌았다. 사부인을 만나면, '너 지금 어디서 살고 있느냐?' 물어 볼 텐데, 그러면 '베드룸 한 칸짜리 아파트에서 세 식구가 살고 있습니다'고 대답 해야지라고 생각했다. 또 '너 지금 무얼 하느냐?'고 물으면 '저 지금 U.S.C.(University of Southern California; 남가주대학교) 치과대학에 다니며 공부하고 있어요'라는 대답도 준비하였다. 그러면 이 인정 많으신 할머니가 '한 칸짜리 아파트에서 세 식구가 고생하지 말고 내 집에 와서 같이 살자'고 분명 그럴 것이었다. 그렇게 되면 생활비도 절약하게 되고 호강하게 되니 얼마나 좋으랴라는 상상으로 즐겁게 운전하면서 혼자 싱글벙글 하였다. 파사데나 프리웨이를 벗어나자 주택지역이 나타났다.

이번에는 더 큰 공상을 해 본다. 이 할머니가 자식도 없이 큰 저택에서 혼자서 사실 텐데, 내 집에 들어와서 같이 살다가 내가 죽거든 이 집을 네가 가져라 하면 얼마나 좋을까? 아 공짜로 저택이

한 채 생기지 않나? 왜 내가 진작 찾아 뵙지 못했을까 후회하면서 어서 빨리 가서 '제가 제씨(Jessi, 사부인이 지어준 의식의 어머니 이름)의 아들 의식입니다' 하고 인사드려야지 하며 마음이 조급해지기 시작했다. 길은 주택가를 지나서 점점 산 쪽으로 향하였다. 역시 저택은 경관이 좋은 산 위쪽에 있을거야라고 생각하면서 마침내 그 주소에 도착하였다. 그러나 그 곳은 양옥주택도 저택도 아닌 은퇴한 선교사들의 양로원이었다.

사무실에 가서 사부인을 찾아 왔다고 하자 직원은 '아 Mrs. Sharp를 찾느냐?'고 되물었으며, 의식은 그 때에서야 사부인의 이름이 Mrs. Sharp인지를 처음 알게 되었다. 이어서 직원은 '당신이 찾는 Mrs. Sharp은 두 주일 전에 하늘나라로 가셨습니다'라고 말하는 것이었다. 의식은 하늘이 노래지고 진작 찾아뵙지 못한 것이 못내 후회스러웠다. 직원이 또 장례식에 사용하였던 순서지를 보여주면서 그 분이 사시던 방이라도 보겠느냐고 물어왔다. 그 직원을 따라 사부인 쓰시던 방으로 가보니 조그만 모텔방 같은 단칸방이었다. 테이블 위에 작은 트랜지스터 라디오가 한 대 놓여 있었고 옷장에 그분의 옷 몇 벌이 걸려 있었다. 의식은 그 자리에서 한동안 하염없이 눈물을 흘렸다. 평생을 하나님께 드리고 자기 집 방 한 칸 없이 유품이라곤 트랜지스터 라디오 한 대와 옷가지 몇 벌뿐인 그 분의 생애가 너무 고귀했기 때문이었다. 거기에 비하여 집이나 하나 공짜로 생길까 하는 바람으로 사부인을 찾아 왔던 의식의 모습이 자신이 생각하기에도 너무나 초라해 보였다, 공짜 근성과 거지 근성이 이 할머니의 헌신된 삶에 비해 얼마나 초라하게 느껴지는지

사애리시 선교사가 임종시까지 살았던 미국 캘리포니아주의 파사데나에 있는 은
퇴선교사 양로원(Robincroft)으로 현재는 개인소유의 저택이다

그 자신이 돌아보기도 싫을 정도이었다. 양로원에서 되돌아오며
흐르는 눈물을 억제할 수 없었으며, 머리는 망치로 한 대 얻어 맞
은 듯이 멍하였다. 다른 사람들보다도 의식의 전 가족은 온 집안이
사부인의 은덕을 많이 입은 사람들이었기 때문이다. 일찍이 사부
인을 비롯한 미국선교사들이 충남 공주에 영명여학교를 세우며 의
식의 아버지를 교직원으로 채용했으며, 그의 위로 누나 네명은 사
부인 덕에 영명여학교에서 공부를 할 수 있었다. 망치로 머리를 얻
어 맞은 듯이 멍한 상태에서도 그 때 느낀 것이 있었다. 어떻게 사
부인과 선교사들에게 또 하나님께 빚을 갚아야 되나 하고 말이다.

5. 소녀 유관순과 스승 사애리시 선교사 기념사업

3·1운동 100주년을 맞이하여 근대여성교육의 어머니이며 독립운동의 표상인 유관순에게 신앙과 민족교육을 시킨 사애리시 선교사의 기념물을 공주 영명동산에 건립할 수 있다면 우리 후손들에게도 의미있는 교육의 현장이 될 것이란 생각으로 2016년 8월부터 사애리시 선교사가 영면하고 있는 미국 Pasadena 및 LA에 있는 한인교회들과의 협력이 추진되었다. 2019년 3·1운동 100주년을 기념하는 사업을 준비하기 위하여 이러한 뜻에 동조하는 미국에 사는 한국 교민들과 사애리시 선교사의 39년 선교 현지의 후예들이 함께하는 '앨리스 샤프 선교사 기념사업추진위원회'가 2017년 7월에 미국 LA에서 출범하게 되고, 사애리시 선교사 부부와 영명여학교에서 공부하던 시절의 소녀 유관순을 한 작품으로 하여 동상을 건립하는 사업으로 사애리시 선교사 기념사업이 시작되었다.

(사)한국선교유적연구회는 공주시기독교연합회와 공동으로 2019년 3월 1일 오후 2시에 선교사들이 세운 충남 최초의 근대교육기관인 공주영명중고등학교 강당에서 3·1운동 100주년 기념예배를 가진 후, 이어서 영명동산에 건립된 '소녀 유관순과 스승 사애리시 선교사 부부' 동상 제막식을 개최하였다. 기념예배와 동상 제막식에는 약 500여 명이 참여 하였으며 공주시 기독교연합회장과 목사, 국회의원, 공주시장, 공주시의회 의장, 공주대학교 총장, 애터미(주) 회장 등 지역의 인사들은 물론 특히 사애리시 선교사를 파송하였던 미국감리교 여선교회 대표, 미국의 뉴욕과 로스앤젤레

소녀 유관순과 스승 사애리시 선교사부부 동상, 공주영명동산

스에 거주하는 한인 목사 및 성도 50여 명이 참여하여 더욱 뜻 깊은 의미를 갖게 하였다. 한편, 사애리시 선교사 기념사업에는 미국과 한국의 교회 및 선교단체 67개 기관과 성도 460여 명의 헌금 3억 2천여 만원으로 추진되었으며, 주요사업으로는 '소녀 유관순과 스승 사애리시 선교사부부' 동상 건립, 사애리시 선교사 묘비 건립 및 선교사묘역 정비사업과 기념음악회 등이었다.

  '소녀 유관순과 스승 사애리시 선교사부부' 동상은 유열사가 공주에서 공부하던 나이 즉 13~4세의 소녀 유관순과 스승 사애리시 선교사, 그리고 일찍이 순교한 남편 샤프 선교사를 한 가족으로 하

Sharp 선교사 사후 113년, 사애리시 선교사 사후 47년만에 남편 묘소 옆에 건립된 사애리
시 선교사 부부의 묘비

여 구성되었다. 동상 뒷면의 반원형 둥근 배경석은 밝은 색 화강암
을 활용하여 빛으로 오신 예수님을 상상하도록 하는 동시에 동상
을 부각시키는 역할을 하도록 하였다. 배경석의 앞면에는 사애리
시 선교사의 사역내용을 음각하였으며, 뒷면에는 3·1운동 100주
년을 맞이하여 '사애리시 선교사 기념사업'에 기여한 미국과 한국의
교회 및 선교단체 67개 기관과 성도 460여 명의 이름을 새겼다.

　이후, 공주시에서는 2020년 3월의 인물에 사애리시 선교사를
선정하고 '사애리시 선교사 학술세미나'를 개최한 바 있으며,[23] 우

---

23) 2020년 3월의 공주역사인물 학술세미나, "사애리시 선교사", 공주대학
　　교 공주학연구원·(사)한국선교유적연구회.

리정부에서는 사애리시 선교사에게 국민훈장 동백장을 추서한 바 있다. 또한, 2020년 10월에는 공주의 항일운동 학술세미나를 통하여 유관순 열사와 그의 스승 사애리시 선교사와의 관계에 대한 학술발표 등으로 이어졌다.[24]

6. 공주에 '유관순 교육관'을 건립하자

2019년 3·1운동 100주년과 2020년 유관순 열사의 서거 100주년을 맞아서 독립운동의 표상이 된 소녀 유관순에게 신앙과 민족교육을 시킨 사애리시 선교사의 사역과 유관순 열사의 영명여학교 재학에 관한 내용 및 '소녀 유관순과 스승 사애리시 선교사 부부' 동상 건립과정에 대하여 살펴보았다.

사애리시 선교사의 공주에서의 사역은 크게 선교사역과 교육사역으로 대별된다. 사애리시 선교사는 1900년에 내한하여 서울 이화학당과 상동교회에서 선교활동을 하던 중 1903년 샤프 선교사와 결혼 후에 공주선교기지 상주책임자로 1904년 공주에 왔다. 1906년 갑작스런 남편의 순교 후에 2년여의 안식 기간을 본국에서 보낸 후에 1908년에 재내한하여 1939년까지 충청지역 여성 전도사업과 여성교육사업에 힘을 쏟았다.

사애리시 선교사가 충청지역에서 벌인 여성교육의 긍극적 목적

---

24) 유관순 열사와 공주항일독립운동 학술세미나, 2020.10.8, 공주대학교 공주학연구원·(사)한국선교유적연구회.

은 '여성차별적인 무지한 관습과 미신에서 진리로의 해방'이었다. 이를 위해 설립한 학교는 공주·논산·강경을 포함하여 최소한 20개가 넘었다. 또한 강경·홍성·진천·대전·논산 등지에 유치원도 설립하였다. 사애리시 선교사를 통하여 복음과 교육을 받아들인 충청지역 여성들은 하나님의 자녀로서 "새로운 여자가 되었다"고 고백하며 여성으로서의 정체성을 찾아갔다. 사애리시 선교사는 실로 '충청지역 여성교육의 어머니'로 칭함이 마땅하다.

유관순 열사의 공주영명여학교 수학 사실을 증명하기 위한 증언채록작업이 2006년에 공주영명중고등학교에 의해 실시되었다. 학적부나 사진과 같은 뚜렷한 1차사료는 발견되지 않은 관계로, 1920년도 공주영명학교 졸업생이며 독립운동가 강윤 선생의 3남 강신근씨의 증언, 공주영명학교 1회 졸업생으로 초대 충남도지사를 역임한 황인식 선생의 손자인 황용배 전 공주영명중고등학교 교장의 증언 및 공주제일교회 박흥순 장로의 증언에 의해 유관순 열사가 공주영명여학교에서 수학하였음은 역사적 사실로 인정된다.

한편, 유관순 열사의 공주영명여학교 수학에 대한 우리 정부의 공식 인정은 충남향토연구회 박철희 회원의 유관순 열사의 연보를 수정해달라는 민원에 대하여 국가보훈처의 유관순 열사의 학적부 관련자료인 '이화백년사(이화여자고등학교, 1994)'와 '영명100년사(공주영명중고등학교, 2007)'를 참고하여 수정 가능하다는 회신에 근거하여 추진되었다. 독립기념관 학술팀, 천안시학예연구사, 사단법인 유관순열사기념사업회, 유족대표 및 유족학회장 등의 유관기관 협의와 확인을 거쳐 2015년 4월 23일에 기존의 '1915년 이화학당 보통과

2학년 편입'을 수정하여 '1914년 공주영명여학교 2년 수학한 후
에 1916년 4월 이화학당 편입'으로 확정되었다. 최근 충남역사박
물관에서 전시된 1915년 7월에 촬영된 것으로 알려진 영명여학교
단체사진에는 유관순으로 추정되는 인물이 있어 향후 과학적 검증
을 앞두고 있음이 밝혀졌다. 과학적 검증결과 유관순 열사의 13세
때 사진으로 확인된다면 유열사의 공주영명여학교 재학 사실이 더
욱 분명해지는 것이다.

　2019년 3·1운동 100주년을 기념하여 유관순 열사의 첫 스승
이며 충청여성교육의 어머니 사애리시 선교사의 기념사업을 추진
한 바, 미국과 한국의 교회 및 선교단체 67개 기관과 성도 460여
명의 헌금으로 '소녀 유관순과 스승 사애리시 선교사부부' 동상 건
립, 사애리시 선교사 묘비 건립 및 선교사묘역 정비사업, 제자와 스
승의 만남을 주제로 한 기념음악회 등을 진행하였다. 앞으로 유관
순 열사와 사애리시 선교사를 기리는 기념사업의 지속은 공주 기
독교선교유적에서 선교사들을 통하여 이루어진 남녀평등교육, 반
상타파 실천, 독립운동 지원 등의 우리나라의 사회개혁에 커다란
기여를 하였던 사실을 배우고 이러한 정신을 이어받는 교육의 방
향으로 나아가야 할 것이다. 이를 위하여 공주의 선교유적들을 성
역화하여 문화재 차원으로 유지관리하는 일이 필요하다. 아울러,
이러한 선교유적들이 동서양간의 문화교류의 핵심창구이었다는
점은 향후 한국의 기독교선교유적을 UNESCO 세계유산으로 등재
하는 일에도 도움이 될 것이다. 이러한 공주선교유적의 성역화사
업의 상징은 '유관순교육관' 건립이다. 그가 시골의 소녀에서 신학

사애리시 선교사가 유관순을 양녀 삼아 살았던 선교관으로 충청남도 최초의 양옥 건물이다

문을 접한 곳이 공주영명여학교이고 그의 첫 스승 사애리시 선교
사로부터 신앙교육과 민족정신을 교육받았기 때문이다. 세계적인
언론 뉴욕타임스의 2018년 기사에서 보듯이 유관순 열사의 존재
는 이제 한국을 넘어 전 세계의 지도자가 되었다. 그가 어릴 적 공
부했던 공주에 유관순 열사의 비폭력 저항운동을 통한 독립정신
등을 세계인들이 배울 수 있는 '유관순 교육관'을 건립하는 일은 이
시대 공주인, 충청인 나아가 한국인들이 해야할 숙제이기도 하다.

참고문헌

고혜령, 『유관순 횃불되어 타오르다』, 초이스북, 2019, 109~111쪽.

김정동, 〈건축가 선교사, 미국인 보리스에 대해〉, 기독교타임즈, 2001.8.17.

류제경, 『왜 교육인가? 류제경 교수의 사람 바로 세우기』, 신앙과지성사, 2018.

서만철, 「한국의 선교유적을 세계문화유산으로」, 제32회 한국기독교학교연맹 전국교목연수회 자료집 『시대가 요구하는 지도자』, 2016, 251~262쪽.

서만철, 아시아의 기독교 세계유산과 한국의 선교본부 비교연구 II, (사)한국선교유적연구회 '공주의 선교역사와 유산', 2017, 63~84쪽.

서만철, 『기도가 된 편지』, 두란노, 2019.

서만철, 『한국을 사랑한 푸른눈의 사람들 공주편』, 크레아트, 2020, 95~98쪽, 111~114쪽.

송현강, 「한국의 선교유적 -Mission Station을 중심으로」 『공주의 선교역사와 유산』, 2017.

신용희, 〈공주영명중 · 고등학교, 개교 100주년〉, e-금강뉴스, 2006.9.22.

연합뉴스, 〈유관순 열사 첫 학교는 공주 영명여학교〉, 연합뉴스, 2015.04.23.

영명중고등학교, 『영명 100년사』, 2007.

윌리엄스, 「천안지방 감리사 윌리엄즈 보고」 『미감리회 조선연회록』, 1919, 75쪽.

윤희일, 〈유관순 열사 13세 때 사진 최초 공개...이화학당직전 모습〉, 경향비즈, 2020.10.28.

임연철, 『지네트 월터 이야기』, 밀알북스, 2020.

장종현, 『유관순 이야기』, 웅진주니어, 2010, 124~131쪽.

중앙일보, 〈유관순, 출감 이틀 남겨두고 순국〉, 2004.2.27. 종합9면.

지수걸, 「공주지역 감리회공동체와 지역사회운동」 『공주의 선교역사와 유산』, 2017, 156~159쪽.

한국기독교역사연구소, 『내한선교사 총람』, 1996, 1884~1984쪽.

황미숙, 「앨리스 샤프(Alice H. Sharp)의 충청지역 여성 전도사업과 교육사업」 『한국기독교와 역사』 제47호, 2017, 209~238쪽.

KWMA, 2016, http://www.christiantoday.co.kr/articles/288284/20160109/2015년-12월-말-한국선교사-파송-현황-kwma-연구개발실.htm

Life of Jejus Christ Maps, http://www.jesus-story.net/maps_jesus.htm

Voice of NY, 2019.1.18.

<부록 1>

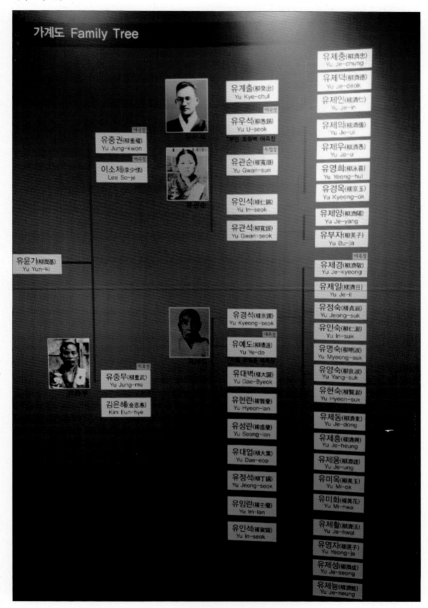

가계도 Family Tree

유계출(柳癸出)
Yu Kye-chul

유우석(柳愚錫)
Yu U-seok

유관순(柳寬順)
Yu Gwan-sun

유인석(柳仁錫)
Yu In-seok

유관석(柳寬錫)
Yu Gwan-seok

유중권(柳重權)
Yu Jung-kwon

이소제(李少悌)
Lee So-je

유윤기(柳閏基)
Yu Yun-ki

유경석(柳庚錫)
Yu Kyeong-seok

유예도(柳禮道)
Yu Ye-do

유대벽(柳大璧)
Yu Dae-Byeck

유현란(柳賢蘭)
Yu Hyeon-ian

유성란(柳成蘭)
Yu Seong-ian

유대업(柳大業)
Yu Dae-eop

유정석(柳丁錫)
Yu Jeong-seok

유임란(柳壬蘭)
Yu Im-ian

유인석(柳寅錫)
Yu In-seok

유중무(柳重武)
Yu Jung-mu

김은혜(金恩惠)
Kim Eun-hye

유제충(柳濟忠)
Yu Je-chung

유제덕(柳濟德)
Yu Je-deok

유제인(柳濟仁)
Yu Je-in

유제의(柳濟儀)
Yu Je-ui

유제우(柳濟愚)
Yu Je-u

유영희(柳永喜)
Yu Yeong-hui

유경옥(柳京玉)
Yu Kyeong-ok

유제양(柳濟陽)
Yu Je-yang

유부자(柳美子)
Yu Bu-ja

유제경(柳濟敬)
Yu Je-kyeong

유제일(柳濟日)
Yu Je-il

유정숙(柳貞淑)
Yu Jeong-suk

유인숙(柳仁淑)
Yu In-suk

유명숙(柳明淑)
Yu Myeong-suk

유양숙(柳良淑)
Yu Yang-suk

유현숙(柳賢淑)
Yu Hyeon-suk

유제동(柳濟東)
Yu Je-dong

유제흥(柳濟興)
Yu Je-heung

유제웅(柳濟雄)
Yu Je-ung

유미옥(柳美玉)
Yu Mi-ok

유미화(柳美花)
Yu Mi-mwa

유제활(柳濟活)
Yu Je-hwal

유영자(柳英子)
Yu Yeong-ja

유제성(柳濟成)
Yu Je-seong

유제능(柳濟能)
Yu Je-neung

유관순 열사의 가계도. 표기된 7명이 애국애족장을 받은사람들이다

<부록 2>

공주영명학교에 관련된

유관순 열사 설문 내용

I. 설문에 응한 사람
  1) 이름: 강신근
  2) 주소: 27985 Nevado, Mission Viejo, Ca 92692
  3) 영명학교와의 관계: 강희윤 (1920년 영명학교 졸업) 의 삼남

II. 설문 내용
  1) 영명학교에 다녔다는 말을 누구에게 들었습니까?
     Williams 선교사 부부, Sauer 선교사 부부, Voris 선교사,
  2) 말을 해준 사람과 어떤 관계입니까?
     부친의 스승 (Williams 교장과 딴 선교사님들)
  3) 말을 해준 사람은 영명학교와 어떤 관련이 있습니까?
     영명학교 선생자
  4) 언제 들으셨습니까?
     1951~57년 경
  5) 어디서 들으셨습니까?
     Glendale, Ca. USA (자택과 교회에서)
  6) 같이 들은 사람은 누구입니까?

III. 위의 설문내용 이외에 들은 것을 적어 주십시오.
     윌리암 선교사 부부와 샤워 목사 부부 만남이 사애리시 선교사가
     유관순의 고향지역에서 부흥회가 끝나고 공주로 데려와서
     양딸처럼 공부시키면서 그년령도 데리고 있다가 서울 이화
     학당으로 편입 시켰다. 이를 계기로 관순의 오빠인
     유관도 부억도 이 영명학교에 오게 되었다 함. (강신근씨가 연로해서 대전향 오다어)
     2006. 4. 5.   이름: 강신근 인(싸인) Stanley S Kang

자료 제공 : 공주영명학교

공주영명학교에 관련된 유관순 열사 설문내용. 고 박철희 선생으로부터 필자에게 전해진
사본이다. 직인은 본 자료를 필자에게 제공한 고 박철희 교장의 개인연구소 직인

유관순열사 연보관련 검토결과

□ 협의기관

○ 우리시(문화관광과, 천안박물관) - 별도의견없음

○ 국가보훈처

이화100년사 및 영명100년사 자료 및 증언을 통한 자료를 근거로

공식적으로 유관순열사 『공훈록』에서 영명학교 수학내용을 추가기재

○ 독립기념관

공주영명학교에 입학하여 수학하고 이화학당에 편입학하기까지를

기록하려면 1914년 기록부터 수정 의견

□ 검토결론

1914년 13세	-사애리시(Alice Hammond Sharp, 史愛理施) 선교사 주선으로 공주영명학교 보통과에 입학하여 수학하였다
1916년 15세	-공주 영명학교 보통과 2년을 마치고 서울 이화학당 보통과 3학년에 교비생으로 편입학하였다

□ 향후계획

○ 유관순열사 홈페이지 및 스마트폰 유관순 앱 전산자료 수정

○ 유관순기념관 연보 기록은 최종검토결과를 토대로 정정

유관순 열사 연보수정 관련 각 기관별 의견취합 및 검토결론. 천안시, 2015.4.
직인은 본 자료를 필자에게 제공한 고 박철희 교장의 개인연구소 직인

임연철

전기 작가

___

서울대학교 사학과(1972)를 졸업하고 중앙대학교에서 예술경영학 석사(2002), 성균관대학교에서 공연예술학 박사학위(2006)를 받았다.

중앙일보, 동아일보에서 문화부 기자를 거쳐 문화부장, 논설위원, 사업국장을 역임(1974~2007)했다. 중앙대와 숙명여대 초빙교수, 건양대 대우교수, 국립극장 극장장 등(2007~2019)을 지냈다.

현재 전기 작가로 활동하며 『이야기 사애리시』(신앙과지성사, 2019), 『지네트 월터 이야기』(도서출판 밀알, 2020)를 펴냈다.

유관순의
첫 스승과 마지막 스승

1. 학생 유관순의 스승으로 맺어진
   샤프와 월터 선교사

필자는 조모(강계순, 1905~1996)로부터 공주를 중심으로 충남 일대에서 선교사로 활약한 앨리스 샤프(Alice H. Sharp, 한국명 사애리시, 1871~1972)에 대한 이야기를 50여 년 전인 청소년기에 듣고 지난해(2019년) 전기로 『이야기 사애리시』를 펴낸 바 있다. 앨리스 샤프는 캐나다 출신의 미국 감리교 선교사로 1900년 말 내한 해 1939년까지

강경 만동여학교 공사 감독을 하던 중 옆에 있는 초가교회 문지방에 앉아 메모를 하고 있는 샤프 선교사 ⓒ드루대학교/임연철

활동하다 귀국했는데 조모와는 1933년경 필자의 고향 논산에서 만났다. 그 후 귀국할 때까지 샤프 선교사와 조모는 매년 몇 차례 만나 돈독한 관계를 유지했는데, 그 관계가 얼마나 깊었는지 조모께서는 필자에게 그녀의 인간됨을 자주 말씀해 주셨다.

2011년 언론계와 공직을 은퇴한 이후 샤프 선교사에 대한 궁금증이 커지면서 공주와 논산 지역 오래된 교회들의 '100년사'를 읽으며 전기로 써볼만한 인물이라는 생각을 하게 되었다. 자료를 수집하면서 그녀가 특히 어린 유관순을 천안 지령리 교회에서 만나 가르친 첫 스승임을 확인하고 전기 저술 작업을 더욱 본격화 해 마침내 『이야기 사애리시』를 상재할 수 있었다.

『이야기 사애리시』에서 제자인 유관순과의 관계를 밝히는 작업은 중요한 대목이었으나 국내 자료는 전문(傳聞) 밖에 없는 게 문제였다. 최소한이라도 전기의 완결성을 위해서는 해외자료 조사는 선택이 아닌 필수사항이 될 수밖에 없었다. 주지하다시피 국내의 독립운동관련 문헌자료는 일제 강점시대에는 증거를 남기지 않기 위해 기록을 기피했고 남은 기록도 6·25 한국전쟁을 거치면서 대부분이 훼손됐다. 이를 극복하기 위해서는 역사적 사실이 해외기관과 관련이 있을 경우, 해당 기관의 자료를 찾아보는 수밖에는 달리 다른 방법이 없다. 다행히 샤프 선교사 관련 기록은 미국 감리교 소속으로 뉴저지주 드루(Drew)대 감리교 아카이브[1]에 보관돼 있

---

1) The General Commission on Archives and History of the United Methodist Church.

어 현재의 여건에서 조사 가능한 최적의 아카이브임을 확인할 수 있었다. 조사결과를 먼저 말하자면 샤프 선교사와 유관순 열사와의 직접관련 문헌은 감리교 아카이브에서도 찾을 수 없었다. 그러나 방증이 될 만한 문헌과 사진은 상당수 조사가 가능했다. 조사결과는 전기 『이야기 사애리시』에 수록했다.

한편 미국 현지 조사과정에서 확인한 유관순 열사의 장례와 관련해 지네트 월터(A. Jeannette Walter, 1885~1977) 이화학당 5대 학당장의 자서전 『진 아주머니, Aunt Jean』의 입수는 필자가 두 번째 전기로 『지네트 월터 이야기』를 쓰게 되는 결정적 동기가 되었다. 월터 선교사는 자서전에 자신이 직접 유 열사의 시신 인수부터 시

이화학당 본관 숙소 현관 앞에 앉아 독서하는 월터 선교사 ⓒ임연철

작해 염습하고 이태원 공동묘지에 장례하는 과정을 기록해 놓음으로써 마지막 스승이 된 인물이다. 이같은 과정과 월터 선교사의 한국 봉사 당시의 활동 역시 『지네트 월터 이야기』에 수록했다.

두 선교사가 첫 스승과 마지막 스승이 되는 과정을 먼저 살펴본다.

1) 첫 스승 앨리스 샤프

1902년생인 유관순 열사는 어린 시절을 보낸 충남 목천군 이동면 지령리(현 천안시 병천면 용두리)에서는 정규교육을 받은 기록이 없다. 구한말 체제가 풍전등화처럼 무너지기 직전의 상황에서 여자 어린이를 위한 교육제도가 없는 것은 당연한 일이었기 때문이다. 하지만 유관순의 여러 전기나 연구서를 종합하면 1916년(일설에는 1915년) 앨리스 샤프 선교사의 추천으로 이화학당 보통과에 교비장학생으로 '편입'했다는 사실은 확인이 된다. 따라서 두 사람의 만남이 그 이전에 이뤄지고 편입을 위해서는 그에 해당하는 사전 교육이 있었을 것임은 합리적 추론이 가능하다. 필자의 조사결과로 보면 첫 만남은 1911년 이전이었을 것으로 추정된다. 감리교 한국여성선교사회(Korea Women's Missionary Conference, KWMC)의 1911년 활동보고서를 보면 지령리 교회에 대해 다음과 같은 보고를 하고 있다.[2]

---

2) 임연철, 『이야기 사애리시』, 신앙과지성사, 2019, 114쪽.

지령리(chi-reung-i)3)의 교회 건물(현 매봉교회)은 3년 전 한 사악한 배교자의 행동으로 없어졌는데 그 후 교인들은 사경회 대표의 집에서 만나고 있다. 일부는 실망해 떠났지만 믿음이 좋은 몇 명은 남아 예배할 교회를 다시 가질 수 있도록 기도하고 있다. 올 봄, 그들은 건물 한 채를 살 수 있었고 리모델링을 하여 현재는 모든 예배를 그 곳에서 드리고 있다. 떠났던 교인들도 일부 돌아 왔다. 새신자도 몇 명 들어왔다.

1911년은 한일 강제합병 이후 1년이 경과한 시점으로 일제 총독 데라우치(寺內)의 무단통치가 본격화되는 시점으로 샤프 선교사는 보고서에서 "사람들은 현재 존재하는 것 자체가 어려운 실정이고 오히려 좌절하고 있으며 하나님이 그들을 돌보지 않는다고 느끼고 있다"고 말할 정도였다. 당시 유관순은 집안 어른이 세운 지령리 교회 부근에서 살며 교회를 놀이터로 이용하거나 다니고 있었다. 이 같은 상황에서 1905년부터 공주에서 영명여학교를 시작한 샤프 선교사가 1911년 지령리 교회 방문 중 어린 유관순을 만나 배움의 길로 이끈 것은 자연스런 과정이었다.

샤프 선교사는 지방에도 여성 계몽을 위해 교육기관이 필요함

---

3) 지령리는 충남 목천군 이동면 지령리를 가르킨다. 이는 유관순열사가 태어날 때의 주소로 현재는 1995년 천안시와 천원군이 통합돼 충남천안시 병천면 용두리 388번지에 해당한다. 박충순, 「유관순과 3.1운동」 『유관순의 생애와 3.1운동』, 백석대유관순연구소, 2014, 22~23쪽.

을 절감하고 선교활동 초기부터 여학교 설립을 선교활동의 중요한 일 중 하나로 시작했다. 그녀는 지방 여학교의 모델을 이화학당으로 생각하고 교과과정도 이화학당 것을 도입함으로써 유관순과 같은 우수학생들은 이화학당으로의 '편입'이 가능하도록 했다. 특히 내한 이후 3년간 서울에서 활동한 샤프 선교사는 이화학당을 설립한 스크랜턴(Mary F. Scranton) 부인이나 학당장 이었던 프라이(Lulu E. Frey) 등을 잘 알고 있어 공주 영명여학교 졸업생 중 우수한 여성인재를 상당 수 이화학당에 진학시킬 수 있었다. 실제로 샤프 선교사는 1915년 주간학교에 대한 연회보고서에서 5명의 소녀가 공주에서 초등과정을 마치고 이화학당에 입학하고 싶어 한다는 내용을 담고 있다.[4]

공주의 주간학교는 등록된 학생 수가 지난해와 같은 70명이다. 교사인 미스터 이와 그의 부인 엘라는 여전히 학교를 성공시키기 위해 모든 노력을 쏟아 붓고 있다. 지난 3월부터 교과과정에 1년을 추가했는데 몇 명이 자원봉사자로 나서 가르치고 있다. 5명의 소녀가 초등과정을 졸업했는데, 1년 후에는 공부를 계속하기 위해 이화로 가기를 희망하고 있다.

위의 내용 중 학교의 성공을 위해 모든 노력을 쏟아 붓고 있다는

---

4) 임연철, 앞의 책, 151쪽.

인물이 2명 나오는데 교사인 미스터 이(Yi)와 그의 부인 앨라(Ella)이다. 영명고가 펴낸 『영명 100년사』[5]에 따르면 미스터 이는 이규갑(李奎甲, 1888~1970)이고 부인 엘라는 이애라(李愛羅, 1894~1922)이다. 이규갑은 충남 아산 출신으로 상해 임정 의정원의원과 목사로도 활동했으며 해방 후 2대 국회의원을 지낸 인물로 3·1운동, 신간회 사건에도 참여해 건국훈장 독립장을 받은 독립 운동가이다. 이애라는 서울 출신으로 이화학당을 졸업하고 이화학당의 교사로 재직 중 1912년에 이규갑과 결혼했다. 결혼 후 이애라는 남편이 교감으로 있는 영명여학교의 교사가 되었으며 1917년 이규갑이 전도사로서 평양에서 근무하자 평양 정의여학교로 옮겼다. 그 후 3·1운동에 참여하고 애국부인회 조직 활동 등을 하며 여러 차례 체포되는 과정을 겪다 중국으로 망명한 남편을 만나기 위해 두만강을 건너다 체포돼 고문 끝에 1922년 순국했다. 이애라 역시 건국훈장 독립장을 받았다.

이광규, 이애라의 생애에서 주목되는 것은 두 사람의 결혼과정에 2명의 선교사가 중매를 섰다는 점이다. 기록에 따르면 이규갑은 앨리스 샤프 선교사가 소개했고 이애라는 이화학당 4대 학당장(1907~1921)을 지낸 룰루 E. 프라이가 소개했다.[6] 1912년 당시는 조혼풍습이 남아있는 상황에서 샤프 선교사는 25세면 '노총각'이

---

5) 영명고100년사 편찬위원회, 『영명100년사』, 2006, 220쪽.
6) 김승태, 「일제강점기 이규갑·이애라 부부의 민족운동」 『한국독립운동사 연구』 제50집, 2015, 79~113쪽.

Kongju School
    (Taken July, 1915)
School opened 1905.

Taken at side of W.F.M.S. Home

Upper row - 2nd from right, Chinese teacher - Mr. Yi
  "   3rd   "   left -   "   teacher's wife, Ella, teacher Korean lang. +c.
  "   1st on left - grad. of Kong-Ju School - teaching in Tung ho School
  "   "Jungsun"
  "   "   5th from right, mrs Sharp

1915년 7월(Taken July, 1915)에 찍은 공주 영명여학교의 교사와 학생들 사진

(위) 사진 설명 맨 아랫줄에 1905년 개교(School opened 1905)했음을 밝히고 있다.
(아래) 사진은 뒷면으로 촬영 장소가 여성해외선교사회(W.F.M.S., Women's Foreign
Missionary Society) 숙소 옆이고 맨 뒷줄 오른쪽에서 두 번째가 한문 담당 Mr. Yi(이규갑
선생), 다섯 번째가 샤프 선교사, 왼쪽 세 번째가 이 선생의 부인으로 한글 담당인 Ella(이애
라 선생)임을 밝히고 있다. ⓒ드루대학교/임연철

공주 여학생들이 낡은 함석 집 학교 앞에 서 있다. 뒷줄에 교사 이규갑과 그의 부인 이애라
가 서있다. ⓒ드루대학교/임연철

었던 이규갑의 배우자를 프라이 학당장에게 부탁, 이애라와 결혼
시킨 것이다. 두 사람이 영명여학교의 교사로 근무할 때 찍은 사진
이 드루대에 소장돼 있는데 사진 설명에 따르면 1915년 7월에 찍
은 것으로 뒷면에는 맨 뒷줄에 서있는 '미스터 이(Yi)'와 그의 부인
엘라(Ella), 샤프 선교사 등의 위치를 정확히 설명해 놓고 있다.

　여기서 주목되는 것은 두 사람이 결혼했다는 사실이 아니라 샤
프 선교사와 프라이 학당장이 서로 믿고 선남(善男) 선녀(善女)를 중
매했다는 사실이다. 영명여학교의 교장인 샤프 선교사와 이화학당
의 프라이 학당장은 중매를 할 수 있을 정도로 깊은 신뢰관계에 있
었고 그 바탕 위에서 유관순의 이화학당 보통과 교비생 편입이 가
능했음을 알 수 있다. 이와 관련해 앞서 언급한 1915년 샤프 선교

사의 1915년 주간 학교(영명여학교)에 대한 연회보고서(Annual Report) 중에서 "5명의 소녀가 초등과정을 졸업했는데 그들은 1년 후 공부를 계속하기 위해 이화로 가기를 희망하고 있다(Five girls were graduated from the primary grade and after another year we hope they will go to Ewha to continue their studies)"는 내용은 특히 주목된다.

이규갑과 이애라 부부가 함께 영명여학교에 근무했다는 사실이 주목되는 또 다른 이유는 두 사람이 적극적으로 3·1운동에 참여하거나 신간회, 애국부인회 활동을 할 만큼 민족과 독립정신이 투철했다는 점이다. 두 교사의 그 같은 정신은 교실에서 학생들에게 직, 간접적으로 전파될 수밖에 없었고 같은 여성이라는 점에서 영명여학교 여학생에 대한 이애라의 영향력은 더 컸을 것으로 보인다. 또 이애라는 이화학당 출신으로 제자인 유관순 등 당시 여학생들에게 롤 모델이 되었을 것임은 쉽게 짐작할 수 있다.

한편 샤프 선교사와 이규갑, 이애라 부부가 학생 44명과 찍은 위에 언급한 사진도 주목된다. 뒷면에 세 사람의 위치를 설명함으로써 인물 확인이 가능하게 했고 사진 전면 하단에는 '1915년 7월 촬영(Taken July 1915)' '개교 1905년(School opened 1905)'이라는 사실을 적어 놓고 있다. 이같은 사진 설명에 따르면 유관순 열사는 공식적으로 1916년 이화학당에 편입했으므로 1915년 7월 사진 속의 여학생 중 유 열사가 포함돼 있을 가능성은 상당한 것으로 추측할 수 있다. 당시 유 열사는 13세로 3열이나 4열에 서 있을 가능성이 높다. 특히 3열의 오른쪽에서 3번째 여학생이 주목된다. 그러나 현전하는 유 열사의 사진 중 가장 확실한 18세 때 옥중 사진과는

4년간의 차이가 나는데다 10대의 성장기여서 사진 속의 한 인물을 특정하기 위해서는 인상으로 추정하기보다 좀 더 과학적인 조사가 수반되어야 할 것이다.

이상과 같이 샤프 선교사의 유관순 열사 고향 지령리 교회 순회, 영명여학교 교사 이규갑, 이애라의 중매에 관여한 샤프 선교사와 이화학당 프라이 학당장의 신뢰관계, 5명의 여학생이 이화학당에서 공부를 계속하기 희망한다는 1915년 영명여학교 운영보고서, 관련된 1915년의 사진 등을 종합해 보면, 샤프 선교사는 유관순 열사의 첫 스승임이 틀림없다. 위와 같은 상황에서 샤프 선교사는 1916년 교비생으로 유 열사를 이화학당에 편입시킬 수 있었다.

2) 마지막 스승 A. 지네트 월터

앨리스 샤프 선교사에 대한 자료를 수집할 당시(2012~2019)에는 유관순 열사의 이화학당 생활이나 3 · 1운동 참여와 순국과정에 대한 것은 조사대상이 아니었다. 2019년 3월부터 4개월 가까이 드루대 감리교 문서보관소에서 샤프 선교사와 유관순 관계를 집중 조사하던 중 순국 당시(1920년) 이화학당의 학당장 대리였던 지네트 월터 교육선교사가 시신 처리과정에서 핵심적인 역할을 했음을 알게 되었다. 특히 월터 선교사는 장례과정을 직접 주관하며 그 내용을 자신의 자서전[7]에 그대로 기록해 놓고 있음을 자서전을 입수해

---

7) 자서전은 제목을 한글과 영어 『진 아주머니, Aunt Jean』으로 했으며

읽으면서 알게 되었다.

3·1운동을 전후해 한국사회와 이화학당 안팎에서 일어나는 상황을 월터 선교사는 자서전 제9장 '한국의 독립운동-1919년 3월 1일'에서 밝혀 놓고 있다.[8] 외국인이 목격한 3·1운동 전후에 대한 희귀한 기록으로 제9장의 주요 내용을 소개하면 다음과 같다.[9]

1910년 일본의 한국 강제 병합 이래 모든 한국인은 한 가지 염원이 있었다. 그것은 자유롭게 되는 것이었다. 우리 학교 역사 시간에 만약 한 나라가 다른 나라의 지배아래 들어가는 말을 하게 되면 학생들은 눈물이 터져 나왔고 교실 밖으로 뛰쳐나갔다.

이승만 박사는 임시정부의 초대 대통령이었지만 그는 워싱턴이나 호놀룰루에 사무실을 두고 있었다. 한국인들은 독립운동을 위해 어느 곳에서나 모금을 했다. 한국에서도 교사, 교회지도자, 학생 모두 큰 책임을 느끼고 모두 노력했다. 1차 세계대전 중이던 1918년 늦은 가을에 한국인들은 민족자결주의에 대한 이야기를 듣고 독립에 대한 희망이 높아졌다. 한국인들은 일본이 지배하는 현재의 상황이 부당한 것임을 세계에 알리고 싶어 했다.

모든 기관·단체들이 일본에 의해 정지돼 있어서 독립운동 계획을 세우는 일이 기독교, 불교와 같은 종교단체가 나설 수밖에

1969년 출간.

8) Korean Independence-March 1, 1919, 141~145쪽.

9) 임연철, 『지네트 월터 이야기』, 밀알북스, 2020, 205~208쪽.

없었다. 비폭력과 비보복을 강조하는 독립선언서의 초안이 만들어졌고 우리 학부생 중 한 사람인 김활란은 지하조직에 있으면서 교회와 학교 그룹으로부터 모금을 했다. 우리가 아는 김활란은 감옥생활을 견딜 만큼 건강하지 못해 우리는 그녀를 숨겼다. 한동안 김활란은 선교사 가족의 집에서 보모로 위장해 있었고 보이지 않는 지하층에서 생활했다. 처치선생을 제외하고는 김활란이 어디 있는지 몰랐다. 한번은 동대문병원에 김활란을 데려갈 필요가 있어서 내가 스튜어트 박사에게 데려가 진찰을 받도록 했다. 우리는 각각 인력거를 타고 커튼을 내려 아무도 우리를 볼 수 없게 했다. 종로 길을 가는 동안 계속해서 길 양쪽에는 모든 골목마다 대검을 총에 꽂은 병사들이 우리를 주목하고 있었다. 그 때 인력거 타고 가던 일을 결코 잊을 수 없다.

김활란은 후에 그녀의 어머니가 돌보아 주는 지방으로 갔다. 1919년 3월 1일이 가까워 오면서 신경을 과민하게 만드는 증상들이 있었다. 우리는 무엇인가 큰 일이 진행 중이라는 것은 알고 있었지만 선교사들은 그 일이 어떻게 일어날지 전혀 알지 못했다. 프라이 학당장은 지방에 있었고 나는 담장을 단단히 해 학생들이 출입을 할 수 없도록 했다.

예정된 독립운동의 날인 3월 1일보다 며칠 앞선 어느 날 오후 모든 한국 학생들이 학교를 나가 '만세'를 외치기로 결정하고 많은 여학생들이 길거리로 나아갔다. 그들 자신도 안전에 대한 두려움으로 짙은 핑크빛 기모노와 핑크색 슬리퍼 차림을 했는데 나는 교문으로 달려 내려가 학생들이 학교로 돌아오도록 하려고 노력했다. 몇 명 충실한 나이 든 상급반 학생들은 돌아왔지만 일부는 그대로 나아갔다. 거리로 나가자마자 많은 사람들이 붙잡혔고 경찰서로 연행됐는데 대부분은 그날 저녁 돌아왔다.

3월 1일에는 33인 한국 민족 대표가 만나 독립선언서에 서명하고 간단한 의식을 가졌고 그 후 일본경찰에 전화를 걸어 그들이 했던 일에 대해 말했다. 한편 같은 시간에 다른 그룹이 했던 것처럼 학생들도 전국적으로 모였다. 시위는 모두 평화적으로 진행됐지만 총검으로 무장한 일본 경찰과 부딪히면서 참가자들은 감옥에 갇혔다. 모든 한국의 지도자들은 갇혔고 수천 명이 죽었으며 4만 7000명이 투옥됐다.

이화의 경우, 프라이 학당장(교장)이 지방에서 돌아와 정문을 잠갔으나 무리를 이룬 학생들이 문을 열라고 아우성치자 경비원이 문을 열어줬다. 프라이 교장은 정문에 서서 팔을 벌리고 서서 '자, 학생 여러분은 내 시체 위를 넘어가야 할 것'이라며 시위를 말렸다. 일부는 자신의 방으로 돌아갔으나 다른 사람들은 거리에서 붙잡혀갔다. 며칠 동안 우리는 학교 문을 닫고 학생들을 집으로 돌려보냈는데 이들 중 많은 사람이 자신들이 사는 곳에서 시위의 대표가 되었다. 박인덕과 줄리아 신(신준려) 두 선생도 오랫동안 감옥에 있었다.

월터 선교사는 3·1운동의 결과로 이화학당 학생과 교사 다수가 징역형을 언도받고 감옥 생활을 하게 되자 이들의 안전을 염려하는 게 프라이 학당장과 자신이 맡은 큰일 중 하나가 되었다. 두 사람은 기회가 되는 대로 면회를 갔다. 학생들 중 일부는 3월 중에, 일부는 8월에 가석방되자 그들이 경찰서에 연행돼 당했던 구타와

81555 — Group of Ewah students imprisoned by Japanese.

1919년 3월 5일 2차 만세시위로 투옥됐던 이화학당의 교사와 학생들. 앞줄 두 사람은 당시 교사였던 박인덕(왼쪽)과 신준려. 학생 중 홍애스더(박, 신 교사 사이), 서은숙(뒷줄 왼쪽 안경 쓴 이), 임배세(신준려 교사 머리 뒤쪽)가 확인된다. ⓒ드루대학교/임연철

고문 내용을 여러 학생에게 자술서 형식으로 제출받아 영문으로 작성해 미국 감리교 선교본부에 보내기도 했다. 학당장이었던 룰루 E. 프라이는 8월에 안식년 휴가를 떠났다. 당시의 면회기록을 월터 선교사는 다음과 같이 남겼다.[10]

---

10) 위의 책, 208~209쪽.

1919년 6월 말이 가까워지는 어느 날 우리 학교 선생님들이 감옥 생활한 지 4개월쯤 지난 후 감리교 빌링스 목사가 나와 함께 두 여선생을 면회할 수 있는 허가를 일본 당국으로부터 얻어냈다. 빌링스 목사는 두 선생에게 각각 신약성경을 주었고 나는 두 사람을 봤지만 말은 못했다. 박인덕 선생은 독방에 갇혀 있었는데 사방 1.8m 크기였다. 박 선생은 일본 사람들처럼 무릎을 꿇고 앉아 있어야 했다. 문에는 가로 세로 15cm와 2.5cm의 작은 틈이 있어서 내가 처음 들여다봤을 때 박 선생은 '누구세요?'라고 했다. 내가 움직이자 '월터 선생님'이라고 작은 목소리로 말했다. 우리는 성경을 놓고 나왔는데 박인덕 선생은 풀려났을 때 신약 전부를 거의 알고 있었다.

월터 선교사는 "3·1독립만세 시위 시도는 실패했지만 한국인들은 더 이상 고분고분한 국민이 아니었다"면서 "그들은 애국심을 간접적으로 표현하는 방법을 찾아냈고 새로운 동기에 힘입어 일상적인 생활에서 의무를 다했다. 모든 부문에서 좀 더 나은 삶의 영역으로 국민을 끌어 올리려고 했던 아이디어는 한국인의 애국적 의무였다"고 말했다.

유관순 열사의 순국과 관련해서 월터 선교사는 본인이 장례를 치르게 된 과정을 자세히 밝혔는데 주목되는 것은 제자 유관순 열사의 수의를 직접 입혔다는 사실이다. 이미 동료 선교사의 자식이나 이화학당 제자와 직원의 자식이 죽었을 때 수의를 입히고 장례를 치러 줘 자서전에서도 본인 스스로 '서울의 최고 장의사(Best

Undertaker in Seoul)'[11]라고 여겼던 월터 선교사였기에 가능한 일이었다. 그 내용은 다음과 같다.[12]

몇 달 후 어린 16세 학생이었던 유관순이 감옥에서 죽었다.[13] 우리는 그녀의 시신을 학교로 운구해 왔고 학생들은 장례를 위해 무명으로 된 수의를 준비했다. 그런데 밤 시간 동안 학생들은 유관순 학생이 진정한 영웅이라고 결정하고 비단 옷감을 찾아 내 수의를 만들어 다시 입혔다. 우리는 유관순의 학급 친구들만 참석한 가운데 조용히 교회에서 장례예배만 볼 수 있도록 허용을 받았었다. 학생들은 모두 공동묘지까지 갈 것을 원했지만 그것은 허가받지 않은 사항이었다. 나는 그렇게 하면 말썽이 일어날 것으로 생각했다. 그때 김활란이 나서 자신이 학생 대표이자 특별활동교사로서 교장(월터 선교사)과 함께 묘지까지 가겠다고 학생들에게 말해 이 문제는 조용히 끝이 났다.

오랜 세월이 지나 한국이 해방되었을 때 유관순의 생애를 다룬 영화가 만들어져 전국에서 상영됐다. 나도 그 영화에 나왔는데 내가 당시 한국에 없었기 때문에 선교사인 엠마 윌슨이 내 역할을 맡았다. 한편 내가 1959년 한국을 다시 방문했을 때 관순이 다녔던 학교의 학생 그룹과 인터뷰를 했었는데 나는 그들에게 관순의 시신이 훼손되지 않았음을 녹음으로 확인해 주었다. 나는 장사를 지내주기 위해 유관순에게 수의를 입혔었다.

---

11) 위의 책, 195쪽.

12) 위의 책, 210쪽.

13) 유관순 열사의 순국일은 1920년 9월 28일로 순국 당시 18세였다.

위와 같은 상황을 종합적으로 감안하면 평소 유관순 열사가 학생이었을 때 월터 선교사는 영어 등을 가르치는 여러 선생 중 한 명이었을 뿐이었다. 그러나 시신을 형무소에서 학교로 운구해 오고 수의를 입혔으며 장례예배와 하관의식까지 직접 주관함으로써 월터 선교사는 유관순 열사의 마지막 스승이 될 수 있었다.

2. 앨리스 샤프의 삶

유관순 열사의 첫 스승인 앨리스 샤프의 생애(1871~1972)는 101년이나 되는 장수의 삶이었으나 크게 보면 내한 이전 30년과 한국 체류 39년, 은퇴 이후 30여 년으로 나눌 수 있다.

1) 내한 이전의 삶

한국 이름이 사애리시(史愛理施)였던 샤프 선교사는 자서전을 남기지 않아 개인적인 사항은 별로 알려진 것이 없다. 캐나다 동쪽 끝에서 태어나 이역만리 한국으로 파송돼 은퇴할 때까지 40년 가까이 봉사한 것은 분명하지만 그와 같은 삶을 살게 된 동기들에 대해서는 알려진 것이 없었다. 본장에서는 샤프가 선교사가 되려는 구체적 배경과 감리교 선교사가 되었던 이유, 40년 충청선교에 몰입한 동인 등을 살펴보고자 한다.

샤프 선교사에 대해 공식적으로 알려진 이력은 몇 가지 자료를 통해서이다. 1972년 고인이 작고했을 때 작성된 부고를 비롯해 은퇴시설인 캘리포니아 주 패서디나 시의 로빈크로프트에 제출한 이력서와 서류, 1971년 백수(百壽) 생일 파티에서 소개된 서술형 약력 보고 등이 대표적 자료들이다. 이들 자료를 종합하면 먼저 서술형의 이력서는 기독교 가정에서 태어났고 10대 시절 풍부한 신앙적 경험을 했다는 내용이 있다. 이어 친구를 통해 뉴욕 브루클린 선교 훈련원을 알았으며 훈련원을 졸업하고 한국에 오게 되었다는 내용이다.[14) 부고에는 캐나다 노바 스코시아 주에서 태어나 26년간 부모와 살았는데 병으로 학교를 그만두고 집에서 공부했으며 학교는 개혁 침례교회가 운영하는 학교에 다녔다는 내용도 있다.[15) 백수 파티 약력에서는 역시 병으로 학교를 포기할 수밖에 없었다고 밝히며 11살이 되어서야 세례를 받았다는 사실도 밝히고 있다.[16)

위와 같은 사실을 접하며 병약했던 어린 시절의 샤프 선교사가 한국에서는 어떻게 40년 동안 건강하게 활동을 할 수 있었는지, 당시 일반적인 여성들이 통상적으로 걸어갔던 결혼, 육아 등의 삶과는 왜 다른 삶을 걷게 되었는지에 대한 궁금증이 떠올랐다. 이 궁금증에 의문을 더하게 된 것은 '부모와 26년 간 살았다'는 부고 첫 머리의 내용이었다. 부고와 이력서를 토대로 '캐나다' '노바스코시아 주' '야머스 타운(고향)' '윌리엄 E. 해먼드(William E. Hammond, 샤프 선교사의 부친)' 등에 대해 구글(Google)을 이용해 검색한 결과, 부친

---

14) 임연철, 『이야기 사애리시』, 신앙과지성사, 2019, 29쪽.
15) 위의 책, 20쪽.
16) 위의 책, 29쪽.

의 추모비가 확인되면서 부고의 내용에 의문이 일게 된 것이다. 샤프 선교사의 조부모 비석 옆면에 있는 추모 내용은 "1872년 10월 25일 펜사콜라[17]로부터 항행 중 실종된 '머틀'호의 선장 윌리암 E. 해먼드를 추모하며"라는 것이었다.

추모비문 내용에 따르면 샤프 선교사가 두 살도 안됐을 때 부친이 실종 사망했는데 부고에는 "26년간 부모와 함께 살았다"고 써 있어 당연히 의문이 떠오를 수 밖에 없는 것이었다. 이 같은 의문을 품으며 전기를 작성하는 중 2019년 4월 하순 샤프 선교사의 고향 야머스 타운을 현지 방문해 조사하면서 여러 가지 의문을 풀 수 있었다. 야머스의 비컨(Beacon) 캐나다 연합교회 예배 참석 후 우연히 만난 샤프 선교사의 증손 조카 데이비드 솔로우즈(David Sollows)는 샤프 선교사의 유품 10여 점을 보관해 오고 있고 관련 기록도 갖고 있어 증언들을 신빙할 수 있었다. 그는 샤프 선교사의 친언니 애니 모드 해먼드 솔로우즈(Annie Maude Hammond Sollows)의 증손자로 집안의 내력에 대해 상세히 알고 있었다.[18]

데이비드 솔로우즈는 추모비의 샤프 선교사 부친 사망내용과 부고에서 "26년간 부모와 함께 살았다"는 모순된 내용에 대해 샤프 선교사의 모친 즉 자신의 외고조 할머니인 앨리스 해먼드(샤프 선교사의 결혼 전 이름과 동일)가 샤프 선교사가 7, 8세 무렵 재혼했기 때문이라고 밝혔다. 남편 사후 생활능력이 없었던 관계로 야머스를 떠나

---

17) Pensacola, 미국 플로리다 주.
18) 위의 책, 337쪽.

15km 떨어진 포트 메이틀랜드의 솔로우즈 집안으로 재혼해 간 것이다. 어머니와 언니와 함께 새 아버지를 맞은 샤프 선교사는 11세 때(1882년) 침례교 세례를 받았지만 사춘기에 들어서며 의부와 여러 의형제들과 함께 살면서 순탄한 사춘기를 보내지는 못했을 것이라고 생각된다. 사춘기가 순탄하지 못했을 것이라는 추측은 이력서에서 "10대 시절에 '풍부한 신앙적 경험'을 하도록 해주셨으며 그것은 나에게 매우 값진 것들'이었다"고 한 대목에서 가능하다. 또 백수생일파티 회고에서 "병으로 인해 (침례교) 학교를 포기할 수밖에 없었고 나는 할 수 있는 한 집에서 혼자 공부할 수밖에 없었다"고 술회한데서도 나타난다.

　이 내용은 육체상의 병일 수도 있지만 정신적인 것일 수도 있다는 유추가 가능하다고 본다. 이 같은 환경에서 학교를 그만두고 집에서 혼자 공부하며 '풍부한 신앙적 경험'을 통해 신의 존재에 대한 인식 등이 어우러져 10대 초반에 벌써 기독교신앙인으로 일해야겠다는 소명을 느꼈던 것으로 보인다. 하지만 캐나다의 외진 고향 마을에서는 소명을 실현할 기회를 찾지 못한 채 지냈음이 백수파티 회고담에서 밝혀진다. "나는 20대 초에 기독교 전도사업에 헌신하라는 부름을 느꼈지만 잘 준비가 되지 않아 기다리면서 인도해 달라고 기도로 간구 했습니다"는 내용이다.[19] 이런 생활 속에서 샤프 선교사는 한 친구가 뉴욕 브루클린에 있는 선교사 훈련원에 대해 말하는 것을 듣고 선교사가 되기로 결심하는 계기가 되었음을 알

---

19) 위의 책, 29쪽.

수 있다.[20]

　샤프 선교사는 캐나다 노바스코시아를 떠나 뉴욕의 선교훈련원에 1897년 입학해 1900년 졸업하고 그 해 연말 한국에서 선교사로 일하기 시작했다. 이력서에 따르면 선교훈련원은 초교파적으로 운영됐지만 강사진의 대부분은 감리교 선교사 경력자들인 것으로 나타났다.[21] 이같은 훈련원 강사진의 분위기에 따라 샤프 선교사는 원래 침례교인이었으나 감리교인이 되었을 것으로 보인다. 또 그녀가 감리교 선교사가 되는 데는 선교훈련원 강사진의 영향 말고도 당시 감리교 거물들이 미국 전체 젊은이들을 상대로 '여러분의 세대 중에 전 세계에 복음을 전파하자'는 캠페인의 영향이 컸을 것으로 추측된다. 또 캠페인에 맞춰 감리교단이 조직적으로, 재정적으로 지원한 것도 감리교 선교사가 되는 원인이 되었을 것으로 보인다.

　당시 상황을 보면 후에 노벨평화상(1946년)을 받은 감리교 평신도 지도자 존 R. 모트(John R. Mott, 1865~1955)의 영향을 받아 전 세계에 기독교를 전파하자는 주장이 당시 미국 젊은이들 사이에 큰 붐을 이루고 있었다. 모트는 1886년부터 기독교에 몰입하며 학생자원봉사운동(The Student Volunteer Movement)을 주도했던 인물인데 운동의 주 목적은 대학생을 상대로 해외선교사가 될 것을 약정 받는 것이었다. 그 목적은 '우리 세대에 세계를 복음화하자'는 내용이었다.

---

20) 위의 책, 22쪽.
21) 위의 책, 22쪽, 174~181쪽.

이 운동은 그 후 1935년까지 2만여 명의 젊은이를 해외선교현장에 보내는 성과를 거뒀다. 모트는 그 후 YMCA 운동에 헌신해 그 공로로 노벨평화상을 받기도 했으며 한국도 여러 차례 방문했었다.

샤프 선교사는 감리교 여성해외선교사회(W.F.M.S. Women's Foreign Missionary Society) 뉴욕지부의 선교후원을 받고 11월 중순경 뉴욕을 떠나 기차로 미대륙을 횡단한 후 선박을 이용해 하와이와 샌프란시스코, 일본을 경유해 한국에 왔을 것으로 보인다. 본인이 여행기록을 남기지 않았지만 이력서에 밝힌 대로 1900년 연말(12월 31일) 서울에 도착한 것은 확인된다.

2) 한국봉사 주요 활동

샤프 선교사는 1900년 말 내한해 1903년 남편이 된 로버트 샤프가 한국으로 찾아와 결혼할 때까지 서울 상동교회에서 부설 공옥학교의 영어 교사 겸 선교사로 일했다. 이 때문에 선교사로 활동했던 이천 등 서울 동부지역을 자신의 평생선교지로 생각하기도 했다.[22] 그러나 뉴욕 선교사 훈련원에서 함께 수학하던 중 구혼했던 같은 캐나다 출신 로버트 샤프(Robert Sharp, 1872~1906)가 목사가 된 후 연인을 뒤 쫓아 한국에 와 결혼함(6월 30일)으로써 부부선교사로서 지방 선교개척의 사명을 갖게 되었다.

당시 선교는 수도권과 평양 중심으로 진행됐는데 충청지역은 수

---

22) 위의 책, 41~42쪽.

도권 선교사들이 가끔 찾아오는 선교의 공백지대에 놓여 있었다. 마침 충청도는 장로교와의 선교지 분할 협정에 의해 감리교 관할이 된 것도 큰 영향을 미쳤다. 결혼 후 충청지역 선교사로 내정된 두 사람은 1903년 두 차례에 걸쳐 현지 예비 선교를 해보고 1904년부터 본격적으로 충청선교를 시작했다. 공주에 상주하며 남편과 함께 지역 최초의 양옥까지 지었던 샤프 선교사는 선교와 함께 한국여성의 문맹 타파와 계몽이 선결과제임을 깨닫고 공주에 최초의 여성교육기관인 명선여학교(후에 '영명'으로 개명)를 1905년 열었다.

하지만 1906년 발진티푸스[23]에 전염돼 남편 로버트 샤프가 급서하자 샤프 선교사는 충청선교를 일시 중단할 수밖에 없었다. 젊은 미망인을 타국 현장에 둘 수 없다는 미국 선교본부의 판단에 따라 샤프 선교사는 본국으로 귀환했다가 1908년 다시 내한 할 수밖에 없었다. 당시 그 같은 극한 상황에서 샤프 선교사가 다시 충청선교 현장에 귀임한 것은 그녀의 신앙심이 가장 큰 원동력이 되었다. 샤프 선교사는 "하나님의 길은 우리의 길과 다르고 그의 생각은 우리 생각과 다르다"는 이사야 서(55장 8~9절)의 내용을 주변사람이나 친지들에게 말과 편지로 여러 번 밝혔다. 30대 남편의 죽음이라는 있을 수 없는 일이 일어났지만 하나님의 또 다른 뜻이 있을 것이라는 신앙의 힘으로 극복하고 다시 충청선교에 투신할 수 있

---

23) 의사 스크랜튼 박사는 1906년 『Korea Review』에 게재된 로버트 샤프 추모사에서 사인을 전염병 'Typhus Fever(발진티푸스)'로 언급. 장티푸스는 'Typhoid Fever'.

었던 것이다.

위와 같은 신앙적 이유와 함께 개인적인 사정도 충청선교에 귀임하게 된 작은 이유는 될 것으로 보인다. 샤프 선교사는 특별히 도움 받을 수 있는 가족이 없었고 선교 이외에 다른 직업은 생각해 볼만한 여지도 없는 상황이었다. 하지만 재정적 이유보다 더 큰 이유는 샤프 선교사가 개척한 충청선교가 결실을 보기 시작하면서 수많은 충청도 신자가 샤프 선교사의 성품을 좋아하고 샤프 선교사 역시 그들의 성품을 인간적으로 좋아해 요즘 용어로 '캐미(chemistry)'가 통했기 때문이었다. 남편 장례 후 공주를 떠날 때 샤프 선교사는 신도들과 이별하며 충청도를 선교의 공백지구로 남겨 놓아야 하는 심정을 1906년 보고서에서 구구 절절히 표현하고 있다.[24]

몇 명의 교인은 나와 함께 강(금강)을 건너왔고 그 곳에서 우리는 눈물로 작별했다…. 하나님이 우리에게 주셨던 위대한 사업을 살피고 돌 볼 사람이 아무도 없는지…. 한 전도부인은 나에게 이렇게 말했다. '나는 샤프 선교사님과 함께 올해 내내 전도여행을 할 것으로 생각했어요. 그러나 부인은 떠나고 우리는 홀로 남게 되었습니다.'

---

24) 임연철, 앞의 책, 64~65쪽.

공주의 남학생과 여학생. 1908년 크리스마스에 촬영했다. 한일강제합병 전이므로 오른쪽 상단에 태극기가 보인다. 샤프 선교사는 1906년 남편 로버트 샤프 사후 귀국했다 1908년 다시 공주로 돌아왔다. ⓒ드루대학교/임연철

　1908년 다시 내한한 샤프 선교사는 선교사로서의 기본 업무인 선교를 중심으로 교육사업에 몰입하는 자세로 30여 년을 보냈다. 그녀가 쓴 보고서를 분석해 보면 선교 업무가 60여 퍼센트, 교육 업무가 30여 퍼센트쯤 될 것으로 추산된다. 서울이나 평양 같은 대도시 선교구역에는 일반 선교사와 교육 선교사가 구분되어 있었지만 공주와 같은 지방 선교구역에서는 혼자 해야 했으므로 30여 퍼센트의 교육업무는 결코 작은 비중이라고 볼 수 없다.

　샤프 선교사가 여성교육에 관심을 갖게 된 것은 여성 문맹률이 남성보다 월등히 높아 선교를 하려해도 찬송가나 성경을 읽을 수 있는 여성이 거의 없었기 때문이었다. 샤프 선교사의 비교적 후반기 보고서인 1924년 감리교 연회록을 보면 공주 영명고 남자 재학

생을 조사한 결과, 140명의 남학생 중 80명이 결혼했고 그들의 아내 중 보통학교 졸업자는 1명, 재학 중인 사람이 2명뿐이라고 돼 있다. 5명이 1년이나 3년 정도 학교를 다닌 적이 있고 20명은 문맹이었다. 이런 상황을 보며 샤프 선교사는 "우리 학교 같은 곳에서 학생들의 아내를 위해 무엇인가 아이디어를 내야 하지 않을까 생각한다"고 보고했다.

21세기에도 남녀의 차별문제는 완전히 해결되지 않는 문제이지만 100년 전은 남존여비(男尊女卑) 풍조가 엄존하던 시기여서 샤프 선교사는 그 같은 풍조를 바꾸기 위해서는 역시 여성 교육밖에는 해결책이 없다고 생각했다. 이 같은 생각은 그녀가 영명여학교의 교명에 대해 보고서와 미국의 후원자들에게 보낸 편지 속의 설명문에서 잘 나타난다.

1924년 보고서에서 샤프 선교사는 "영명(永明)을 번역하면 '영원한 빛의 학교'가 된다. 우리는 이 이름에 부끄럽지 않게 살려고 노력하고 있고 마음에 무거운 짐을 지고 우리에게 온 학생들의 얼굴이 밝게 빛나는 것을 바라볼 때마다 이 학교에서 이뤄지고 있는 일들이 많은 이들을 영원히 빛나도록 할 것이라는 확신을 하게 된다"고 밝혔다. 샤프 선교사의 이 같은 생각은 이보다 10년 앞서 쓴 보고서의 내용에서 연유된 것이다. 그녀는 여학생들이 배우면서 밝은 곳으로 나왔다가 중도에 그만 둠으로써 다시 어둠 속으로 돌아가는 것을 보고 그것을 막는 것이 자신이 선교하는 목적이라고 확신했다. 또 그 목적이 교육을 통해 달성해야 할 소명으로 생각

강경 만동여학교 건물(1917년)을 짓고 샤프 선교사(오른쪽)가 직원들과 이야기를 하고 있다.

했다.[25]

    샤프 선교사는 1914년 보고서 중 재정적으로 취약한 강경의 ^{(만}
^{동)}여학교 실태를 보고하며 "이들 배움에 목말라하는 어린이들을
불쌍하게 여기고 우리에게 도움을 보내 줄 사람이 아무도 없는지
아쉬울 뿐이다. 가까운 시일에 도움을 받지 못한다면 이들 학교는
문을 닫게 되고 이는 학생을 빛으로부터 몰아내 이교도의 어둠속

---

25) 위의 책, 230쪽.

으로 떨어질 운명이 되도록 만드는 것"이라고 지적했다. 너무나 제한된 수의 적은 여학생들을 가르치고 있는데 그나마 지원하지 못하고 있는 샤프 선교사의 안타까움이 절절히 배어 있는 보고서 내용이다. 선교와 여성의 지위 향상을 위해 교육을 시켜야 한다는 샤프 선교사의 목적과 함께 당시 여성들의 자기발전 욕구가 움트기 시작한 것도 여학교가 발전하는데 동인이 되었다. 샤프 선교사의 보고서를 토대로 초기와 중기, 최고 번성기, 후기의 여학교 상황을 보면 다음과 같다.

샤프 선교사는 공주에서 여학교를 1905년에 열었지만 이듬해 남편 로버트 샤프의 갑작스런 죽음과 그에 따른 귀국, 다시 내한하는 과정을 거치며 구체적인 여학교에 대한 연회보고서는 1908년 상황에 대해 1909년에 이뤄진다. 1909년 공주 영명여학교에 대한 보고내용은 다음과 같다.[26]

공주 여학교는 지난 1년간 번성하는 한해였다. 1년 동안 등록 학생은 42명이었다. 할 수 있는 한 이화학당과 거의 비슷하게 주요 과정을 따르려고 하고 있다. 고맙게도 테일러 부인이 영어를 가르쳤고, 반 버스커크 박사가 음악을 가르쳐준 덕분이다. 한문과 한문 작문, 수학은 외부의 특별한 선생들이 가르쳐 주었다. 마지막 시험 결과에 따라 4명의 소녀가 다음 해에 현재의 코스를 마치

---

26) 위의 책, 93쪽.

도록 허락하는 진급 증명서를 받았다. 몇 명의 다른 학생들은 한 학년씩 진급했다. 샤프 선교사가 여학교 건물을 숙소로 사용하고 있어 학교는 여전히 방 하나와 현관까지 학생들로 붐볐다. 우리는 WFMS(감리교 여성해외선교사회) 건물이 올해 중 건립을 끝내 학교가 좀 더 크고 편리한 곳으로 옮길 수 있기를 희망하고 있다.

우리는 또 다음 해에 이화학당에서 좀 더 좋은 교육을 받은 선생님을 구하고 싶다. 많은 어린 소녀들이 진정한 기독교인이 되었고 심지어 그들 중 몇 명은 집안 박해로 고통당하고 있다. 한 어린 소녀는 '부인, 난 매번 일요일마다 웁니다. 왜냐하면 나의 어머니가 교회에 가지 못하게 하고 교인이 되는 것도 못 하게 하기 때문입니다. 하루는 내가 어머니에게 미신의 희생물이 되지 말라고 말했는데, 그 이유는 미신의 희생물이 되는 것이야말로 나쁜 일이기 때문입니다. 이에 어머니는 나를 때렸습니다'라고 말했다. 그런데도 그녀의 어린이와 같은 순수한 믿음은 흔들리지 않고 있다.

보고서 첫 부분에 있는 것처럼 샤프 선교사는 "할 수 있는 한 이화학당과 거의 비슷하게 주요과정을 따르려고 한다"고 밝혀 공주라는 지역적 한계가 있음에도 영어, 음악, 한문, 수학 등 다양한 과목을 가르치려고 노력했음이 보인다. 같은 해 논산의 학교에 대한 보고서 내용은 다음과 같다.[27]

---

27) 위의 책, 94~95쪽.

샤프 선교사가 세운 논산(Nolmi)의 영화여학교.
'Nolmi'는 논산의 옛 지명 '놀뫼'를 가르킨다. ⓒ드루대학교/임연철

논산의 학교는 2명의 어린이로 시작했는데 한 명은 조사(helper)
의 작은 딸 메리이고, 다른 한 명은 15살 된 소녀였다. 조사의 부
인 제인(Jane)이 두 아이를 가르치고 있었는데 다른 아이들이 들
어왔다. 15세 소녀의 아버지는 교인이 아니어서 딸이 학교에 다
니는 것을 알고는 가지 못하게 했다. 그러나 배움의 열망이 있던
소녀는 몰래 집을 빠져나오다가 아버지에게 붙잡힐 때마다 매를
맞았다. 미국의 어린이는 학교를 결석해서 매를 맞는데 이 아이는
배우고 싶다는 열망 때문에 아버지에게 매를 맞았다. 그러나 불
행하게도 이 이야기가 끝이 아니다. 소녀의 아버지는 소녀를 그가
원하는 남자와 혼인하도록 위협도 하고 있다는 것이다. 이는 그
남자가 비기독교인일 가능성이 높고 만약 그 소녀가 그런 남자와
결혼한다면 기독교와 소녀의 관계는 단절된다는 것을 의미했다.
불쌍한 소녀의 인생은 비참했지만 여전히 이 소녀는 밤에 몰래 나
와 할 수 있을 때 공부를 했다. 우리는 논산에서 사경회를 운영하

고 있을 때 이 이야기를 듣고 만약 아버지가 좋아하고 그녀를 괴롭히지 않는다면 학교에서 딸을 이화로 보내줄 것이라고 말했다. 이에 대해 그가 동의해 우리는 그 소녀를 지난가을 올려 보냈다.

논산의 학교는 현재 40명으로 성장했고 교사인 제인은 조사의 부인으로 그녀가 할 수 있는 한 최선을 다해 일하고 있다. 제인은 학교 선생으로서 조건이 딱 맞지는 않지만, 학생들을 훌륭한 전도부인으로 만들고 있다. 제인은 교사 일을 열심히 하고 있는데 교사를 구할 수 있을 때까지 그 빈틈을 메워주고 있을 뿐이다. 조사인 그녀의 남편은 한문을 가르치고 있고 한 남자신도가 산수를 가르치고 있다. 우리는 교사와 학교 건물이 동시에 필요한 실정이다. 어린이들은 조사의 집에서 공부하고 있는데 너무 비좁고 불편하다. 만약 우리가 학교 건물과 교사만 있다면 단기간에 학생 수를 두 배로 늘릴 수 있다고 확신한다. 논산의 학생과 교사는 그들이 할 수 있는 모든 것을 하고 있지만, 외부의 도움이 필요하다. 이 어린이들을 교육하는 은혜로운 사업에 동참할 사람을 찾고 있다.

논산의 여학교는 영화여학교라고 교명을 지었는데 최초의 학생이 2명으로 1명은 조사(助師)의 딸이고 다른 1명은 15세 소녀였다. 조사는 선교사의 조수역할을 하는 사람으로 그의 딸이 학생이 되는 데는 아무 문제가 없었다. 그러나 15세 소녀는 비 기독교인의 딸로 학교 가는 것이 발각되면 구타를 당할 정도로 당시 여성교육은 몰이해 당하는 상황이었다. 그러나 불과 1, 2년 만에 학생이 40명으로 급증한 사실은 당시 여성들의 향학열을 짐작하게 한다.

한편 샤프 선교사가 운영하는 학교는 1912년 보고서(1911년 현황)

에 따르면 영명여학교는 자체 건물을 갖고 논산의 영화여학교는 조사의 아내 제인(Jane)이 가르치던 상황에서 교사자격이 있는 에델(Ethel)이 본격적으로 교육사업을 하게 되는 것으로 발전했다.[28]

공주의 학교는 9월에 자체 건물로 이사했다. 학교 건물은 학생들이 이제까지 사용했던 어떤 건물보다 커지고 좋아졌지만 벌써 학생들은 공간을 나눠 좀 더 많은 방을 만들어 달라고 나에게 요청하고 있다. 우리 앞에는 모든 여학생을 현재대로 유지할 수 있을지에 대한 의문이 놓여 있다. 일본인들이 공주에 2개의 학교를 열었고 이들 학교에 다니는 남자아이들이 누나와 여동생을 우리 학교에서 데리고 나가려 하기 때문이다. 현재까지 가려고 하는 아이는 거의 없지만 나중에도 남는 것을 원할지, 원하지 않을지는 의문이다. 아무튼 우리는 어린이들을 계속 데리고 있을 수 있기를 희망하고 있다.

지난 가을에는 교사인 에델(Ethel)을 논산으로 데려가 새집에 기거하면서 선교와 교육사업 진행 상황을 보았다. 사람들은 에델이 온 것을 환영했다. 일주일 전에는 학교를 방문했는데 방학 중이었다. 에델의 보고에 따르면 올해 출석 학생 수가 줄어들었는데 부모들이 어린이들을 학교에 보내지 않는 등 여러 이유가 있었다. 그러나 학교에 나오지 않는 대부분의 여학생들이 다 큰 처녀임을 보면, 가장 중요한 이유가 혼인 준비 때문으로 생각된다. 새로 신입생이 많이 들어와 평균 출석 인원은 30명가량이 되었다. 이들 학생은 1년간 열심히 공부했다.

---

28) 위의 책, 127~128쪽.

이듬해 보고서(1913년)는 일제의 관립학교 때문에 걱정했으나 관립학교에 들어갔던 학생들이 오히려 돌아오고 새로운 학생도 입학해 큰 걱정은 덜었다고 밝히고 있다. 하지만 관립학교와의 경쟁을 위해서는 새로운 현대식 건물의 건축이 필수적이라고 보았다.[29]

공주의 학교는 점점 증가하고 있다. 지난해 '학생들을 많이 잃지 않을까, 그리고 일본학교 때문에 학교가 망하지 않을까' 하고 한때 두려워했다. 그러나 많은 학생이 다시 돌아오고 새로운 학생들도 꾸준히 오고 있다. 그러나 학생들을 잡으려면 꼭 새 건물이 있어야 하는데 현재의 건물은 우리의 요구를 만족시키기에는 전혀 적합하지 않다. 스웨어러 부인은 체육시간을 야외에서 가르쳐야 했는데 추운 날씨에는 너무 불편해서 연기할 수밖에 없었다. 일본학교와 경쟁하려면 새 건물이 절대적으로 필요하다. 일본당국은 새로운 학교 건물을 세우고 여학생들을 다른 곳으로 보내도록 권유하고 있다. 올해 학교 담당자인 스웨어러 부인은 학교에 대해 좀 더 자세히 보고할 예정이다.

논산의 학교는 올해 우리가 하고 싶었던 것을 모두 이루지 못했다. 첫째는, 교사인 에델(Ethel)이 한동안 아팠고 둘째로는, 내가 다른 할 일이 많아 밀착 감독을 할 수 없었기 때문이다. 올봄, 새 출발을 했는데, 모든 일이 좀 더 빠른 속도로 움직이고 있다. 현재는 35명이 등록해 있고 그 중 32명이 출석하고 있다. 우리는

---

29) 위의 책, 135~136쪽.

내가 한국에서 겪었던 중 최악의 폭풍우가 불던 날 첫 번째 반을 졸업시켰다. 많은 사람이 행사를 지켜보기 위해 모였고 두 어린 소녀가 졸업장 받는 것을 보았다.

우리는 지난가을, 둔포(Tung po, 충남 아산 둔포감리교회)에 새로운 학교를 열었다. 이화 출신의 안나(Anna)가 그곳에서 가르치고 있는데 만약 우리가 교육여건만 잘 지원해주면 좋은 학교가 될 것으로 전망된다. 나는 아직 이 학교에 대해 아무런 지원도 해주지 못하고 있는데 몇 명으로부터 개인적 기부금을 받아 지원을 시작하려고 한다.

우리가 맡은 동쪽과 서쪽 2개의 선교구역 몇 곳에서 학교를 세워 달라는 요청이 있지만, 우리는 돈도 없고 보내줄 교사도 없다. 그래서 자포자기한 소녀들이 남자학교로 가기도 했다. 우리는 그렇게 열심히 공부하려는 소녀들을 위해 학교를 제공해 줄 수 있는 도움을 누군가 우리에게 줄 것으로 믿는다. 우리의 희망은 어린이들에게 있고 장래 강력한 교회를 갖기 원한다면 이들 어린이를 지원해야 한다.

샤프 선교사는 교육사업이 어느 정도 자리를 잡고 있는 상황이 1916년 보고서에서 나타난다. 이 해의 보고서는 1915년에 안식년을 다녀 온 샤프 선교사를 대신해 다른 선교사 미스 배어가 한 내용이다.[30]

---

30) 위의 책, 159~160쪽.

우리 지역의 학교는 잘 운영되고 있고 교회가 많은 은혜를 받았다는 보고를 할 수 있어 기쁘게 생각한다. 공주학교의 등록생은 72명으로 평균 출석 인원은 63명이다. 교사들은 열심히 일하고 있고 학생들도 부지런히 공부하고 있다. 학교에는 자원봉사 교사 외에 3명의 유급 교사가 있는데 내년에는 절대적으로 충원할 필요가 있다. 학교 건물도 너무 작아 개선해달라는 요구가 자주 들려온다.

둔포에 있는 여학교도 잘 운영되고 있다. 학생 수는 지난해와 비슷하다. 우리는 여러분이 여학생들의 밝고 행복한 얼굴을 보면 좋겠다고 생각한다. 그들은 확실히 선택된 우수한 학생들이고 우리는 그들을 훌륭한 여성으로 만들 것을 희망하고 있다. 많은 학생이 이교도 집안 출신인데 이는 매우 서글픈 일이다. 그러나 그들은 매일 배우는 내용을 통하여 학교에 다니지 못했을 때와는 다른 여성으로 변해가고 있다. 둔포에는 정부가 운영하는 학교가 없고 우리가 운영하는 것이 유일하다. 이 학교의 교사들은 마음가짐이 아름답고 매력적이며 부지런한 사람들이다.

양대에 있는 학교도 성장하고 있다. 서울의 남감리교학교를 졸업한 교사는 32명의 여학생을 가르치고 있다. 스크랜턴 박사(스크랜턴 부인의 아들로 의사)가 30엔을 교회에 기부해 좋은 공간으로 이전할 수 있었으며 교회와 학교 건물 모두 아주 많이 개선되었다. 교회도 성장하여 여성 참석자 수는 지난해의 배가 되었다. (논산을 포함한) 남부지역의 학교들은 지난해와 비슷한 상황인데 강경의 학교는 교사의 변동이 있었다.

1917년 보고서 중 특이한 내용은 교사인 이규갑과 그의 부인 이애라가 공주에서 야학을 시작했다는 사실이다. 샤프 선교사는 보고서에서 배우고 싶어 하는 학생들을 주간학교에서 다 받아들이지 못하자 부부교사가 야학까지 하겠다고 나선 사실과 야학교에 학생이 20명이나 왔음도 밝혔다.[31]

이곳에서 새로 시작하는 흥미로운 일 중의 하나는 야학이다. 지난봄, 수석 교사인 이 선생이 나를 찾아와 야간학교 개교를 허락해 달라고 요청한 적이 있다. 이 선생은 공부하기를 원하는 많은 사람이 있는데 낮 동안에는 올 수가 없다고 말했다. 이에 대해 나는 야학을 운영해서라도 그들을 가르치는 것은 즐거워해야 할 일이지만 다른 교사를 대줄 수는 없다고 말했다. 또 이 선생과 부인이자 교사인 엘라(Ella)가 온종일 가르치고 또 저녁에 가르치는 것이 너무 과중하게 느껴진다고 걱정했다. 그러나 이 선생 부부가 야학하기를 원하고 있다고 말해 그들의 요청을 들어주었다. 야학교에는 약 20명의 학생이 나왔다. 이들은 대부분 이교도의 가정에서 오는 학생들이었다. 우리 선교부는 모든 선생님에 대해 최고의 찬사밖에는 할 말이 없다. 미스터 테일러는 그의 조사(helper)가 학교에서 일주일에 4시간을 가르칠 수 있도록 허용해 주었다. 또 교회의 한 젊은이는 일주일에 2시간을 가르치고 있다.

강경의 학교로 보내질 기부금이 온다는 기쁜 소식으로 우리의

---

31) 위의 책, 168~170쪽.

마음은 즐거움으로 가득 차 있는데 이 기부금은 독일의 교회가 감사헌금으로 보낸 것이다. 현재 강경학교는 세 들어 있는 건물에서 공부하고 있는데, 언제 쫓겨날지 모르는 상황이다. 4학년으로 나뉘어 40명의 학생과 2명의 교사가 사방 12m 크기의 교실 한 곳에서 수업하고 있다. 올해 4명의 여학생이 졸업했는데, 그중 3명은 계속 공부하기를 바라고 있다.

반대로 올해 논산의 학교는 실망스러운 상태에 있다. 적당한 교사를 찾을 수가 없었는데 교사였던 에델(Ethel)이 가사 때문에 교육 업무에 전념할 수가 없게 되자 학교가 멈춰 서게 된 것이다.

공주 계룡면 경천의 초가집 학교와 학생들의 차렷 자세. ⓒ드루대학교/임연철

52067 "Putting out the drone" a game played by the boys of the Kyung-Chun village school. Korea.

경천학교 학생들의 밀어내기 놀이. ⓒ드루대학교/임연철

현재는 공주학교의 졸업생을 그곳에 보내 가르치게 하고 있는데, 벌써 아이들이 학교로 다시 오고 있다는 좋은 소식을 듣고 있다.

경천에도 우리 공주의 졸업생 한 명이 가 있는데, 경천학교에서도 좋은 소식이 들려오고 있다. 이 졸업생은 여자로 이교도들과 어린이들을 잘 가르친다고 이 여교사를 칭송하고 있다. 여포위(Yot Powie)에서도 남학생들을 위한 야학을 시작했다. 이곳의 교사는 낮 동안에는 20명의 어린 여학생을 가르치고 있다. 봄 농

사 때문에 야학은 문을 닫고 있지만, 학생들은 3년 동안 초등학교
에서 공부해온 한 젊은 여성을 여름방학을 할 때까지 선생님으로
확보할 수 있었다. 남학생들은 도움을 간청하고 있는데 부근에는
관립학교가 없다.

갈산에서도 다른 학교가 시작됐다. 학생은 7명의 소녀뿐인데
공주학교에서 2년을 공부했던 젊은 여성이 어떤 다른 교사가 올
수 있을 때까지 아이들을 도와주고 있다. 남부구역의 다른 세 곳
에서는 여자아이들이 남자아이들과 함께 공부하고 있다.

1920년대 초는 샤프 선교사의 교육사업이 각 지역에서 순조롭
게 진행되는 시기였다. 일제의 관립학교 기준에 맞춰 학교시설을
해야 하고 교사부족문제 등이 있었지만 샤프 선교사는 본업인 선
교사업과 교육사업을 원만하게 하고 있음을 1921년 보고서에서
밝히고 있다.[32]

모든 종류의 학교 업무에 대한 관심이 높아진 것이야말로 가장
만족스러운 일이다. 우리는 공주에 멋있는 새 건물을 최근 완공했
고 사용할 준비를 끝냈다. 이 새 건물은 이 지역의 소년들이 고등
보통학교를 가기 위해 서울로 갈 필요 없이 이곳에서 배울 기회를
제공하게 될 것이다. 또 이 건물은 지역지도자 양성에도 힘이 될

32) 위의 책, 219~220쪽.

것이다. 우리의 형제 윌리엄스 선교사는 열심히 일해 왔고 우리 소년들을 교육하는 데 필요한 설비를 갖추기 위해 오랫동안 기다려 왔다. 우리는 이 같은 희망이 충족된 데 대해 윌리엄스 선교사와 함께 기쁘게 생각한다. 샤프 선교사가 세운 여학교는 수용 가능한 인원보다 더 많은 학생을 수용하고 있으나 공간(땅)이 부족해 확장에 걸림돌이 되고 있다.

　　강경포(강경)의 소년학교는 100명 이상이 출석하고 있고 우리는 그들을 위해 곧 새로운 건물을 마련해야 한다. 교회와 지역의 후원단체가 돕고는 있지만 전과 같이 학교를 돕지는 못하고 있다. 그러나 건물과 땅이 확보되면 학교의 영속성은 확실해질 것이다. 새로운 유치원이 강경과 홍주에서 시작되었고 몇몇 다른 곳에서 유치원 설립 요구가 있다. 유치원을 통해 나이 든 사람에게 다

영명고 윌리엄스 교장의 부인 앨리스 윌리암스의 영어교육시간. ⓒ드루대학교/임연철

월리암스 부인의 영어 시간에 공주 영명학교 학생이 "I was a boy"를 칠판에 쓰고 있다. ⓒ드루대학교/임연철

가갈 큰 기회가 생기기도 하지만 더 훌륭한 결과는 어린이 자체를 만날 수 있다는 점이다.

헌금의 증가를 비롯해 교회건물의 신축, 학교와 유치원에 대한 관심, 부흥회와 성경공부반(사경회)의 좋은 결과 등 모든 것은 우리에게 기쁨을 주고 있으며 우리는 내년에 지적으로나 물질적으로나 정신적으로나 큰 발전을 기대하고 있다.

강경 유치원 원아들(사진 왼쪽)과 만동여학교 학생들(사진 오른 쪽). 가운데 출입구에 교사와 보모들이 서있다. ⓒ드루대학교/임연철

샤프 선교사의 교육사업은 1923년이 되자 규모가 커지면서 혼자 감당하기가 힘들어지고 본격적인 교육사업이 펼쳐지면서 부족한 측면들이 많이 드러나기 시작했다. 공주의 영명여학교에 대해서는 늘어나는 학생으로 시설부족이 큰 문제로 선교회 본부와 후원자들에게 '제발 알아주기 바란다'는 절실한 보고를 하고 있다. 이를 위해 샤프 선교사는 장문의 보고서를 썼다.[33]

1년 전 우리 학교는 너무 붐비고 꽉 차서 더 이상 학생을 받을 수 없을 것처럼 보였다. 그러나 우리는 더 받았고 요즘 등록 학생은 176명으로 우리가 적당하게 관리할 수 있는 인원보다 최소한

---

33) 위의 책, 231~232쪽.

76명이 더 많은 숫자다. 학교에 입학하고 싶어 하는 소녀들을 돌려보낸다는 것이 얼마나 어려운 일인지 한국 선교본부 관계자들은 자주 들어서 잘 알 것이다. 이제 소녀들을 돌려보내고 있다는 이야기는 너무 자주 있는 일이어서 누군가 이에 대해서 말한다면 "늘 있는 일이야"라고 할 정도다. 그러나 이것만은 (한국어로 말하자면) '제발' 알아주기 바란다. 우리 영명여학교는 100만 명이 사는 지역의 유일한 고등학교(오늘날의 중학교 과정)이다.

우리는 많은 시간을 들여 새해에 지원하는 여학생들을 몇 명이라도 입학시키기 위해 학교 건물과 기숙사를 검토했고 고민하고 기도했다. 학교 시설을 보면 사무실 용도로 세워진 4×10m 크기의 교실이 있고 교실 두 개는 지하에 있다. 지하 교실은 높이가 1m 80cm 정도이고 창문은 3개지만 보통 교실 창문의 3분의 1 크기밖에 안 돼 사실상 1개 밖에 없는 셈이다.

보통학교(초등학교)에는 6학년이 추가되고 고등학교에는 3학년이 추가돼 교사 2명이 증원돼야 하는 실정이다. 새로운 의자, 탁자, 좌석 등이 필요했는데 뉴욕과 토페카(Topeca) 선교지부에서 온 기부금으로 가능할 수 있었다. 이런 기부금들이 없었으면 '무슨 일을 할 수 있었겠나?' 싶다. 우리는 그 같은 기부가 하나님께서 아시고 주신 것으로 믿고 있다. 학교 건물에 있는 모든 방은 대부분 너무 작지만 그러나 우리가 받을 수 있는 한 많은 소녀를 담당할 수 있게 된 데 대해 감사드린다. 그리고 소녀들이 학교에 입학한 지 얼마 되지 않아 변화하는 모습을 관찰하면서 엄청난 기쁨을 맛보고 있다.

우리의 선교지역 모든 곳에서 정부의 보통학교를 졸업하는 소녀들이 우리 고등학교(중학교 과정)에 들어오고 있다. 우리 지역에는 보통학교가 몇 개 안 돼 대부분의 여자어린이들은 (선택적으로) 기독교 보통학교에 들어올 기회가 없다. 만약 여학생들이 보통학교 이상에서 배우기를 원한다면 공주선교부는 이들에게 고등학교(현재의 중학교 과정)의 기회를 주어야만 한다.

샤프 선교사가 운영하는 공주 여학교의 또 다른 문제는 기숙사의 부족이다. 상당수의 여학생이 공주 이외의 충남 전역에서 오기 때문에 이들을 수용해야 하나 4.3㎡쯤 되는 작은 방에 5명의 소녀가 짐을 들여 놓고 함께 생활하는 현실은 상상하기조차 힘들다고 말했다.[34]

한편 이곳에서는 기숙사도 문제다. 초겨울부터 지원자들이 오기 시작하는데 학교가 그들을 모두 수용할 수가 없어서 여학생들에게 기숙사에 머물 수 있도록 우선권을 주고 있다. 그래도 몇 명은 공주 시내에 나가서 머물게 되므로 그들이 있는 장소를 찾지 못하거나 책임질 수도 없어 그들을 보호하고 지키는 데 우리의 모든 힘을 쏟아야 하고 이는 교장과 교사에게 새로운 짐이 되고 있다. 좀 더 큰 기숙사를 갖게 될 때까지 우리는 이런 상황을 극복해야 하는데 이를 위해서는 작은 규모의 건물이 있어야 하고 4,000달러가 필요하다. 5명의 소녀가 1.8×2.4m 크기의 방에서 각자의 짐 가방과 함께 살고 있다. 이들의 침실은 식당이기도 하다.

---

34) 위의 책, 232~234쪽.

우리는 기숙사 건축을 계획하고 두 채의 낡은 집을 사들여 우리의 재산으로 편입해 허물고 새 건물을 지으려고 했었다. 그러나 현재 기숙사가 없어 몇 명의 소녀가 이 낡은 집에서 살고 있는데 겨울에는 거의 살 수가 없다. 이런 상황에서 우리가 할 수 있는 일이라고는 더 기도하고 하나님을 바라보며 믿는 것 이외에는 아무것도 없다.

이번 학기에 우리는 특별히 훌륭한 여러 명의 선생님을 모실 수 있었다. 한 가지 유감스러운 것은 선생님들이 대부분 남자였다는 것이다. 우리는 고등학교(중학교)에서 가르칠 수 있는 여성을 확보할 수가 없었다. 3명의 소녀가 있었는데 이들은 관립보통학교를 졸업하고 우리 학교에 오기 위해 200리(66마일)를 걸어서 왔다. 또 다른 작은 소녀는 다른 지방에서 보통학교를 졸업하고 왔는데 어머니와 함께 짐을 지고 150리를 걸어왔다. 현재 이들은 자신의 기숙사비를 벌기 위해 하루 2시간에서 2시간 반씩 일하고 있다. 학교 자립부에서 이런 일을 시작했는데 이런 일을 하기 위해 오는 학생들이 많고 그렇지 않으면 학교에 다닐 수가 없다. 만약 우리 학교에 자립부가 없었다면 15명의 학생은 입학도 못 했을 것이다. 이 밖에도 학교에 다니기 위해 입학 기회를 달라는 학생들이 아주 많다.

현재 나의 전망으로는 가능성이 보이지 않는다. 그러나 돌이켜 보면 하나님이 얼마나 대단하게 우리를 축복하고 돌봐왔는지 알 수 있다. 내가 지켜보고 있는 소녀들이 나의 삶 속에 들어오고 있음을 생각할 때 나는 하나님을 찬양할 일 밖에는 없고 그가 우리의 미래를 책임져 주실 것으로 믿는다.

올해 최고 수준으로 올라갔던 공주유치원은 원래 나이 든 남자 아이들을 위한 학교 건물이었는데 이 건물조차 진료소로 사용되어서 이사할 수밖에 없었다. 아멘트(Amendt) 선교사가 남자학교의 방을 하나 줘 3개월간 운영할 수 있었다. 그러나 남학교의 학생 수가 급격히 느는 탓으로 우리는 다시 이사할 수밖에 없게 됐는데 어디로 가야 할지 막막하다. 겨우 가능한 한 가지 방법은 교회 밖에 의자를 갖다 놓고 사용하는 길뿐이다. 그곳에서 최선을 다하면서 건물이 생기기를 기다리며 기도하고 있다.

68명의 공주 유치원생들이 풍금에 맞춰 노래를 부르고 있다. 18×12m 크기의 활동실. ⓒ드루대학교/임연철

위의 보고내용에서 주목되는 것은 현재 자신의 전망으로 보면 시설 부족문제가 해결될 가망성이 없어 기도하는 수밖에 없다고 밝히는 내용이다. 이후 1924년, 1925년 보고 내용은 시설부족을

응급사항에 맞춰 해결하는 내용[35]과 부족교사의 충원 문제를 주로 다루고 있다.[36]

공주의 경우도 다른 곳과 똑같이 새로운 학교시설의 필요성이 시급하게 요구되고 있다. 추가 교실의 필요성은 물론이고 현재 있는 교실도 조명시설이 빈약하고 난방은 해결책이 보이지 않아 '교실'이라고 이름 붙이기도 민망한데 그나마 지하에 있다. 미스 해치는 "350명의 소녀를 그렇게 열악한 교실에서 만원인 상태로 공부하도록 하는 것은 아마도 하나님도 책임지지 않으려고 그러는 것 아닌지 의심이 든다"고 외칠 정도다. 미스 해치는 또 학생들의 건강을 걱정하고 있는데 학생들은 배울 수만 있다면 상관없다는 반응을 보인다. 만약 누군가가 기부를 해줘 좋은 시설에서 수천 명의 학생이 이들 학교에서 공부하게 된다면 그 학생들은 엄청난 혜택을 받는 셈이 될 것이다.

교사의 문제는 더욱 심각한데 더 많은 돈을 들여 더 나은 선생님을 확보하는 것이야말로 필수사항이 되었다. 다행인 것은 기숙사의 상황이 조금 개선됐다는 점이다. 새로운 건물을 짓지는 못했지만, 기부금을 받아 방 몇 개를 추가로 확보할 수 있었다. 우리 지역 주간학교는 자격 있는 교사를 모시는 문제 때문에 많은 어려움을 겪고 있는데 결말이 나지 않는다. 이유는 정부의 요구 조건에도 맞으면서 기독교 신앙을 가진 남녀 교사를 찾기가 어렵기 때

---

35) 위의 책, 237쪽.
36) 위의 책, 244쪽.

문이다. 전도와 교육이 가능해지도록 우리 선교지역에 온 미세스 토마스에게 가장 고맙게 여긴다. 미세스 토마스의 공주 부임은 선교부에도 큰 자극이 될 뿐 아니라 한국인들에게도 역시 자극이 된다. 앞으로 이제 몇 년간 봉사할 것에 대비해 힘을 확보하고 간직하기 바란다.

샤프 선교사는 충남의 궁벽한 시골이나 섬에 사는 여성교육문제를 해결하는 방안으로 한 때 '순회교사'제도를 도입하기도 했었다. 순회교사는 해당지역의 교회에서 2, 3개월 머물며 선교와 교육사업을 함께하는 역할을 맡았다.[37]

여러 해 동안 나는 순회교사 채용을 위해 금전적 도움을 달라고 요청하고 있다. 순회교사는 2, 3개월을 한곳에 머물면서 부녀자와 소녀들에게 읽기를 가르치는 교사다. 이제까지는 성공을 못했으나 지난 가을 최소한 한 곳에서라도 실행해보려고 결심한 후 돈 문제는 하나님께 맡기려고 했다. 순회교사로 한 여성을 우리가 새로운 선교활동지역으로 정한 지역의 섬에 보냈는데, 이 여성은 낮에는 물론, 밤에도 가르쳤고 설교도 하고 주일학교 감독도 했다. 그 결과 섬 교회가 번성하게 되었다. 그 읍의 읍장은 비 기

---

37) 위의 책, 249쪽.

독교인인데도 기독교를 반대하지 않았고 원하는 기간만큼 교회로 사용하도록 집을 빌려주기도 하였다. 내가 그 여교사를 이제 그만 그 섬에서 나오도록 했을 때, 모든 사람이 항의했고 만약 선생님이 계속 체류하게 되면 숙식을 제공하겠다고 말하기까지 했다. 이 선생님도 섬에서 자기를 필요로 하자, 한 달 이상 더 머물겠다고 하여 한동안 그곳에 머무르며 15명의 여성과 소녀들을 가르쳤다.

1920년대 말까지 겨우 운영되던 교육사업은 1930년에 들어서자마자 큰 위기를 맞고 논산 강경의 교육사업이 중단되는 사태가 벌어졌다. 이 같은 사태가 벌어지게 된 것은 두 가지가 큰 원인이었다. 첫 번째 원인은 일제의 학교시설 기준이 높아짐으로써 그 기준을 맞추기 위해서는 계속 더 많은 비용이 소용되었지만 조달 방안이 없었기 때문이었다. 두 번째 원인은 1929년 미국에서 경제 대공황이 시작 돼 선교 후원금이 뚝 떨어졌다는 사실이다. 이로 인해 샤프 선교사와 그녀가 속한 선교본부는 선택과 집중을 할 수 밖에 없었고 그 결과는 공주를 제외한 여타 지역의 학교 폐쇄였다. 여타지역의 학교를 폐쇄한 것은 해당지역의 일제 관립학교가 본격화돼 여학생들이 계속 공부할 수 있는 여건이 생긴 것도 영향을 미쳤다.[38]

---

38) 위의 책, 268쪽.

몇 년 동안 나는 논산과 강경의 학교에 들어간 비용을 생각할 때 비용대비 효과가 충분하지 않다고 느껴왔다. 그러나 내가 미국으로 휴가를 떠날 때까지 조사위원회는 두 학교를 조사해 폐쇄하지 않았다. 그러나 두 학교의 조사 결과를 청취한 후 조사위원회는 두 학교를 폐쇄하고 그 비용으로 유치원을 돕는 것 이외에 공주고등학교를 위해 사용하도록 결정했다. 이 결정과 관련해 내가 귀임할 때까지 아무런 공식적 언급이 없었다. 3월 20일경으로 예정된 학교 폐쇄의 시간은 다가오고 있었다. 사람들은 뒤늦게 알려진 학교 폐쇄 결정에 대해 매우 분개하며 한동안 고통스러운 분위기였다.

그러나 학교 관계자들이 스스로 운영하기를 원함에 따라 기회를 주기로 하고 내가 그 결정을 몇 달 동안 유보하자 수습되었다. 이런 조건에 따라 나는 학교에 대한 지원을 중단했는데 학교 관계자들은 그들이 생각했던 것 같이 쉽게 방법을 찾을 수 없음을 알게 되었다.

비록 여타 지역의 학교는 폐쇄됐지만 선택과 집중 덕에 다른 선교사 스웨어러 부인이 운영을 맡은 공주 영명여학교는 비교적 잘 운영되고 있음이 1930년 보고서에 잘 나타나 있다.[39]

---

39) 위의 책, 270~271쪽.

공주 고등보통학교는 이 지역 교회 교육사업 최초로 4년 과정에 과정별로 반(class)을 갖게 되었다. 이렇게 된 것은 두 곳의 선교지역 내 학교가 문을 닫았기 때문이다. 그 원인은 학교가 폐쇄된 지역의 부모와 여학생들을 만족시켜주지 못한 상태에서 운영되었고 재정 부족 문제 때문이었다. 그 결정은 현장조사위원회의 권유에 의한 것이었다. 일반적으로 선교본부는 여러 곳에서 불충분한 상태에서 사업을 진행하는 대신 다른 곳을 건실하게 하기 위해 약한 곳을 폐쇄하도록 권유하고 있었다.

그러나 위와 같은 도움에도 불구하고 공주여학교는 남자학교 교장의 도움 없이는 모든 필요한 과목을 여학생들에게 제공할 수 없었다. 두 학교에서는 가능한 한 같은 교사를 최대한 활용했다. 이런 방식으로 교사는 수업 준비에 시간을 줄일 수 있었고 각각의 교사는 더 많은 일을 더 잘 할 수 있었다.

이런 일을 하면서 추가로 얻은 교훈은 우리가 협력의 중요성을 강조하게 되었다는 사실이다. 몇 세기 동안 공동선을 위해 스스로 관심을 기울인 적이 없던 이곳 동쪽구역에서 함께 협력한다는 것은 무척 값진 일이다. 이러한 협력은 특히 남자학교와 여자학교의 경우에 값진 일이다. 남학생들이 이제는 전반적으로 여학생들의 능력에 대해 존경하기 시작했는데 그 원인은 교사들이 양쪽을 가르치면서 여학생들이 어떤 일에서는 남학생보다 우수하다고 말했기 때문이다. 한편, 남자학교의 과학실이 좋았기 때문에 여학생들이 실험을 위해 그곳으로 가기도 했다.

남녀 학교의 협력 문제는 건물 부족 문제로 이어지는데 올해에는 이 문제에 대해서도 진전이 있었음을 보고할 수 있다. 초등학교(소학교)는 오랫동안 더 큰 교실이 필요했는데, 이 문제도 9월 20일 새로운 건물에 필요한 공간을 확보함으로써 해결된다. 이 건물은 전에는 초등학교가 사용했던 것으로 앞으로는 고등보통학교가 사용하게 된다. 이 건물 사용계획에 따라 유치원 건물 문제도 해결되었다. 그동안 유치원은 교회를 사용해왔다. 올해 유치원에는 거의 60명의 원아가 있는데 유치원에 대한 관심은 놀라울 만큼 크다. 예를 들면 할아버지 몇 명은 여유시간에 유치원에 와 어린이들의 재롱을 웃으면서 바라보는 경우가 자주 있다. 자모회가 열렸을 때는 새 유치원 놀이터 마련을 위해 40달러를 모금하기도 했다.

한편, 학교에서는 운동장에서 하는 신체발전과 같은 놀랄만한 아이디어를 계획 중이다. 이화학당이 주최한 대회에서 2년 연속 우승한 테니스 우승기가 현재 학교의 벽을 장식하고 있다. 몇 년 동안 우리 학교 테니스팀은 다른 학교와의 시합을 위해 서울로 갔었는데 계속 시합에서 졌다. 그러나 지난가을에는 우승의 영광을 안고 돌아왔다. 우리 학교 선수들의 우승 소식은 전보를 통해 미리 알려져 학생들을 태운 자동차가 학교 밴드의 인도 아래 5, 6마일 떨어진 곳까지 마중 나가 학교까지 행진하며 맞이했다.

비록 샤프 선교사의 교육사업은 충남 여러 곳에 씨를 뿌린 대로 거두지 못하고 공주와 경천, 둔포 등지의 일부 지역에서만 명맥이 이어졌지만 20여 년간 그녀가 진력해 온 결과는 유관순, 김마리아, 노마리아, 박화숙 등 수많은 인재를 배출했다. 이에 대해서는 샤프 선교사가 1939년 은퇴하기 1년 전 공주 영명학교 교정에 세운 선교기념비 건립 당시(1938년 9월 2일) 이를 보도한 기사에서 잘 나타난다.[39]

샤프 선교사의 증손생질 데이비드 솔로우즈가 보관해온 공주 영명고 교정 선교기념비 제막
식장(1938년). 샤프 선교사는 한복을 입고 있고 왼쪽에는 학생들이 앉아 있으며 오른쪽에
풍금이 보인다. ⓒ임연철

〔공주〕 지난 2일 오전 10시에 공주 영명여자학교 교정에서 사
애리시(史愛理施)여사선교기념비를 기독교 조선감리교 공주지방
발기로 건립하고 감리사 김응태 씨 사회로 성대한 제막식을 거행
하였다고 한다. 동 여사는 지금으로부터 38년 전 4월 1일 북아메
리카에서 당지에 와서 충남을 일원으로 선교교육사업에 이래 38
년간을 성심성의로 종사하였다고 한다. 동 여사는 조선을 건너올

---

40) 동아일보 1938년 9월 5일 자

때는 28세의 꽃다운 청춘으로 충남 각지에서 선교와 교육사업에 진력하는 중에는 비상한 파란을 거듭하여 공주, 천안, 논산, 입장, 아산, 둔포, 경천 각지에 학교를 설립하고 대전, 공주, 논산에 유치원을 경영하여 수많은 영재를 길러내어 그의 공적은 실로 막대하다 하며 당일 식장에 임석한 동 여사는 당년 66세의 백발이 성성한 노구로서 선명한 조선부인 의복으로 단장하고 제막식 절차에 의하여 여사의 감개무량한 답사로 자기는 노령 선교 만기로 명춘에는 조선을 떠나 본국 양로원으로 돌아가겠으나 자기의 사업만은 남기고 가니 뒤를 이어 영원히 계속하기를 바란다고 하여 일반을 감격하게 하였다.

3) 은퇴 이후의 삶

1939년 은퇴와 함께 미국으로 돌아간 샤프 선교사는 1972년 101세로 별세할 때까지 건강하게 장수했다. 귀국 후 몇 년간은 감리교 여성해외선교회 본부에서 일했지만 1946년 캘리포니아 주 패서디나(Pasadena) 시에 있는 은퇴 선교사 양로원 로빈크로프트 (Robincroft)에 입주해 생을 마칠 때까지 살았다. 양로원에 거주하며 적십자 활동 봉사에도 나섰지만 더 연로한 후에는 양로원의 각종 취미활동과 모임에 열중했다. 가장 마지막행사로 알려진 것은 1971년 4월 11일에 열린 백수(百壽)파티였다.

샤프 선교사는 인사말에서 "한국에서 봉사한 39년은 너무나 만족스럽고 기쁨이 넘치는 것이었다. 내가 세운 학교에서 어린이들이 교육받는 것을 보고 주일학교와 교회에서 훈련받은 어린이가 전도사, 교사, 전도부인, 의사, 간호사가 되는 것을 보는 것은 말로 표현할 수 없는 기쁨 그 자체였다"[41]라고 밝혔다. 이날 백수파티에 초대된 동료 선교사 안나 채핀은 샤프 선교사에 대해 다음과 같이 칭송했다.[42]

> 포드자동차를 타게 된 후 샤프 선교사는 갈 수 없는 곳이 없게 되었다. 그래서 순회여행을 종종 떠났다. 가끔은 정말 멀고 깊은 곳까지 들어가 그곳 사람들과 만나고 봉사하기를 즐겼다. 특히 그녀는 한국의 산을 뒤덮은 진달래와 개나리 그리고 하얀색 라일락꽃의 풍경을 정말 좋아했다. 또한 그녀는 믿음으로 기도하는 가운데 위대한 성령의 감동 감화하심을 받아 3개 구역을 순회하며 열심히 일했다. 그곳의 모든 한국인은 남녀노소를 가리지 않고 그녀를 진심으로 흠모하고 존경했다.

별세(1972년 9월 8일) 후 샤프 선교사의 유해는 화장되어 패서디너(pasadena)의 옆 도시 알타데나(Altadena)의 마운틴 뷰(Mountain View)묘원 납골당에 안치되었다.

---

41) 위의 책, 23쪽.
42) 위의 책, 31쪽.

3. A. 지네트 월터의 삶

1) 내한 이전

월터 선교사는 네덜란드 이민자의 후손으로 1885년 2월 3일 펜실베이니아 주 라트로브(Latrobe)에서 태어났다. 당시 라트로브는 음주가 성행하는 광산촌으로 그녀의 아버지 데이비드 월터는 자녀들을 금주법이 시행되는 곳에서 키우고 싶어 했다. 마침 친척 중한 명이 캔자스 주 킹맨(Kingman)에 살며 금주법이 시행돼 자녀 양육에 적지라고 추천하자 답사 후 지네트 월터가 유아일 때 바로 이주를 단행했다.

킹맨에서 고등학교를 졸업할 때까지 살았던 월터 선교사는 대학을 들어가기 위해 1904년 같은 캔자스 주의 볼드윈에 있는 베이커(Baker) 대학에 입학했다. 대학에서는 여러 과목을 수강했으나 전공은 영문학이었다. 학교생활 중에서는 수업 이외에 과외활동도 열심히 했는데 당시 학생사회에서는 기독교 정신에 바탕을 둔 봉사활동을 하는 것이 당연시되고 최고의 가치가 있는 일로 생각하는 분위기였다. 그 같은 분위기에서 월터 선교사는 YWCA에 가입했고 학생자원봉사운동(Student Volunteer Movement, S.V.M.)에 적극 참여했다. S.V.M. 활동 중에 같은 뜻을 갖고 장래 선교사로 활동하기를 꿈꾸는 대학 선배 프랭크 브라운(Frank Brown)을 만나 그로부터 많은 영향을 받았다. 월터 선교사 역시 장래 희망으로 선교사를 꿈꾸기 시작했다. 두 사람은 자주 봉사활동과 학교 동아리 활동을 하던 중 1905년 봄 두 사람만의 약속으로 약혼을 하는데 자서전에서 그 내용을 다음과 같이 적고 있다.[43]

이 학기 동안 나에게는 매우 중요한 일이 일어났다. 이 일에 대해서는 아무런 기록이나 날짜도 없지만 나는 봄이었다고 분명히 기억한다. 거대한 사과나무에 꽃이 피어 있었고 그 일은 사과나무 아래에서 일어났다. 프랭크와 나는 약혼을 했다. 내 기억으로는 아무런 큰 감동도 없었다. 우리는 언젠가를 위하여 목표를 향해 발전해 가는 과정에 있었다. 우리가 지난해 S.V.M.의 봉사자가 되기로 결정했을 때는 완전히 개별적으로 한 것이었으나 이때부터는 함께 계획을 세우기 시작했다.

약혼자 프랭크는 대학 졸업 후 교육선교사로 임명받아 1907년 멕시코 파추카(Pachuca)로 떠나 현지인과 유럽 이민자들을 가르치는 초등학교의 교사로 일했다. 같은 시기 월터 선교사는 신경쇠약으로 휴학해 졸업하면 합류하기로 했었다. 그러나 약혼자 프랭크가 멕시코에서 천연두에 걸려 몇 달 만인 8월에 사망하면서 두 사람의 미래는 모든 것이 무산됐다. 비록 약혼자는 요절했지만 월터 선교사는 평생 독신으로 살면서 약혼자와의 약속대로 봉사와 선교의 생활을 하기로 결심하고 그 약속을 하나씩 하나씩 실천해 나갔다. 결혼도 해보기 전 약혼자의 죽음을 마주한 상황에 대해 월터 학당장은 다음과 같은 글을 남겼다.[44]

43) 임연철, 『지네트 월터 이야기』, 밀알북스, 2020, 39~40쪽.
44) 위의 책, 48쪽.

프랭크의 장례와 추모예배가 다 끝난 후 나는 무엇인가 새로운 결정을 해야 했다. 하지만 나는 킹맨으로 돌아와서도 여전히 망연자실해 있었다. 내 삶에서 실망이 닥쳐오거나 큰일을 처리해야 할 때마다 생각하고 구상해야 할 약간의 시간이 필요했기 때문이다. 그 후 현실로 돌아가서 새로운 계획을 받아들이곤 했는데 이번의 경우에도 똑같았다. 더 이상 결혼 계획도, 멕시코에 가야 할 계획도 필요 없었다. 편지를 받을 일도 편지를 쓸 일도 없었다. 그러나 친구들은 친절했고 나에게 도움을 주었다. 나는 내가 근무할 첫 학교에 대해 생각을 하기 시작했고 주일학교와 집 주변에서의 활동에만 몰입했다.

내가 (자서전을 쓰는) 지금 말할 수 있는 것은 (프랭크가 죽은 후) 60년이 지났지만 내가 (이성으로) 관심을 가질 만한 어떤 사람도 다시는 찾지 못했다는 사실이다. 나는 옛날부터 알고 지내던 사람을 포함해 친구 몇 명과 데이트를 했는데 누구와도 진지하게 결혼에 대해 생각해 본 적이 없었다. 그런 나 자신이 싫지도 않았다. 나는 훌륭한 삶을 살았다고 생각했고 바쁘고 항상 행복했다. 나는 프랭크와 함께 경험했던 우정과 사랑을 소중히 간직했다. 우리의 구상은 실천되지 못했고 그에 따라 나는 방향을 바꾸고 혼자 가야만 했다. 하지만 나는 결코 혼자인 적이 없었다.

대학을 다니던 중 약혼자 프랭크가 일했던 멕시코 파추카의 초등학교에서 교사를 해보지 않겠느냐는 제안을 받고 월터 선교사는 미리 경험을 쌓아보는 차원에서 제안에 응해 교육선교사로 1년간(1909~1910) 일했다. 그 시기에 프랭크의 무덤도 방문하고 멕시코의 여러 곳을 여행하며 선교사가 될 준비를 했다. 다시 미국으로 돌아 온 그녀는 베이커 대학 4학년으로 복학하지 않고 시카고 부근 노스 웨스턴(North Western) 대로 복학해 1911년 졸업했다. 영문학 전공으로 졸업한 월터 선교사는 바로 이 시기에 그의 인생에서 중요한 전기를 가져온 한국인을 처음 만났다. 유학생 동석기(董錫琪, 1881~1971)[45]였다. 동석기는 1903년 하와이 노동자로 이민을 간 후 매우 성실하게 일하자 농장주인은 동석기의 소원이 서양학문인 것을 알고 공부를 할 수 있도록 허락했다. 얼마나 열심히 공부했던지 3년 만에 초등 중등 고등학교를 마치고 입학한 대학이 노스 웨스턴이었다. 그 곳에서 월터 선교사를 만난 동석기는 여학생 월터가 선교사에 뜻이 있음을 알고 마침 이화학당에서 대학과정을 신설하고 교사를 모집 중이라는 소식을 전해 그녀가 전격적으로 한국행을 결정하는데 큰 역할을 했다. 하지만 월터 선교사의 한국행 결정은 부모와는 상의도 없이 이뤄져 아버지 데이비드가 만류하는 일도 벌어졌다.[46]

아버지의 편지: 지네트야, 그 외국과의 계약에 너 자신을 묶어두지 말아라. 엄마와 내가 네가 가는 나라가 어떤 상황에 있는지 알지 못하는 한 우리는 모두 너의 뜻에 반대한다. 너는 요즘 특히

---

45) 목사이자 독립운동가로 활동. 3·1운동에 참여했으며 1996년 대통령 표창을 추서 받음.
46) 위의 책, 71쪽.

외국 현장에서 그러한 일을 할 만큼 충분히 건강하지도 않다. 어떤 시기에 가더라도 그것은 너를 위해서는 좋지 않은 결정이지만 지금은 특히 아니다. 일단 집에 와서 1년간 있어 보고 그 후 사정을 생각해 보자. 이런 생각은 가족 모두의 의견이다. 지금 갈 수 없다고 그들에게 말해라. 네가 (졸업에 필요한) 여러 시험에 통과하기를 바란다. 어음 20달러를 동봉한다.

아버지의 만류에도 교육선교사로 한국행을 굽히지 않자 마침내 아버지 데이비드도 딸의 뜻을 수용하고 캔자스에서 샌프란시스코까지 기차를 함께 타고 와 샌프란시스코 항구에서 딸을 배웅했다.[47]

우리 선교사 등 일행은 일본 배인 닛폰마루(日本丸)를 타고 항해를 했는데 (환송 나온) 아버지는 외해(外海)의 큰 바다에 비해 너무 작은 배라고 생각했다. 나는 배를 타고 부모님은 하선했다. 한 시간인지 두 시간인지 서로 쳐다보며 손을 흔들기만 했던 시간은 내가 보낸 시간 중 가장 긴 시간이었다.

그리고 우리는 항해를 시작했다.

월터 선교사와 함께 이화학당에 교육선교사로 내한한 동료는 뉴욕에서 온 올리브 파이(Olive Pye)와 일리노이에서 온 그레이스 하면

---

47) 위의 책, 74쪽.

1911년 이화학당 대학과가 설치되며 교수 요원으로 함께 한국에
온 월터 선교사, 올리브 파이, 그레이스 하먼(왼쪽부터). 은퇴 후
1946년 월터 선교사의 여름 별장에서 가진 재회모임. ⓒ임연철

(Grace Harmon)으로 파이는 과학교사, 하먼은 음악교사가 되었다. 월
터 선교사는 영어를 맡았는데 당시 학교 형편에 따라 체육이나 수
학과목을 담당하기도 했다. 한국행을 결정하며 월터 선교사는 당
시의 심정을 다음과 같이 적었다.[48]

---

48) 위의 책, 70쪽.

비록 나는 한국이나 한국 역사, 한국인에 대해 아무것도 몰랐지만 나는 멕시코만큼 어렵지는 않을 수도 있을 것이라고 느꼈고 (한국에 대한) 조사를 바로 해 봤다. 이제까지 후회한 적이 한 번도 없었던 것처럼 처음부터 나는 한국 사람과 학교의 여학생들을 사랑했고 동료선교사들을 사랑했다. 한국은 정말 봉사하기에 이상적인 장소였다. 나는 시카고에 있는 W.F.M.S.(여성해외선교사회, Women's Foreign Missionary Society) 시카고 지부를 찾아가 3주 후 임명을 받았다.

2) 한국봉사 주요 활동

1911년 12월 초 한국에 온 월터 선교사는 선교사들이 한국에 오면 맨 먼저 해야 하는 한국어를 배우기 시작했다. 한국어를 배우는 한편 자신의 숙소인 이화학당 부속 건물로 있는 학생기숙사의 시설이 너무 열악한 것을 보고 몇 달간 기획한 끝에 철제 침대를 들여 놓는 방식으로 학생 생활시설을 개선하는데 앞장섰다. 기숙사 시설 개량과정에 대해 다음과 같이 설명했다.[49]

선교사들이 사는 본관의 부속 건물로 학생 기숙사가 있는데 2층으로 돼 있고 약 150명의 여학생이 거처하는 곳이었다. 한 방에는 5, 6명이 살았다. 학생마다 옷장이 있고 옷장 위에 이불이 있었으

---

49) 위의 책, 110~111쪽.

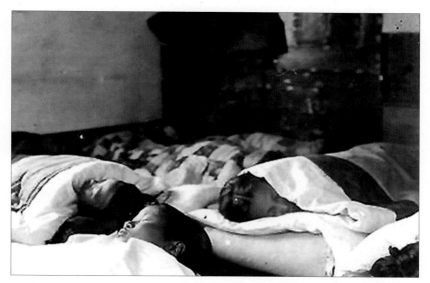

이화학당 초기의 기숙사에서 학생들이 잠자는 모습. ⓒ드루대학교/임연철

며 또 작은 테이블도 주어졌다. 누웠을 때는 머리를 같은 방향으로 했고 방바닥에 빈틈없이 꽉 찬 상태에서 자게 되어 있었다.

어느 날 저녁, 내가 순찰을 하고 있을 때 한 소녀가 일어나 앉아 있어서 왜 안 자느냐고 물으니 "방바닥이 누울 만큼 자리가 없어서 누울 수가 없다"고 말하는 것이었다. 나는 그 여학생의 동숙자들을 깨워 다시 잠자리를 (좁히도록) 조정해 1인당 가로 60cm, 세로 150cm가 되도록 함으로써 그녀가 누울 수 있도록 해줬다.

한국인들은 항상 따뜻한 온돌에서 생활하는데 우리 기숙사처럼 미국인들이 지은 집은 (온돌 같은) 편안한 바닥은 아니었다. 기숙사에는 교사인 나이가 든 처녀 선생과 식사를 준비하는 성인 여성

몇 명이 있었다. 학생들은 그 밖의 다른 일들을 스스로 했다. 학생들과 친해지기 위해 나는 잠자리에 들기 전 '잘 자라'라고 하기 위해 모든 방을 방문하곤 했다.

나는 매일 밤 방들을 순찰하면서 잠자리 시설을 개선해야 한다고 절감하고 학당장인 미스 프라이에게 여러 번 이야기 했다. 마침내 YMCA에서 일하는 중국인을 시켜 몇 개의 작은 철제 침대를 만들도록 했다. 침대가 있으면 학생들은 찬 바닥에서 자지 않아도 될 뿐만 아니라 한 방에 3, 4명 이상 들어갈 수가 없어 비교적 넓게 생활할 수 있었다.

기숙사 개선과 함께 월터 선교사는 학생들의 보건 위생개선 프로그램에도 앞장섰다. 교사로서의 업무 이외에 시설과 보건 위생 개선에 적극적이었다. 기생충 구충을 위해 직접 했던 일들을 자세히 기록해 학생들의 건강을 위해 얼마나 노심초사했는지 알게 해 준다.[50]

모든 한국인은 체내에 기생충이 있었는데 효과적인 좋은 약이 있었지만 먹는 사람이 거의 없었다. 그래서 내가 제안한 것은 모든 사람이 동시에 먹도록 하는 것이었다. 약은 하얀 가루로 되어 있고 3일 연속 먹도록 해야 했다. 우리는 이 절차를 예배실에서

---

50) 위의 책, 112쪽.

실시했다. 각 선생님이 담당하는 학생을 불러 학생들의 입속에 백색 가루를 털어 넣어 주고 충분한 물을 마셔 약이 내려가도록 한 후 돌아가도록 했다. 내 기억에 따르면 종이컵이 없어서 모든 것이 비위생적이라는 걱정이 들었다. 나흘째 되던 날 학생들은 소금물을 먹어야 했다. 이미 준비가 돼 있어 학생마다 반 컵의 소금물을 마셨다. 학생 전체가 이렇게 철저히 뱃속을 깨끗하게 해 본 적이 없었다.

특히 2020년 코로나19에 비견되는 스페인 독감(당시에는 '서반아 독감'으로 호칭)이 1918년 대유행할 때 보여준 월터 선교사의 활약상은 학생들의 어머니와 간호사 같은 것이었다.[51]

미국에서 독감이 크게 유행했던 해에 한국에서도 독감이 유행했다.[52] 이화학당의 대학 과정과 고등학교 상급 학년 학생들은 학교가 새 건물을 짓고 있는 동안 학교 옆에 있는 서울의 옛 손탁

---

51) 위의 책, 113~114쪽.

52) 이때의 독감은 스페인 독감을 가르킨다. 스페인 독감은 1918년 유럽에서 시작해 9~10월 세계적인 2차 유행을 거쳐 이듬해 초 3차 유행으로 끝났다. 일제강점기 국내에서도 288만 4천 명(인구 38%)이 이른바 '스페인 감기'에 감염돼 14만 명이 사망했다. 당시 국내에서 첫 확진자가 나온 때는 9월로 미국 등에서도 유행하던 2차 시기였다. 10월에는 전국적으로 환자가 너무 많아 농촌에서는 추수할 인력이 부족 할 정도였다(동아일보 2020년 6월 17일 A34면 횡설수설).

호텔에서 생활하고 있었다. 나는 그 곳에서 생활하는 학생들을 책임지고 있었는데 또 다른 선교사인 처치 선생은 독감에 걸린 모든 미국인을 책임지고 있었다. 학교 건물의 층마다 미국인 선생 1명이 그 층을 책임지도록 했다. 아픈 사람에게 음식을 날라다 줄 학생도 부족했다.

내가 맡은 모든 학생들이 바닥에 누워 있었고 나는 작은 방석을 가지고 환자들 줄 사이를 서둘러 다니며 열을 재고 아스피린을 주었다. 우리 학교 담당인 의사들도 독감에 걸려 누워있었는데 두 명의 여학생 상태가 나빠지자 할 수 없이 누워있는 한 의사를 불러 상태가 나쁜 두 여학생을 살펴보도록 했다. 이런 노력의 결과, 모두 회복되었고 한 명의 학생도 생명을 잃지 않았다.

체육과목은 월터 선교사의 담당과목이 아니었지만 체육전공자도 없는 상황에서 선교사들이 맡을 수밖에 없었다. 당시 이화학당의 체육수업은 맨손체조와 미용체조, 무용 등으로 이뤄졌다. 월터 선교사는 체육수업을 하면서 학생들이 가슴을 옥죄는 치마를 입고 있어 조금만 운동을 해도 숨이 차는 것을 보고 학생들의 치마를 운동할 수 있도록 개량하기도 했다. 이 같은 개량은 당시 여성 복식을 획기적으로 개선하는 일로 이후 여학생들은 구기운동도 가능해졌다.[53]

---

53) 위의 책, 129~132쪽.

체육관에서 정렬하고 있는 3학년생들. 영어와 함께 체육도 가르친 월터 선교사는 여학생들이 가슴을 조이는 치마를 입고 운동하는 것을 힘들어하자 가슴대신 허리에 단추를 다는 개량운동복을 고안했다. ⓒ임연철

　　나는 한국에 와서 체육 교사가 되었는데 체육을 실습해 보지 않았지만, 파이와 나는 수업 내용을 인계받았고 특별히 배우지는 않았지만 많은 것을 했다. 내가 학생들이 노는 것을 본 유일한 게임은 잭스(Jacks)와 사방치기(hopscotch)[54]로 거의 시설이 필요 없는 것들이었다. 우리는 연습할 기회를 주고 그 후에는 몇 번 시합하도록 했다. 여학생들은 좋은 운동선수가 아니었는데 그들

---

54) 잭스는 공을 튕기면서 정해진 순서대로 공깃돌을 치뜨리어 받았다 하는 아이들 놀이. 사방치기는 숫자를 써 놓은 사각형을 땅바닥에 여러 개 그려놓고 한 발 또는 두 발로 뛰며 앞으로 나가는 게임.

은 이길 수 없다는 것을 알면 운동장에서 웅크리고 앉아 시합을 끝내려 하지 않았다. 우리는 훌륭한 운동 정신이 무엇인지 이야기했지만 소용없는 일이었다. 하지만 여학생들은 학업에서 좋은 성적 얻기를 너무나 열망했기 때문에 파이와 나는 누구든지 게임 도중 그만두는 학생은 그 날 점수는 영점이 될 것이라고 선언했다. 그 후로는 더 이상 (운동을 게을리 하는 것 같은) 문제는 없었다.

우리 두 사람은 나무 막대기나 고리, 곤봉, 아령을 사용해 우리 자신이 고안했던 훈련방식으로 학생들이 실습하도록 했다. 이에 대해 학생들은 잘 기억했고 정확하고 자세하게 각자의 역할을 했다. 매년 이화는 5월 30일에 개교기념 행사를 했는데 이날은 잔칫날로 메이퀸 대관식도 열렸다. 정부에서도 축하객이 왔고 부모와 시민들도 이 행사를 좋아했으며 넓은 잔디밭은 인파로 가득했다. 한번은 감리교 루이스(Lewis) 감독이 왔는데 우리는 하얀 옷을 입은 학생들이 대형을 이뤄 그의 이름인 'LEWIS'가 되도록 하기도 했다. 1959년 김활란 총장의 초청으로 한국에 갔을 때 본 메이데이 행사 모습은 그 옛날 우리가 했던 미미한 시도와는 전혀 차원이 다른 모습으로 변해 있었다. 이화여대 체육교육과에서 교육받은 여자 교수들에 의해 만들어진 그 날 행사는 거의 전문적이었다.

과거 내가 가르쳤던 학생들은 운동 시간에 네 벌의 옷을 겹쳐 입고 있었다. 학생들은 먼저 팬티를 입고 다시 속치마를 입었으며 그 위에 겉치마를 입고 마지막으로 상의를 입었다. 처음 세 번은 발목까지 내려오는 것들이었고 줄을 집어넣어 가슴둘레를 12cm 폭의 띠로 묶었다. 흘러내리지 않도록 아주 꽉 조여 놓는 방식이었다. 그 위에 입는 상의는 약간 짧은 것으로 여름에는 얇고 겨울에는 솜으로 덧 댄 것이었다. 이렇게 입은 옷은 예뻤지만, 가슴 부위를 세 번이나 옥죄는 방식은 우리가 보기에 체육 시간이나 다른 시간에도 좋아 보이지 않았다.

파이 선생과 나는 몇 명의 한국인 교사와 상의한 후 치마는 작은 허리에 맞춰 입을 수 있도록 하고 뒤쪽에 단추를 달도록 결정했다. 우리는 2, 3개의 샘플을 만들어 선생님들이 시험해 입어보도록 했다. 선생님들도 새 스타일을 너무 좋아해 체육 하는 날에 입도록 각 학생이 한 벌씩 만들 수 있도록 해 보자고 말하며 학생들에게 패턴을 나누어 주었다. 학생들은 옷을 만들기 시작했는데 가끔 좀 전의 가슴부터 내려오는 스커트에 허리만 잘록하게 만든 탑 스커트(top skirt)만 입고 적당히 피해 가려고 하는 사람도 있었다. 우리 학교는 학급 규모가 컸기 때문에 매일 상의 아래 허리 부분을 만져 제대로 된 옷을 입었는지 검사했다. 모두 제대로 입을 때까지 검사는 계속됐다. 이 변화는 학생들 의상의 겉모양에 영향을 주지는 못했지만 새 의상은 건강에 좋고 편안하며 편리했다. 점점 인기를 끌어 모든 학생 의상을 전부 바꾸는 데는 그리 오랜 시간이 걸리지 않았다.

이화에서 이런 의상의 변화를 일으킨 지 3개월쯤 됐을 때 우리는 여름을 이용해 영변에 갔다가 일요일 작은 시골 교회에서 예배를 보면서 같은 의상을 그곳 여학생들도 입고 있는 것을 보고 놀랐다. 우리 앞에는 작은 여학생 그룹이 앉아 있었는데 이들 학생이 모두 허리 스커트를 입고 있었던 것이다. 예배가 끝난 후 나는 학생들에게 허리 스커트 아이디어를 어디서 얻었느냐고 물었다. 그들의 대답은 한 이화학당 학생이 고향 집에 왔는데 이런 새 스타일을 보여줬고 그들 모두가 이화 학생처럼 되고 싶어 옷을 만들어 입었다고 말했다. 우리는 흥분했고 우리가 한국 전체 여성들을 건강하도록 만드는데 정말 무엇인가 하고 있다는 생각을 했다.

한복을 운동이 가능한 의상으로 개량한 후 한국인들의 지도아래 테니스와 구기 게임들이 소개됐고 1900년경 미국에서 입었던 블라우스와 블루머스(무릎 부분을 조인 여성용 운동 바지) 같은 체육복을 한국에서도 얼마 안 되어 입기 시작 했다.

한편 1914년은 월터 선교사로서는 교육선교사로서 첫 결실을 거두는 해로 의미가 깊은 해였다. 이화학당에서 고등학교 과정도 담당했지만 대학 과정 담당을 위해 특별히 선발돼 왔기 때문에 대학 과정 졸업생 3명의 첫 탄생은 잊지 못할 큰일이었다. 이들의 졸업 과정은 물론, 그 후의 삶에 대해서도 자세히 소개하고 있다.[55]

> 1914년 이전에는 고등학교 졸업 예배만 있었으나 1914년에는 4명의 고등학교 7학년생 졸업축하 뿐만 아니라 첫 대학교 졸업식도 거행했다. 이날은 이화뿐만 아니라 한국의 모든 여성을 위해서도 대단한 날이었다. 대학과는 3명의 졸업생이 있었는데 도로시 이(이화숙, 1892~1979), 마르셀라 신(신마숙, 1892~1965), 앨리스 김(김애식, 1890~1950)이었다. 졸업 기념행사 예행연습을 하는 날 저녁에 3명의 졸업생은 각각 연설을 하고 노래 한 곡씩을 불렀다. 연설 주제는 각자의 관심을 보여주고 있는데 '교육 요인으로서의 놀이' '한국 미술 탐구' '미국 시인 롱펠로'였다.
> 다음 날 우리는 실제 졸업예배를 보았는데 아름다운 음악과 함께 A. L. 베커 박사와 프랭크 H. 스미스 목사의 축사가 있었다.

---

55) 위의 책, 163~165쪽.

베커 박사는 이미 한국에서 오랫동안 활동했고 당시 이화대학 이
사회의 멤버였다. 스미스 목사는 한국에 있는 일본인 담당 선교사
로 활동하고 있었다. 축사 후에는 3명의 학생이 '오, 이화를 주님
께'를 불렀다. 이 노래는 가사가 영어로 돼 있었으나 한국인들도
그 의미를 이해했는지 많은 사람이 울었다. 이날은 즐거운 시간이
계속되는 날이었고 한국 여성이 고등교육을 받을 수 있다는 사실
과 앞으로 그들에게 훌륭한 기회가 있을 것이라는 사실을 청중들
도 실감하며 기쁨의 눈물을 흘렸다.

한국에서 근무하던 중, 출산하다 사망하는 임산부가 너무 많고
여성들이 비위생적인 환경에서 출산하는 것을 본 월터 선교사는
첫 안식년(1915년) 기간에 '산파' 경험을 쌓기로 하고 고향 킹맨의
병원에서 산부인과 과정을 밟았다. 병원에서는 물론, 멀리 의사를
따라 출장까지 가는 등 출산시키는 경험을 16번이나 하며 산파로
서의 경력을 쌓았다.[56]

그해 가을 나는 다시 일하고 싶다는 생각이 들어 한 학급의 간
호사들이 있는 병원의 산부인과 과정에 등록했다. 의사들은 아이
의 출산을 위해 왕진 갈 때 내가 한국으로 떠나기 전 경험을 많이
해야 한다며 우선 동행하도록 허락해 주었다. 병원에는 다섯 명의

---

56) 위의 책, 191~192쪽.

의사가 있었는데 출산시키는 방법이 각각 매우 달랐다. 나는 할 수 있는 모든 것을 배우기를 원했다. 그 이유는 내가 배운 모든 가능한 정보를 가르쳐야 하고 활용할 수 있는 여러 학급의 이화학당 여학생들이 있었기 때문이다. 나이 든 의사 중 한 명은 최신 의술을 사용하는 사람은 아니었지만, 특별히 많은 도움이 되었다.

어느 날 한밤중에 병원에서 호출이 왔는데 의사가 나를 20분 안에 태우러 온다는 것이었다. 의사는 말과 마차를 몰아서 왔고 우리는 출발했다. 칠흑같이 어두운 밤이었는데 여러 마일을 간 후 라이트 박사는 나에게 불빛을 찾아보라고 했다. 우리가 불빛을 찾을 때까지 꽤 시간이 걸렸고 불빛을 봤을 때 우리는 큰 도로에서 약간 떨어진 그 방향으로 갔다. 우리는 출산 시간에 맞춰 제때 도착했고 분만 준비를 했다. 라이트 박사는 가방에서 재봉실이 감겨 있는 실패와 2개의 가위를 꺼냈고 나는 몇 개의 실 가닥을 잡고 그 실 가닥을 가위로 끊었다. 분만 시간을 기다리며 약간의 커피를 마시기도 했다.

그 집은 매우 가난했는데 나는 주변을 둘러보며 작으면서도 부드러운 담요나 아기 옷들이 있는지 찾았다. 아이 엄마는 자기가 아기 옷을 만들어 놓았다고 말했다. 아이는 나왔고 나는 아이를 씻긴 후 흑백의 5센트짜리 무명으로 만들어 꽤 뻣뻣한 옷을 입혔다. 새벽 태양이 떠오르는 것을 보며 우리는 집을 향하여 출발했다. 나는 그날 이후 아무튼 나 혼자 있더라도 필요하면 정상적으로 아기를 받아 낼 수 있다고 생각하게 되었다. 이후에도 15번이나 아이를 받아 보았다.

휴가 기간에 나는 자주 병원에서 일했고 의사들은 마치 학생 간호사처럼 내가 그들을 돕도록 허락해 주었다. 그래서 수술하는 것도 돕고 몇 번은 매우 아픈 환자를 위해 특수간호사로 활동하기도 했다. 어떨 때는 의사가 디너파티에 초청돼 외출하게 되면 그 동안 진통 중인 산모와 나를 함께 있게 하기도 했다. 의사들은 나에게 새로운 경험을 할 수 있도록 해주기 위해 가능한 한 많은 기회를 주었다. 의사들은 또 출산이나 출산을 보조했던 경험이 있는 새 아기의 할머니나 이웃이 출산 현장에 있었음에도 불구하고 내가 갓난아기를 돌보는 동안 앉아서 기다려 주었다. 나는 이 해에 많은 것을 배웠다.

1921년 3월 18일 프라이 학당장이 안식년을 보내던 중 암으로 별세하자 학당장 대리로 일하던 월터 선교사는 곧 후임 학당장(제5대)을 맡아 프라이 학당장이 추진하던 일들을 계속해 나갔다. 그해 여름에는 휴가도 못간 채 유치원 신축, 기숙사 건축 등에 매달렸던 기록을 자서전에 남겼다.[57]

파이 선생과 나는 1921년 방학을 소래에서 함께 보내려고 무척 원했다. 하지만 학교가 수리에 들어가 내가 관여해야 할 일이 너무 많아 파이는 심부름하는 직원 페드로를 데리고 떠나고 나는 나를 도와 줄 수남이와 학교에 남았다. 여름 방학 동안 갈 곳이 없는 학생들은 학교에 머물렀고 항상 손님들도 많았다. 시내에는 외국인도 거의 없어 주일예배는 학교에서 드렸다. 수남이는 학교

57) 위의 책, 260~263쪽.

밭에서 나는 장군풀(대황)과 산딸기 등으로 통조림과 잼을 만들었다. 나는 감미로운 산딸기 잼을 하루에 세 번씩 먹었다.

　1921년 여름으로 기억되는 한 가지 훌륭한 사교모임이 있었는데 미국 영사가 주최한 독립기념일(7월 4일) 행사였다. 영국, 프랑스, 러시아 사람들을 초청해 축하 행사를 했다. 우리는 차로 한강으로 가 7, 8척의 배에 나눠 타고 두 시간 동안 즐겼다. 서울 음악 밴드가 배에 함께 타고 계속해서 연주했다. 그 후 서울이 내려다보이는 언덕에 올라 조선호텔이 준비한 푸짐한 점심을 먹었다. 그다음에 다시 두 시간 동안 배를 탄 후 전차를 타고 집으로

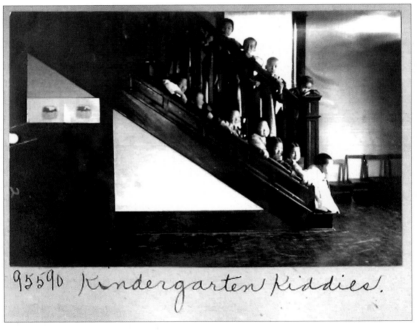

월터 선교사는 유치원을 신축하며 1, 2층 계단 옆에 미끄럼틀을 설치했다.
ⓒ드루대학교/임연철

왔다. 매우 아름다운 추억이 되었다.

나머지 여름 기간은 건축 작업을 했다. 유치원 건물이 올라가는 데 늘 감독해야 할 일이 많았다. 놀이방에 있는 미끄럼틀에 대해서는 내 나름의 생각이 있었다. 그중 하나는 2층으로 올라가는 계단 옆에 바로 미끄럼틀을 세우는 것이었다. 나는 그 같은 구조의 미끄럼틀을 보거나 들은 적이 없어서 대담한 실험을 하는 모양새가 되었다. 처음에는 그 미끄럼틀이 너무 가파르거나 길지 않을까 걱정했으나 작은 어린이들도 전혀 당황해하지 않았다. 아이들은 천천히 타고 내려왔고 좋아했다.

또 놀이방의 위층은 아이들을 학교에 데려오는 조부모들의 응접실로 사용하도록 했다. 조부모들은 모든 아이들과 함께 아래층으로 내려오도록 했는데 이렇게 함으로써 유치원의 일반 원아들이 함께 온 할아버지, 할머니에게 여러 가지를 가르쳐 드리는 기회가 되고 심지어 어린이들이 했던 게임도 가르쳐 줬다.

우리의 주거 구역에 있던 식당도 다시 꾸몄는데 이 과정에서 수많은 쥐가 도망갔다. 그동안 쥐들은 울타리 안으로 몰아넣을 수 없었기 때문에 새끼 고양이들처럼 마당에서 놀았다. 식당 벽에 있는 모든 회반죽을 떼어내고 기부 받은 50달러로 여학생 식당의 식탁과 긴 의자를 새로 마련해 줬다. 방학에서 돌아 온 학생들이 새롭게 단장된 식당을 보고 놀라워했다.

또 다른 큰 프로젝트는 우리 학교 대학생들이 거주했던 손탁호텔을 철거하는 일이었다. 고(故) 프라이 교장을 기념하기 위해 프라이 홀이 될 새로운 기숙사를 짓기 위해 예산이 곧 올 것이라는 말을 들었다. 파이 선생이 그린 건물 조감도로 계획을 세웠고 건설 계약자들이 와서 입찰한 결과, 중국인으로 기독교 신자인 왕씨가 계약을 따냈다. 당시 어머니로부터 편지가 한 장 왔는데 어머니는 내 손을 통해 집행되는 모든 돈을 어떻게 관리하는지 모르 겠다며 금전사고가 날까봐 무척 걱정 하는 내용이었다. 나는 어머 니에게 '훌륭한 보수적인 펜실베이니아 네덜란드 이민자'의 전통 속에서 자랐기 때문에 집안에 불명예가 될 어떤 일도 없을 것이라 고 안심시켜드렸다.[58] 파이 선생과 반 버스커크 박사가 소래포구 휴가에서 일찍 돌아와 몇 주 동안 쉴 수 있었다.

월터 선교사는 1922년 10월까지 제5대 학당장으로 일하고 후 임 앨리스 아펜젤러(Alice Appenzeller)[59]에게 학당장 직위를 넘겼다. 이처럼 빨리 넘긴 이유는 월터 선교사 자신이 교육이나 건축업무 같은 일은 좋아했지만 일제 당국과의 교섭이나 한국인 직원 감독 같은 행정적인 업무는 되도록 피하고 싶어 했기 때문이었다. 또 전 임 프라이 학당장 시절부터 후임 학당장은 아펜젤러가 맡기로 묵 계가 되어 있었기 때문이기도 했다. 프라이 학당장의 입원과 사망 당시 아펜젤러는 미국에서 안식년 중이었다. 학당장 행정 업무를 넘긴 월터 선교사는 1923년 자신이 안식년을 떠날 때까지 새 기숙 사인 프라이 홀의 건축과 기존 건물에 대한 보수작업을 하는데 몰 두했다.[60]

---

58) 월터 교장의 조상은 화란 이민자로 화란 사람들이 더치페이 하듯 돈 관 리를 철저히 하고 있다는 설명이다.

59) 감리교 초대 한국 선교사 헨리 G. 아펜젤러의 장녀.

60) 위의 책, 270~271쪽.

바쁜 1년이 남아 있었다. 캐나다 출신의 사업가인 크로우 씨가 나를 도와주기로 해 매일 아침 나에게 와서 프라이 홀 건축을 위해 무엇을 어떻게 해야 하는지 말해 주었다. 그는 한국 여성과 결혼해 남매를 두었는데 두 아이는 엄마를 닮았다. 그가 죽은 후 엄마는 두 아이를 교육시키기 위해 미국으로 갔다.

건축 계약은 중국 건축가로 기독교 교인인 왕 씨와 했다. 우리 두 사람은 함께 1년 동안 훌륭하게 일을 했다. 왕 씨는 건설 인부들이 일요일에 교회에 가면 온종일에 해당하는 임금을 지급했다. 나는 왕 씨가 정직하다고 믿었지만 건설 인부들은 신뢰할 수가 없었다. 인부들은 시멘트를 섞을 때 석회를 규정된 만큼 정확한 양을 넣지 않아 나는 뙤약볕에 앉아 감독을 해야 했다. 내가 자리를 떠야 할 때는 직원 조만수가 대신 지켰다.

크로우 씨가 보일러를 판다고 해서 나는 3개 빌딩을 덥게 할 수 있는 크고 새로운 것을 샀다. 보일러 시설 관계자들은 2월 3일 내 생일에 불을 붙이기로 약속했다. 이를 위해서는 2, 3일 전부터 준비를 해야 했다. 한국인들은 (3개 빌딩을 따뜻하게 한다는) 보일러의 성능을 믿지 않았는데 켜기 시작하자 모든 곳이 역시 뜨거워졌다. 페드로는 새로운 보일러공이 되어 모든 책임을 맡았다. 나도 일꾼의 도움을 받아 가며 보일러를 어떻게 운영하는지 배우려고 노력했다. 만약 페드로가 아프면 나라도 보일러를 계속 가동할 수 있도록 하기 위해서였다. 이 보일러는 한국에서 가장 큰 기계 시설이었고 페드로는 그의 업무에 대해 매우 자랑스러워했다.

기존 건물에 대한 보수작업과 하루하루 건축 프로그램을 운영하는 몇 달 동안 나는 정말 바빴다. 오랫동안 아침을 먹으러 방을 나서면 저녁 이후까지 방에 돌아오지를 못했다. 이에 따라 어떤 강의도 맡을 수가 없었다. 우리는 대학생을 위한 새 기숙사의 가구 하나하나까지 계획을 세우고 가구의 그림을 그렸으며 모든 치수를 표시했다. 어떤 경우는 잡지에서 보고 가구 그림을 그렸다. 또 벽난로나 창문 의자, 계단에 대한 아이디어를 찾아다니기도 했다. 조만수와 나는 여러 방에다 모든 가구를 배치해 보며 많은 시간을 보냈다.

7월 4일경, 프라이 홀의 준공을 축하하기 위하여 나는 조만수 부부와 건축회사의 왕 씨와 저녁을 같이 했다. 이들은 나와 함께 너무 훌륭하게 일을 했고 우리는 새 건물에 대해 매우 자부심을 느꼈다. 전체 대학 과정 학생들이 1923년 가을에 이사할 수 있도록 모든 준비를 끝냈다. 나는 크로우 씨에게 특별한 도움에 대한 보답으로 500달러를 지불했는데 크로우 씨는 우리에게 그만큼의 돈을 절약하도록 해 주었다고 확신한다. 모든 일을 끝냈을 때 우리는 또 그의 아들에게 새 자전거를 선물로 주었다.

월터 선교사는 1923년 안식년으로 귀국했다가 미국 감리교 선교본부의 추천으로 뉴욕 컬럼비아 대학에서 1925년 교육학 석사 학위를 받고 서울로 귀임했다. 당연히 이화학당에서 교육선교사로 일하려 했으나 그해 평양 정의 여학교 교장으로 있던 딜링햄(G. Dillingham)이 안식년으로 귀국하게 되자 선교본부는 교장 경험이 있는 월터 선교사에게 정의여학교 교장을 맡도록 했다. 월터 선교사와 딜링햄은 1911년 내한 때 같은 배를 타고 왔으며 한국어를 처음 배울 때 같은 방을 쓰기도 했던 친구였다.

월터 선교사가 교장으로 한국에서 마지막으로 일했던 평양 정의여학교. ⓒ드루대학교/임연철

평양의 여학생들이 사진을 찍기 위해 이동하는 모습. ⓒ드루대학교/임연철

월터 선교사는 교장 일을 하면서 영어 교사도 했는데 두 반을 맡아 영어를 가르칠 때 독해력보다 발음과 말하기 위주로 수업을 해 성과가 있었다고 밝혔다. 오랫동안 발음을 따라 하도록 하고 명령문대로 행동하도록 시켜 단어를 이해하게 한 뒤 교과서를 읽게 했다. 이런 방법으로 영어 시간을 재미있게 진행했다.[61]

정의여학교에서 내가 맡은 강의는 7학년 영어이다. 매년 100명 정도의 새 학생이 입학함에 따라 50명으로 된 두 반을 맡게 되었다. 아직도 나는 학생들이 어떤 모습인지 기억하는데 학생들의 얼굴은 모두 똑같은 색깔이고 매우 빛나는 검은 눈동자를 갖고 있었다. 머리는 석탄처럼 새카맣고 가운데 가르마를 했으며 긴 머리를 뒤로 빗어 땋은 뒤 검붉은 리본으로 묶었다. 옷은 모두 검정 치마에 흰 저고리를 입었다.

다른 모국어를 사용하는 어린이들에게 영어를 가르치는 새로운 방법에 대해 조금밖에 들은 게 없고 어떻게 해야 하는지도 잘 몰랐지만 시도를 해봤다. 무엇보다 우리는 한국인들이 문제를 안고 있는 영어 발음을 먼저 연습했다. 그리고 학생들이 말을 시작하기 전에 단어를 듣고 뜻을 알도록 가르치려고 노력했다. 예를 들면 내가 한 학생에게 학생의 이름을 부르고 덧붙여 'stand'라고 말하면 학생이 일어서는 식이었다. 나는 반복해서 'go to door' 혹은 'open the door' 'go to your seat'과 같은 명령어를 말해 지

61) 위의 책, 295~296쪽.

시에 따르도록 했다. 동시에 나머지 49명의 눈과 귀는 그 학생이 잘못하지는 않는지 보고 듣도록 했다. 명령어는 매일 더 복잡해졌고 그 후 우리는 말하기를 시작했고 학생들이 많은 것을 말할 수 있게 된 후 읽기 교재를 꺼냈다. 이들 영어 초보자들에게 했던 것만큼 재미있게 영어를 가르쳐 본 적이 없었다.

가르치는 일보다 학교와 작업 부서의 금전 출납 장부를 기록하는 일이 월터 선교사를 늘 바쁘게 했다. 또 학생 규율을 잡는 문제가 힘들었음을 밝혔다. 월터 선교사는 "학교에서는 규율 교육을 거의 하지 못했다. 한 번은 거짓말한 학생을 집으로 돌려보냈는데 돌아온 후 또 거짓말을 해 그 학생을 다시 집으로 돌려보낸 일도 있다"고 말했다. 또 어떨 때는 두 여학생에게 아버님이 돌아가셨다는 연락이 집에서 왔는데 꾸민 것으로 밝혀졌던 일도 있었다고 기록했다. 두 학생의 아버지가 "죽음에서 깨어났다"라는 식으로 거짓말한 사실이 밝혀져 모두 (퇴학당해) 집으로 갈 수밖에 없었다고 쓰기도 했다.

3) 은퇴 이후의 삶

평양에서 1년간 근무를 마칠 무렵, 월터 선교사의 부친 데이비드가 암에 걸려 여생이 얼마 남지 않았다는 소식을 듣고 그녀는 귀국해 아버지 병간호를 하기로 결심했다. 정의여학교 교장 업무는 전

임 교장 딜링햄이 안식년을 끝내고 돌아옴으로써 후임 문제도 해결됐다.[62]

> 1926년 8월 13일 나는 아버지가 암이라는 소식을 들었다. 정말로 슬픈 소식으로 나는 돌아가야 한다고 생각했다. 그때 그레이스 딜링햄이 휴가에서 막 돌아와 나는 미국으로 가는 배 '엠프레스 오브 캐나다'호에 승선할 수 있었다. 서울에 있는 사람들과 작별 인사를 한 후 9월 10일에는 요코하마에서 미국으로 항해를 시작했다.

월터 선교사는 아버지 사후(1927년 4월) 다시 한국으로 가서 계속 교육선교사 일을 할 생각도 했으나 크고 작은 집안일과 특히 자신의 건강 문제로 포기할 수밖에 없었다. 대신 캔자스 주 위치타(Wichita)에 있는 북부고등학교에서 상담을 주로 하는 가정방문교사로 일을 시작했다. 특히 1932년에는 반년 넘게 장기 투병하는 일이 발생했다. 처음에는 가슴에 문제가 있어 수술했는데 그 후 장기에도 문제가 있는 게 확인돼 세 번이나 수술하는 등 오랫동안 병환으로 시달렸다.[63]

---

62) 위의 책, 303쪽.
63) 위의 책, 318~319쪽.

1932년 북부고가 막 개학을 했는데 나는 가슴 수술을 받으러 들어갔다. 수술하는 동안 데이비드(큰언니의 장남으로 의사)가 함께 있어 주었다. 나는 겨우 반쯤 깨어 있었는데 수술 부위 검사 결과 "악성 종양(암)은 아니다"는 말을 수술 의사가 데이비드에게 하는 것을 듣는 순간 얼마나 기쁘고 흥분됐는지 결코 잊을 수가 없었다.

수술 상처가 천천히 아물기도 했지만, 퇴원을 해서도 집에 오래 있지는 못했다. (다른 증세가 생긴 것인데) 내가 머리를 들거나 돌리기만 하면 의식을 잃는 것이었다. 나와 그레이스 큰언니를 모시고 함께 살고 있던 보이드가 이웃의 도움을 받아 내 머리 부분을 낮은 쪽으로 기울여 차에 싣고 나를 다시 병원으로 데려갔다. 한 달간의 X-레이와 여러 검사를 한 후 대장에서 종양이 발견돼 다시 수술하게 되었다.

10월 24일 두 번째 수술은 혼 박사와 크리텐든 박사가 맡았다. 마취 의사는 슬레이턴 박사였다. 혼 박사는 나에게 수술이 3개 부분으로 진행될 것이라고 알려줬다. 첫 수술 부분은 대장 검사를 포함해 부분 마취 상태에서 오른쪽 창자 안에 튜브를 넣는 것이라고 설명했다. 두 번째 수술은 11월 21일 대장의 끝부분이나 그 이상 부분을 제거하는 것이었다.

1933년 1월 21일 나는 마지막 수술을 받았다. 척추마취를 한 상태에서 의사는 대장에 끼워놨던 튜브를 제거했고 절개했던 부분을 꿰맸다. 이 과정에서 나는 지난번 수술을 받을 때보다 더 많은 통증을 느꼈다.

월터 선교사는 건강상 다시 한국에 가서 봉사하는 것은 어렵다고 생각했다. 대신 고향을 중심으로 귀국한 다른 동료 선교사들과 한국 요리책 출판 수익금으로 이화의 대학 과정 가정학 전공자들이 미국에 유학할 수 있도록 도왔다.[64] 또 위치타 시에서 미국인 175명으로 구성된 '이화의 친구들'과 함께 지속적으로 이화에 대한 후원을 계속했다.[65]

> 위치타에서는 사람들이 해리엣, 매리언과 함께 내가 하는 프로젝트에 대해 점점 알기 시작했다. 많은 그룹의 친구들이 '한국의 친구들' 회원이 되었으며 이들은 어느 정도 책임감을 계속 느끼고 참여했다. 당시 김활란이 총장으로 있는 이화여대에서는 공관을 짓기 위한 자금을 요청해 오고 있었다. 이 같은 요청에 응하기 위해 175명으로 구성된 '이화의 친구들'은 스스로 12개의 소그룹을 구성해 각 그룹이 어떻게 돈을 모을지 궁리했다. 회원들은 대부분 감리교 교인들이었지만 한 소그룹은 장로교 교인들로 구성돼 있었다.
>
> 모두가 몇 달 동안 모금 경쟁을 벌였다. 가장 큰 모금 파티는 모리스의 집에서 열린 것이었다. 소그룹 대표들은 모금한 돈을 전달하면서 어떻게 모았는지를 설명했다. 우리가 김활란 총장의 공관을 짓기 위해 약 1만 달러를 모았다고 편지를 쓸 수 있게 된 것

---

64) 위의 책, 324~325쪽.
65) 위의 책, 326~327쪽.
　김활란, 자서전 『그 빛 속의 작은 생명』, 여원, 1965, 310~311쪽.

은 행복한 일이었다. 하지만 새집은 1955년까지도 짓지 못했는데 한국 전쟁 때문이었다. 공관 건물은 캔자스 위치타의 '이화의 친구들'에 대한 헌사와 함께 '위치타 하우스'로 명명됐다.

월터 선교사는 위치타시의 북부고 가정방문교사에서 1964년 은퇴한 후 콜로라도 주 볼더(Boulder)에 있는 은퇴자 시설 프래지어 메도우즈 메이노(Frasier Meadows Manor)에서 마지막 13년을 보냈다. 1969년에는 자서전 『진 아주머니』를 펴냈고 1977년 6월 26일 별세, 고향 킹맨의 월넛 힐 공동묘지에 묻혔다.

4. "다시 쓰는 한국 역사에서 중요한 위치 차지할 것" - 유석 조병옥 박사

앨리스 샤프 선교사와 지네트 월터 선교사는 교육 분야를 통해 유관순 열사의 첫 스승과 마지막 스승으로 연결되는 진기한 인연을 맺는다. 두 선교사가 남긴 기록에서는 두 사람이 어떤 관계인지 전혀 언급이 없다. 그러나 영명여학교 교감 이규갑과 이화학당 출신으로 모교에서 교사로 있던 이애라를 샤프 선교사와 프라이 학당장이 중매한데서 나타나듯이 샤프 선교사는 이화학당과 긴밀한 유대를 갖고 있었다. 그 연장선상에서 샤프 선교사는 유관순 열사를 이화학당에 편입시킬 수 있었고 유 열사는 월터 선교사로부터 영어, 체육 등을 배울 수 있었다.

월터 선교사는 프라이 학당장(교장) 사후 후임이 되기까지 함으로써 공주에서 영명여학교를 비롯해 충남 일대에 여러 여학교를 운영한 샤프 선교사와는 긴밀히 교류할 수밖에 없는 관계임을 유추할 수 있다. 특히 샤프 선교사는 자신이 추천해 이화학당에 편입시킨 학생 유관순이 순국하자 유 열사의 마지막을 챙긴 월터 선교사에 대해 각별한 관계를 가졌을 것으로 보인다.

한편 샤프 선교사와 월터 선교사는 해방 후 정계의 거목이 된 유석(維石) 조병옥(趙炳玉) 박사와도 각각 유대가 깊어 흥미를 모은다. 지금도 공주 영명고 교정에 가보면 이 학교 졸업생인 조병옥 박사의 흉상이 세워져 있는데 흉상으로부터 10여 미터 떨어진 곳에는 1938년에 세워진 사애리시(史愛理施, 샤프 선교사의 한국이름) 선교기념비가 그대로 남아있다. 영명여학교에서 시작해 영명학교와 영명중으로 발전한 한 교정에서 샤프 선교사와 조병옥 박사는 교사와 학생으로 각각 지냈던 것이다. 조병옥 박사는 1894년 생으로 천안에서 출생, 케이블 선교사 추천으로 영명학교에 편입했고 영명중학을 거쳐 1909년 평양 숭실중 졸업 후 1914년 연희전문을 졸업했다.

월터 선교사와 조병옥 박사는 학생 조병옥이 연희전문 재학 시 월터 선교사가 진행한 청년 성경공부반에 참가함으로써 인연을 맺었다. 월터 선교사는 또 1925년 뉴욕 컬럼비아 대에서 교육학 석사를 받을 때 조병옥은 철학박사 학위를 받음으로써 같은 대학의 동문이라는 특별한 인연을 더하게 되었다. 특히 1925년 1월 월터 선교사가 석사과정을 마치고 서울로 귀임할 때 조병옥 박사는 아르바이트를 하느라 환송연회에 참석하지 못하는 대신 한국학생 클

럽회장이 자신의 글을 대독해 주도록 부탁했는데 월터 선교사는 그 편지를 평생 보관했다가 자서전에 그대로 소개했다. 편지 내용은 당시 유학생들이 가져야 할 사명의식과 월터 선교사와 같은 분들에게 한국은 빚지고 있으며 '다시 쓰는 한국역사'에서 확실히 중요한 위치에 자리 매김 돼야 한다고 강조했다. 천안, 공주와 깊은 인연을 맺고 있는 조병옥 박사의 편지 내용은 다음과 같다.[66]

> 회장님
>
> 내일 저녁 차이니스 가든에서 열리는 월터와 밴 플리트[67] 선생님을 위한 환송 만찬에 매일의 일과에 얽매여 있는 까닭에 참석할 수 없어 너무나 죄송스럽습니다. 이런 상황은 주경야독(晝耕夜讀, Plowing by day and reading by night)[68]이라는 옛 속담처럼 낮 밤이 뒤바뀐 삶을 살아야 하는 불운이기도 합니다.
>
> 어쩌면 이렇게 회장님을 통해 우리가 존경하는 두 분 손님 선생님들에 대해 제가 생각하는 몇 가지를 회원 여러분에게 전달하는 것이 예의가 아닐지도 모르겠습니다.
>
> 우리가 존경하는 두 선생님 같은 분들은 정말 진실한 한국의 친구들입니다. 그들의 젊음을 희생하고 가족을 뒤로하고 떠났으며 그들 개인의 야망과 명예도 버린 채 먼 나라에서 생소한 사람

---

66) 위의 책, 283~284쪽.
67) 학사학위를 받은 동료 선교사.
68) 낮에는 농사짓고 밤에는 책 읽음. 고학하며 공부하는 당시 유학생의 생활을 설명.

들 가운데서 긴 시간 동안 봉사의 삶을 살아오고 있습니다. 두 분은 한국에 대한 사랑이 너무도 컸고 우리 국민에 대한 믿음과 그들의 목표에는 끝이 없었기 때문에 그 같은 봉사를 할 수 있었습니다. 이곳 미국 해안에서 고요한 아침의 나라로 배를 타고 가고 또 우리나라의 구원과 재건을 위해 죽도록 최선을 다하시는 두 고귀한 분은 다시 쓰는 한국의 역사에서 확실히 중요한 위치에 자리매김할 것입니다. 언더우드와 아펜젤러 같은 이름과 그와 같은 분들은 우리 학생들 사이에서 가장 소중히 생각하고 존경하는 분들입니다.

우리 한국인 클럽의 회원들이 아주 부족하지만 월터 선생님과 밴 플리트 선생님에게 두 분의 한국(독립) 대의(大義)에 대한 사랑과 헌신에 대해 감사의 뜻을 표시하는 것이야말로 너무도 적절한 일이 아닐 수 없습니다. 두 분은 이제 한국과는 누구나 부러워하는 위대한 대학이라는 월계관으로 엮여 있습니다. 두 분이 (한국으로) 떠남으로써 가족과 친구들은 두 사람을 잃었지만 우리는 얻는 사람들이 되었습니다. 우리가 국내에서 국민들과 함께 (두 분의 한국 귀환을) 반가워할 때 동시에 우리는 두 분의 가족과 친지들에게 위로의 마음을 가져야 합니다. 왜냐하면 두 분은 미국에서도 원하는 분들이 많기 때문입니다.

우리는 우리 자신에 대한 어떤 성찰 없이 두 분의 봉사에 대해 무심코 지나치도록 해서는 안 된다고 생각합니다. 미국이나 유럽에서 공부하고 돌아온 학생들이 '돈과 명예'에만 관심 둔다는 여론의 비판에 대해 반성하는 자세가 필요합니다. 극단적으로 되는 것은 불행한 일입니다. 그 같은 종류의 비난을 피하고 우리 자신을 국가와 민족을 위하도록 만드는데 '헌신과 봉사, 희생의 삶을

사는 것' 이외에 다른 방법은 없는 것 같습니다. 존경하는 두 분 손님은 그 같은 삶을 사는 실제 사례입니다. 우리 같은 모든 사람 중에 누가 명예와 부를 싫어하겠습니까? 명예와 부는 인간을 행동하도록 만드는 필요한 동기일 수도 있지만, 그것들이 우리 삶의 이상을 대치하지는 못할 것입니다.

유관순 열사와 스승으로 인연을 맺은 두 선교사는 기묘하게도 유석 조병옥 박사와도 인연이 이어진다. 조병옥 박사의 편지 글 중 중요한 대목은 "우리나라의 구원과 재건을 위해 죽도록 최선을 다하시는 두 고귀한 분은 다시 쓰는 한국의 역사에서 확실히 중요한 위치에 자리 매김할 것"이라는 내용이다. '다시 쓰는 한국의 역사'란 해방과 독립이 성취된 대한민국의 역사를 의미하는 것이나 아직까지 월터 선교사는 중요한 위치에 자리 매김 받지 못하고 있는 게 현실이다.

이에 비해 샤프 선교사는 필자가 2019년 쓴 전기 '이야기 사애리시'의 내용을 토대로 공적조서를 쓴 결과, 2020년 3월 국민훈장 동백장을 추서하기로 국무회의에서 의결, 5월 필자와 사애리시 기념사업회가 대리로 수훈했다.[69]

---

69) 원래 훈장은 후손이 받아야 하나 코로나19로 오지 못해 사애리시 기념관 (천안하늘중앙교회)에 보관돼 있으며 코로나19 해제 후 캐나다 유족에게 전달될 예정이다.

"한 아이를 키우려면 온 마을이 필요하다"는 아프리카의 속담이 있다. 마을은커녕 나라도 없는 일제 강압통치의 현실에서 샤프와 월터 선교사는 유관순 열사의 스승으로서 교육을 통해 '마을'의 역할을 했고 장례까지 주도하면서 나라의 역할을 대신 했다. 두 사람과 이런 저런 인연으로 맺어진 조병옥 박사의 제안처럼 두 선교사를 비롯한 많은 무명의 선교사들이 '다시 쓰는 한국 역사'에서 확실히 중요한 위치에 자리 매김 될 필요가 있다.

참고문헌

김활란, 자서전 『그 빛 속의 작은 생명』, 여원, 1965.
동아일보 1938년 9월 5일 자.
영명고100년사 편찬위원회, 『영명100년사』, 2006.
임연철, 『이야기 사애리시』, 신앙과지성사, 2019.
임연철, 『지네트 월터 이야기』, 밀알북스, 2020.
Korean Independence-March 1, 1919.

송충기

공주대학교 사학과 교수

서울대학교 서양사학과를 졸업하고 독일 보홈대학교에서 박사학위를 받았다. 현재 국립공주대학교 사학과 교수로 재직 중이다. 저서로는 『토건이 낳은 근대: 일제강점기 공주의 풍경』(2017), 『서양사강좌』(공저), 『나치는 왜 유대인을 학살했을까?』 등이 있고, 역서로는 『히틀러와 홀로코스트』, 『옥시덴탈리즘』 등이 있다. 「'역사로의 회귀'와 동독에 대한 기억」, 「나치시대 콘라트 로렌츠의 학문과 정치」, 「노르베르트 베버(Norbert Weber) 신부의 공주여행기: 선교사에서 순례자로」 등 여러 편의 논문을 썼다.

유관순을 키운
공주감리교회의 기억과 역사성

1. 유적의 무형적 가치

유관순이 성장한 공주 감리회공동체의 유적은 현재 안타깝게도 거의 사라지고 없다. 지금 남아 있는 것으로는 공주제일교회 건물, 선교사가옥, 선교사묘역(선교사 가족의 묘역이라고 해야 더 정확하다!)뿐이다. 앞의 두 가지는 이미 등록문화재로 등록되었고, 후자는 추진 중에 있다. 이에 반해 유관순이 다녔던 영명여학교를 비롯한 수많은 건물과 의료 및 사회복지에서 중요한 역할을 수행했던 옛 중앙영아관은 사실 민망할 정도로 흔적조차 찾아보기 힘들다. 역사유적을 잘 활용하기 위해서는 무엇보다도 역사적 진정성이 있어야 하고, 그것은 바로 문화유산의 물리적 형태에서 잘 드러난다. 눈으로 곧바로 확인할 수 있는 물리적 형태가 있어야 그것의 역사적 의미가 잘 전달될 수 있다. 그러한 의미에서 이렇게 공주지역의 선교유적이 사라진 경우, 문화유산의 활용은 심각한 어려움에 직면하기 마련이다. 특히 유관순과 관련된 유적은 거의 존재하지 않기 때문에 더욱 그러하다.

그렇지만 문화유산의 가치는 그것의 물리적 형태로만 생겨나지 않는다. 형태가 존재한다고 유적의 의미가 저절로 부여되는 것이 아니기 때문이다. 이보다 더 중요한 것은 현재 우리가 그 유적에 대해 느끼는 의미와 가치이고, 그것을 부여하는 문화적 활동이

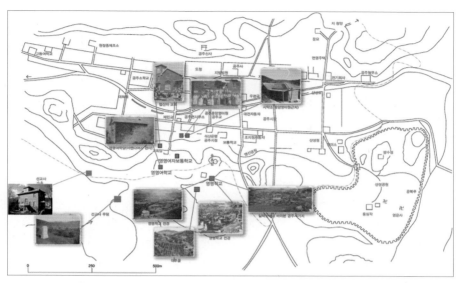

공주에 있는 감리회공동체의 유적들

다.[1) 감리회공동체의 유적도 마찬가지이다. 비록 시간이 지나면서

---

1) "스톤헨지, 시드니 오페라하우스 … 등의 장소는 원래부터 가치가 있던
   것도 아니고, 또 본래적인 의미를 전해주는 것도 아니다. 그렇다면 무엇
   이 이들을 가치가 있고 의미가 있게 만드는가? … 그것은 이것들을 중심
   으로 현재 진행되는 문화적 과정과 활동이다. … '문화유적'에 대한 전통
   적인 서구식 설명은 문화유산의 물질적 토대를 강조하는 경향이 있다. …
   그렇지만 문화유산은 그것의 보존/보전 및 관리의 과정을 거쳐서 만들어
   지기 **때문이** 아니라, 간단히 '**그러한 존재**'이기에 문화유산이다. 그러한
   과정은 단지 관리하고 보호할 유적지와 장소를 '발견하는 것'이 아니다.
   이것 자체가 현재의 문화적 사회적 가치, 논쟁 그리고 열망을 담은 '문화
   유산'으로서 의미와 가치를 부여해줄 수 있는 물건과 장소를 확인하는
   구성적인 문화적 과정이다."(강조는 원저자) Laurajane Smith, *Uses of*

그것의 물리적 형태는 사라졌지만, 그것의 의미는 오히려 더 새롭고 더 강하게 다가온다. 그러니 유적이 거의 사라졌다고 해도, 진정한 의미의 문화유산은 그것에 현재적인 의미를 부여하는 우리의 문화 활동이 만들어가는 셈이다. 이러한 점은 무형의 문화유산에 특히 더 적용된다.

그렇다면 유관순의 흔적이 거의 남아 있지 않은 공주 감리회공동체의 유적에서 무형적 가치를 어떻게 찾아내고 활용할 수 있을까? 우선 가장 쉽게 생각할 수 있는 방법은 유관순의 명성에 기대는 것이다. 전국적인 독립의 아이콘인 유관순의 이름만 내걸려도 모두가 발걸음을 멈추고 한번 들여다볼 것이기 때문이다. 그러한 '문화마케팅'의 놀라운 효과를 외면할 수 없다. 물론 이러한 문화마케팅은 일단 '장소의 진정성'이 확보되어야 가능하다. 그렇지 않을 경우 오히려 실망을 낳고 장기적으로는 부작용이 더 클 것이기 때문이다. 그래서 많은 지자체들이 사활을 걸고 위인의 탄생지를 부각시키거나 조금만 연고가 있으면 그것을 확대재생산하는 데 매진한다. 전국적인 인지도가 있으면 최소한의 홍보효과는 따 놓은 당상이다.

하지만 공주 감리회공동체의 유적도 유관순의 지명도에 기대어도 좋을 만큼 '장소의 진정성'이 있는가? 물론 명확한 답을 내기 어려울 것이 분명하다. 학교를 다닌 것도 분명하지만 직접적인 물증

Heritage, London and New York, 2006, p.3.

자료가 없고 따라서 장소성이 희박한 것인데 계속 이것을 강조하다보면 억지만 쌓이고 기억을 강요하게 된다. 장소성이 힘을 발휘하는 것은 지역에서 주민들의 기억이 살아 있고 그것을 통해 '문화적 기억'으로 형태로 전수되어 집단기억으로 존재할 때이다. 그런데 유관순에 대한 학술적 연구를 지역주민에게 학습하여 인위적으로 없었던 지역주민의 기억을 만들어 낼 경우, 기억이 주는 풍부함과 장소성이 사라져 제아무리 주민들에게 역사공부를 강요한다고 해도 곧 사라지고 만다.

이것뿐만이 아니다. 지역주민의 집단기억과 장소성이 중요한 것은 그것이 지역의 독특성을 만들어내기 때문이다. 그런데 역사연구는 그러한 풍부함을 간직하는 것이 아니다. 유관순에 대한 학술연구는 기본적으로 객관적 검증을 통해서 가능한 과거의 실체를 이해하려는 것이다. 그러므로 그것을 가장 보편적인 성격을 지닌다. 이것은 지역의 독특성과 아무런 관련이 없다. 결국 보편적인 학술연구를 통해서 공주지역의 독특한 기억을 만들어낼 수는 없다. 유관순에 대한 보편적인 상을 공주에 적용하는 꼴이 된다. 그러므로 여기에서는 지역의 독특성도 기억의 풍부함도 기대할 수 없다.

이렇듯 유관순의 전국적인 명성에만 기대어 공주의 장소성을 홍보하는 것은 장기적으로 좋은 효과를 기대하기 힘들다. 끊임없이 주민들을 교육함으로써 그것이 일종의 문화적 기억으로 남아 있도록 최면을 걸어야 한다. 이것이 가능하긴 하지만 그에 대한 '투자'는 무한정으로 이루어져야 한다. 게다가 콘텐츠의 내용도 그 보편적인 성격 때문에 풍부하지 않을뿐더러 지역의 독특성까지 포기해야 한다. 따라서 이러한 전략은 투자 대비 별다른 실익이 없다. 한마디로 유관순 생애의 보편성은 여기보다 독립기념관이나 서대문형무소 혹은 이화학당을 찾아보는 것이 더 나을 것이다.

그렇다면 공주에서는 유관순과 관련해서 어떠한 문화유적을 어떻게 부각시키는 것이 나을까? 한마디로 유관순을 '키운' 감리교공동체의 유적을 부각시키되 강조점이 유관순이 아니라 '키움'에 두어야 한다. 공주에서는 유관순의 애국심과 독립운동을 강조하기보다는 당시 그 어려운 상황에서도 여성이 어떻게 교육을 받아서 독립운동의 아이콘이 되었는가를 강조해야 한다. 그러므로 감리교공동체가 어떻게 여성교육을 실천했는지를 강조하는 것이 공주에서 유관순을 기억해낼 수 있는 좋은 통로이다. 이에 관련된 유형의 유적은 아쉽게도 많이 사라졌지만 그래도 이에 관련된 무형의 콘텐츠는 남아 있기 때문에 아직은 가능할 것으로 보인다.

두 번째는 주민의 기억에 기초한 문화콘텐츠의 발굴이다. 앞서 말했지만 무형의 문화유산을 잘 활용하는 방식은 역시 문화콘텐츠이다. 하지만 제아무리 잘 구성된 문화콘텐츠라도 주민의 기억과 연결되지 않으면 장기적으로 잘 활용되지 않는다. 대부분 문화콘텐츠는 외부의 전문가에 의존하여 지역의 특색이 잘 드러나지 않는다. 하지만 외부의 전문가에 의존하다보면 내용의 기술적 표현은 훌륭하지만 지역의 특색과 결합하지 못하는 아쉬움을 종종 남긴다. 특히 역사유적의 경우 주민의 기억과 세밀하게 조응해야 주민의 호응을 얻어내고 결과적으로 더 풍부해진다. 곧 콘텐츠를 표현하는 기교보다는 콘텐츠의 내용이 더 중요하다는 뜻이다.

세 번째는 문화유적의 앙상블이다. 문화유적의 장소성에서 특징의 하나는 기억의 중첩이다. 특히 지역주민의 경우 다양한 기억이 여러 장소와 연결되어 있다. 따라서 여러 시대적 기억과 다양한 문화적 기억이 중층적일 경우 여러 장소를 모두 아우르는 일종의 '앙상블'을 만들어내는 것이 중요하다. 앙상블에서 또한 빠질 수 없는 것이 기억의 경관이다. 케빈 린치(Kevin Lynch)가 지적한 대로, 도시란 다양한 요소를 갖춘 여러 지역이 모여서 이루어진 하나의 종합체이기 때문에,[2] 문화유적의 도시도 그 여러 지역적 요소 가운데 단순히 한두 개를 추려내어서 그것으로 종합적 이미지를 내세울 수 없다. 그러므로 중요한 것은 감리회공동체의 이미지도 공주 전체의 이미지 속에서 파악되고 구성될 필요가 있다는 점이다.

2. 공주 감리회의 여성교육: 여성교육박물관

선교사의 여성교육을 강조하고자 할 때 가장 시급한 것은 여성교육 박물관을 설립하는 것이다. 이미 공주제일교회 박물관에 공주지역 선교사업과 관련된 내용이 있기 때문에 단순히 공주에서 선교활동을 벌인 내용을 연대기적으로 설명하는 것으로는 의미

---

2) Kevin Lynch, *The Image of the City*, Cambridge: The MIT Press, 1960.

선교사 가옥

가 부족하다. 그렇다고 영명학교의 역사관에서 제시된 것과 비슷한 내용을 담아서도 효과가 없다. 따라서 이 선교박물관은 기존의 공주제일교회 박물관과 영명역사관과 중복되지 않도록, 주로 여성선교사, 특히 사애리시, 보아진, 서사덕 등 공주지역에서 헌신적으로 선교활동을 펼쳤던 여성선교사를 중점적으로 소개하는 박물관으로 조성하는 것이 합당하다. 이와 관련하여 선교사 가옥이, 만약 최근 주장되는 것처럼, 사애리시의 거주지였다면 더욱 뜻깊을 것이다.

선교사 가옥은 중학동 산기슭에 위치하여 일단 전망이 가장 좋은 곳이다. 원래는 『공주시지』(2002)와 『영명구십년사(永明九十年史)』

의 기록에 따라,[3] 사애리시 선교사 가옥으로 알려졌던 것이지만, 나중에 아멘트 선교사의 사택으로 정정되었다.[4] 하지만 최근에 다시 사애리시 가옥이었다는 주장이 설득력을 얻고 있다. 대지는 3,357㎡이고 건축면적은 98.2㎡, 연면적은 340.8㎡으로서 지상 3 층, 지하 1층짜리이며 건물의 최고높이는 11.2m이다. 옥외 화장실 1동이 건립되어 있다. 공주 도심의 선교유적 중 진정성과 장소성이 가장 잘 유지된 곳으로 현재 문화재로 지정되었지만 그 활용도는 낮은 편이다.

이곳을 감리회 여성교육박물관으로 조성하는 것이 타당해 보인 다. 일단 보존의 측면에서도 지금처럼 거의 사용하지 않는 것보다 무엇인가 활용하는 것이 보존하는 데에도 유리하다. 이곳은 진정 성과 장소성이 확보되어 있기 때문에 전시공간이 마련될 경우 역 사적 의미를 잘 전달할 수 있을 것으로 보인다. 특히 여성 선교사 의 여성 교육에 초점을 맞춘다면 당시의 풍부한 현장감을 전시공 간에서 많이 사람들이 확인할 수 있을 것으로 기대해볼 수 있다. 게다가 지리적으로 언덕 위에 위치하기 때문에 구도심의 전반적인 경관이나 이미지를 확보할 수 있는 곳이다. 일단 이곳에서 전시를

---

3) 공주시지 편찬위원회, 『공주시지』, 2002, 468쪽.
   永明中 · 高等學校, 『永明九十年史』.
4) 문화재청, 『공주 중학동 구 선교사 가옥 기록화 조사 보고서』, 2007, 20 쪽, 22쪽.
   이덕주, 『충청도 선비들의 믿음이야기』, 도서출판진흥, 2006, 221쪽, 228쪽.

선교사 가옥에서 본 시내 조망

통해 전반적인 역사적 상황을 머릿속에 그린 뒤에 구도심의 투어를 시작하거나 아니면 반대로 구도심 여러 곳을 방문한 후에 이곳에서 역사적 설명과 더불어 전체적인 이미지를 확보하는 것이 가능하다.

다만 문제는 빈약한 콘텐츠이다. 박물관을 만들어 전시공간을 조성할 경우, 무엇으로 그 내용을 채울 것인가? 전체 공간 가운데 일부는 휴게시설과 관리시설이 들어간다고 해도 1층과 2층을 전시공간으로 꾸며야 하는데, 그 내용에 걸맞은 유물과 콘텐츠가 가능한가? 선교교육에 대한 박물관을 조성할 경우 가장 중요한 것은 유관순이 공주의 선교사로부터 교육받는 과정을 효과적으로 보여

주는 일이다. 물론 공주지역에는 여성선교사들이 적지 않았으니, 현실적으로 불가능한 것으로 보이지 않는다. 게다가 영명여학교 등의 자료도 있고 사애리시에 관련된 여러 기록과 사진도 남아 있어서 가능하다.

특히 다행히도 이 건물에 대한 사애리시 다음과 같은 기억이 박물관의 콘텐츠를 만드는 데 중요할 것으로 보인다. "여름 내내 우리는 돌 두개 사이에 솥을 놓고 불을 지피는 작은 한국식 집에서 살았다. 그리고 우리의 침실은 너무나 지붕이 낮아서 일어설 때면 항상 머리를 부딪칠 걱정을 하였다. … 이 집에 사용되는 모든 것은 즉석에서 만들어졌다. 심지어 벽돌들도 거기에서 구웠고, 모든 나무들도 우리의 감독 하에 마련되었다. 남편은 수 마일을 가서 나무를 구해왔고, 한번은 그의 작은 말 〈딕〉을 타고 급류를 건너다가 거의 빠져 죽을 뻔했다. … 우리는 유리를 잘라서 거의 모든 창에 끼웠고, 페인트 칠, 기름칠, 광내기를 손수 했다"라고 기술하고 있다.[5] 그리고 이렇게 만들어진 샤프 선교사의 집은 많은 사람들의 탄성을 자아냈다. 많은 한국인들이 놀러와 이방 저방 구경하고서는 "목사 당신은 천당에 갈 필요가 없겠소!", "우리는 돼지같이 사는데 여기는 얼마나 깨끗한가?"라고 말하였다. 공주 스테이션의 이 집은 지역의 명물이었고 동경의 대상이었던 것이다.

---

5) 홍석창, 『천안 공주지방 교회사 자료집 1902~1930』, 1993, 206~208쪽.

3. 주민의 기억과 스토리텔링

유관순을 기념하는 일과 관련해서 해야 할 사항은 유관순 스토리의 수집과 활용이다. 먼저 유관순에 대한 스토리가 수집되어야 할 것이지만, 현재로서는 스토리가 분명히 부족하다. 유관순이 이곳에서 교육을 받은 사실은 여러 정황으로 보아 분명하지만, 이에 관한 역사적 증거도 부족하니 이곳에서 나오는 콘텐츠가 유관순이 공주에서 활동한 사항이나 혹은 교육받은 내용으로 구성되기보다는 전체적인 생애사를 단순히 반복하는 데 그치고 있다. 박물관을 조성할 경우이든 유관순길을 조성하든 여러 콘텐츠가 필요하겠지만, 다른 곳이 아닌 이곳 공주에서 자라난 내용에 집중해야한다. 하지만 여러 사정으로 보아 이에 대한 스토리가 더 풍부하게 될 가능성은 그다지 많지 않다. 그렇다면 여성 선교사들이 활동하거나 교육한 내용을 더 풍부하게 만들 필요가 있다.[6] 이를 테면 유관순이 아닌 어느 여성이라도 당시 영명여학교에 다녔다면 배웠음직한 내용이어야 하고, 당장 애국심을 배우진 않았지만 훗날 애국심으로 승화되었을 신앙심이나 자립심에 더 초점을 맞추어야한다.

특히 유관순과 비슷한 학생이 여기서 교육을 받고 자라난 경우에는 간접적인 콘텐츠가 충분히 될 수 있다. 물론 유관순의 경우처

---

6) 최근 (사)한국선교유적연구회에서 미국에 살던 사애리시의 제자 박한나 권사를 만나 인터뷰한 내용이 그러한 사례에 속한다.
http://missionstay.or.kr/

럼 조국을 위해 생명을 바친 경우는 아니더라도 영명학교에서 애국심을 기른 여학생의 경우가 우리에게 충분히 감동을 줄 수 있고, 유관순을 기억하게 하는 데 중요한 구실을 할 수 있다. 대표적인 인물이 유관순의 사촌오빠인 유경석(영명학교 졸업)과 결혼한 노마리아이다. 흔히 최초의 여성경찰서장으로 잘 알려진 그는 유관순의 활동에 대한 구술 인터뷰도 남겼다.[7]

"지금으로부터 55년 전 기미년인데 그해 봄에 고종 황제가 승하하셨어. 승하하시고 난후 서울에서는 모든 국민이 나가서 망곡을 하고 대한독립만세를 부르고 각 학교에서도 나가고 그랬어. 그런데 이화학당에서 친 시누이 유애득(덕)-(류예도)-하고 사촌 시누이 유관순하고 사촌형제가 학교에서 폐쇄령이 내려져서 천안으로 내려왔어. 천안으로 내려와서 있는데, 그때 우리 내외는 그때 충청남도 아산 둔포초등학교에서 교편을 잡고 있다가 1차 대전이 끝나고 물가는 고등하고 그러니까 다 내놓고서 천안 집으로 시댁으로 내려와서 있었어. 그런데두 달도 못 돼서 관순이 하고 애득(예도)이 하고 서울서 내려와서 저녁이면 나가고 해서 어딜 나가나 알아봤더니 3·1일 아우네 장터 장날 만세 부를 거 운동하면서 돌아다니면서 태극기도 만들고 모든 사람에게 계몽하고 선전하고 그렇게 돌아다녔어. 3·1일 나가는데 나도 나간다고 그랬

---

7) 이규덕, 「기독교 여성 민족운동가 노마리아에 대한 연구」, 감리교신학대학교 대학원 석사학위논문, 2008, 52쪽 이하 〈노마리아 녹취록〉

유관순을 키운 공주감리교회의 기억과 역사성 185

더니 관순이가 말하기를 형님은 애기가 있고 가정부인이니까 나가지 말라고 그러더라구요. 가정부인은 이 나라의국민이 아니냐? 나라사랑하는 마음을 발휘할 수 없느냐? 그것이 무슨 소리냐 하고서, 아침을 부지런히 먹고 머리 빗고 옷 갈아입고 애기 손을 잡고 나갔어. 장터를 갈려면 관순 네 집을 지나야 가. 관순네 집에 가니까 동네 여자라는 여자는 다 모였어. 그런데 조병옥박사 어머니가 아이고 아이 애미 어째 얼굴이 이렇게 부었느냐고 하고, 모르겠다고 하니, 어디 보자고 하더니 이쪽 얼굴을 자세이 자세이 보더니 큰일 났다고, 물린 자국도 없고 부었으니 틀림없는 풍단이라고, 바람 쐬지 말고 집에 들어가서 약바르고 하라고, 내가 풍단이라고 하면 우리 어머니가 몇 해 전에 앓은 일이 있어서 놀랐거든. 무서워. 무서워서 장터로 안 나가고 집으로 들어갔어. 집으로 가기 전에 먼저 조 박사 네 집으로 들어가서 고추장메주 쑤었으니 방이 뜨거우니 들어가 있으라고 하고, 새우젓국을 바르라고 하더라고. 들어가서 젓국을 바르고 점심을 차려줘서 먹고 있으니, 장터에서 대한독립만세 부르는 소리가 이쪽 산 너머까지 우렁차게 나와. 그래서 당시 마음이 들떠서 살 수가 있어야지. 그래서 조(조병옥) 박사 제수하고 그 이도 애기를 없고, 나도 애를 없고 산으로 올라갔어 (이하 생략).

이러한 점에서 유관순이 학교에 다닐 때에 무엇을 배웠고 어떠한 일을 했는지도 자세히 들여다 볼 필요가 있다. 물론 영명학교 책에서는 당시의 교과목과 선생님들을 확인할 수 있지만 그때의 생생한 내용을 찾기란 어렵다. 이러한 점에서 시기는 좀 다르지만 당시 뒤늦게라도 영명학교를 다녔던 사람들이 남긴 구술을 찾아보는 것이 유용하다. 여기서 중요한 것은 유관순의 애국심만 강조해서는 안 된다는 점이다. 애국정신이 일상생활에서 출발한 것임을 이해시키는 것이 중요하기 때문에 일반적인 생활상 전체를 확인하는 것이 필요하다. 사실 유관순이 영명학교에 있을 때에는 상당히 어린 나이였기에 애국심이 말로 설명해서 이해했을 것 같지 않다. 따라서 일상적인 생활에 충실했던 모습이면 충분할 터이다.

예컨대 영명여학교를 다녔던 황소조의 구술이 있긴 하지만, 영명학교가 나중에 실습학교로 전환했기 때문에, 유관순이 다녔던 시절과 교과목이 많이 달랐다. 하지만 이것 역시 여성교육이라는 측면에서 중요한 콘텐츠이다. 그녀에 따르면, 당시 영명학교에서는 여성들의 실습을 중요시하여 요리와 재봉을 배우도록 했던 것이다. 오전에는 인문적인 공부를 했고 오후에는 실습과목을 가르쳤던 셈이다. 실습과목도 남학생과 여학생이 서로 달랐는데, 남학생에게는 가축돌보기와 농사이론을 그리고 여학생에게는 요리와 재봉을 가르쳤다. 황소조님의 구술에 의하면 수업에서 베짜기는 중요한 과목이었다. "베를 짜면 이 북딱지에다 실을 감아요. 실을 감는디 이제 점심을 먹고 나서 그 다 뜰로 해서 물레들 하고 놀고 그러잖아요. 인저 친구들끼리 모여서 놀고 그러면 난 점심을 싹 굶어요."[8]

그렇지만 스토리가 수집되었다고 해서 저절로 잘 활용되는 것은

---

8) 공주학연구원 소장 자료.

감리회의 역사를 정리한 문헌

아니다. 스토리보다는 스토리텔링이 더 중요한데, 스토리텔링에서
핵심은 스토리 자체가 아니라, 그것을 '텔링'하는 사람의 경험이다.
발터 벤야민이 잘 지적했다시피, 스토리는 이미 텍스트를 통해 일
정하게 정해져 있다.[9] 문제는 그것을 말하는 사람이 자신의 경험
속에서 그 스토리를 녹여내야 한다는 점이다. 앞서 말한 대로, 유
관순의 스토리는 역사가들이나 전문가들에 의해 발굴되고 정리된
다. 다만 텍스트의 형태로 말이다. 이 '스토리'를 자신과 경험으로

---

9) Walter Benjamin, "The Storyteller; Reflections on the Works
of Nikolai Leskov,"[독일어 원제목은 Erzähler: Der Erzähler.
Betrachtungen zum Werk Nikolai Lesskows] in *The Novel: An
Anthology of Criticism and Theory 1900-2000* ed. by Dorothy
Hale, Malden Mass.: Blackwell Publishing, 2006.

녹여내어 '텔링'하는 사람은 지역의 주민이다. 따라서 주민과 공동체의 기억을 우선 복원할 수 있느냐하는 것이 유관순의 스토리텔링에서 관건이 된다.

감리회공동체에 대한 유적이나 유물이 잘 보존되어 남아 있는 것이 적기 때문에 전반적으로 스토리 등의 발굴이 절실하다. 이에 대한 연구나 조사가 여전히 부족한 편이다. 영명학교나 공주제일교회 100년사가 나왔지만, 중복되는 내용이 많고 스토리도 풍부하지 않다. 다만 최근 사애리시 등 선교사들의 활동에 대한 연구나 선교유적에 대한 자료수집, 그리고 당대인들에 대한 구술 등이 진행되고 있는 점은 아주 긍정적이다.[10]

4. 문화적 기억의 외연적 확장

유적의 역사성은 그에 대한 연구와 조사로 시작한다. 공주제일교회와 영명학교는 각각 백년사를 간행함으로써, 역사적 자료를 확보하고 그에 대한 기본적인 콘텐츠를 만들었다. 이를 바탕으로

---

10) 최근 나온 글로는 다음과 같은 것들이 있다.
　　임연철, 『선교사 史愛理施 전기』, 2016(가제본); 장길수, 「공주 근대 여성 교육의 선구자 사애리시」『공주의 인물2, 교육자편』, 공주문화원 부설 향토문화연구소, 2015, 95~112쪽; 지수걸, 「공주의 '청라언덕'과 미국인 선교사들」『웅진문화』, 2013; 충청남도역사문화원, 『공주 근대사 자료집(개신교편)』, 공주시, 2012; 황미숙, 「선교사 마렌 보딩(Maren Bording)의 공주 대전 지역 유아복지와 우유급식소 사업」『한국기독교와 역사』 제34호, 2011, 165~187쪽.

공주제일교회는 등록문화재로 등재했고 건물 안에 박물관을 설립하여 홍보 등 여러 활동을 벌였다. 몇 년 전에는 공제의원 자리에 양재순 장로를 기리는 기념비를, 올해에는 공주제일교회 담임목사를 역임했고 민족대표 33인 가운데 한 사람이었던 신홍식 목사의 동상을 세웠다. 영명학교도 2006년에 100주년 기념식을 성대하게 치르면서 기념탑을 세운 데에 이어, 최근 개교 110주년을 맞이하여 〈영명역사관〉을 개관했다. 사단법인 한국선교유적연구회[11]와 공주기독교역사위원회는 최근 선교사가옥에서 공주선교역사 사진전을 갖는 등 여러 활동을 전개하고 있다. 이들 단체는 공주시와 함께 〈유관순길〉의 조성을 추진했는데, 개신교 신자들을 중심으로 공주제일교회, 선교사 가옥과 선교사 묘역을 중심으로 이곳의 유적을 전체적으로 답사하는 코스를 조성하고 여러 차례 답사행사를 진행하여 왔다.

그럼에도 불구하고 아쉬운 점은 역시 다른 유적과 연계성이 여전히 부족하다는 점이다. 공주에 있는 감리회 유적들의 특징과 현황을 살펴보면 가장 눈에 띄는 것이 바로 주변에 시대적으로나 내용상으로 다양한 문화유적이 산재한다는 점이다. 구석기 석장리 유적부터 시작하여 백제유적은 말할 것도 없고 고려유적과 감영과 우금치 등 조선시대 유적도 적지 않고, 게다가 일제강점기 유적도 많다. 또한 교육시설, 종교시설, 사회사업시설, 생활공간 등이 결합

---

11) http://missionstay.or.kr/

유관순길 조성도

된 종합유적의 형태를 띄고 있다. 게다가 이러한 유적들이 서로 멀지 않은 곳에 있어서 한 번에 돌아보기 쉽다. 중동성당, 구읍사무소, 충남역사박물관, 대통사지 등은 아주 가까워서 걸어서 바로 닿을 수 있는 곳이고, 멀다고 여겨지는 우금치나 석장리 구석기 유적도 차로 10분이면 다다를 수 있다.

공주에서 교육받은 유관순의 생애에 관련을 지어 지금까지 나온 가장 구체적인 방안으로는 일단 〈유관순길〉 조성이다. 선교유적을 기능에 따라 몇 지역(예컨대, 교육, 의료 및 사회사업, 종교, 생애, 생활)으로 나누고 각 지역을 잇는 여러 〈선교유적길〉을 조성하되, 그 가운데 하나를 〈유관순길〉로 명명하는 것이다. 이 사업은 이미 공주기독교 역사위원회 등에서 실제로 시행하고 있고 도시재생사업에서도 비

숫한 작업을 하고 있다. 다만, 〈유관순길〉을 어떻게 정비할 것인지, 혹은 그 길을 걷는 사람에게 어떤 콘텐츠를 제공할 것인지, 또 다른 지역에서 기념하는 방식과 어떻게 차이를 둘 것인지 하는 물음이 남아 있다. 디지털을 이용하여 상세한 정보를 제공하고, 유관순이 독립만세를 외치는 그림을 그리고, 포토존을 만들고 하는 등등은 이미 다른 곳에서 시행되고 있는 것이라, 이것들을 피하는 방법을 찾아야 한다.

앞서 말한 대로 감리회공동체 유적은 그 자체로도 다양한 내용이 포함된 종합유적이다. 그렇지만 종합유적으로서 충분히 활용되고 있는지는 의문이다. 이들 유적의 활용은 제각기 특성을 살려서 최적화해야하지만, 전체적으로 앙상블(ensemble)의 효과도 내야한다. 예컨대 공주제일교회는 종교적 활동에, 영명학교는 교육활동에, 공주기독교사회복지관은 복지 및 의료 활동에, 선교사묘역은 선교사의 일생에, 선교사가옥은 일상적인 선교생활에 집중하되, 전체적으로는 서로 중복되지 않으면서 조화롭게 배치되어야한다. 이러한 방식은 '내포적 기억화'라 칭할 수 있다.

그렇지만 다른 한편으로 '외연적 기억화' 방식도 생각해볼 수 있다. 공주의 구도심에는 감리회공동체 이외에도 여러 중요한 유적들이 주변에 존재하는데, 이것들을 함께 동일한 스토리를 묶어서 함께 기억하게 함으로써 문화적 기억의 외연을 확장하는 방식이다. 특히 중동성당과 황새바위 등 천주교 유적 등과는 '선교'라는 공통적인 특징이 존재한다. 구읍사무소나 대통사지는 역사유적지

감리회공동체 유적의 특징

라는 특징이 있다. 따라서 답사 방식이나 스토리텔링, 혹은 관광 전략에서 이러한 공통점을 활용하여 탐방객의 대상, 콘텐츠의 내용, 답사코스의 구성과 기획에서 외연을 확장하는 방안이 필요하다. 개신교와 천주교 선교의 차이점을 설명한다든지, 혹은 교차로 답사한다든지, 혹은 유관순의 스토리를 다른 근대유적에 적용하는 것이 기억을 외연적으로 확장하는 방법이다.

이렇게 기억을 외연적으로 확장할 때 가장 필요한 것은 그에 필요한 다양한 주민 기억과 스토리를 만들어서 서로 연결시켜야 한다. 예컨대 샤프 선교사가 이역만리 이곳에서 죽음을 맞이한 것은 천주교 신부의 순교와 비견된다. 또한 사에리시가 일생을 이곳에서 봉사한 것은 천주교 외국인 신부의 봉사를 떠올리게 한다. 따라서 비슷한 상황과 스토리를 함께 묶어서 이야기를 외연적으로 확대하는 것이 필요하다. 일제강점기의 부정적 문화유산과도 연결점이 있다. 일제강점기 유적의 경우 건축적인 비교가 흥미로울 것이다. 선교사 가옥과 구읍사무소의 건축을 비교하면서 일본과 서양의 공간에 대한 서로 다른 차이를 발견할 수 있다.

그렇지만 문화적 기억은 지역주민의 공통된 기억에 바탕을 두고 있다. 따라서 문화적 기억을 외연적으로 확장하는 것은 주민들의 기억을 일깨우고 그들의 참여 속에서 이루어지게 된다. 감리교회를 종교적인 기억의 장소로 자리매김하는 것도 좋지만 이것을 외연적으로 확장함으로써 주민들이 더욱 다양한 기억으로 참여할 수 있으면 콘텐츠의 내용을 훨씬 풍부해질 것이다.

5. 종교적 기억의 장소에서 지역성의 문화적 기억으로

백여 년 전에 서양의 선교사들은 이방인으로 낯선 타국을 찾아와 공주의 사람들에게 손을 내밀었고 그것이 향후 공주의 지역성을 규정하는 하나의 요소가 되었다. 종종 이것을 종교적 과정으로 파악하기 때문에 지역성에서 탈각된 것처럼 보이지만, 근대적 과정으로 우리의 지역적 정체성 속에 깊이 스며들었다. 백제역사와 충청감영이 남긴 유산과 함께 감리회공동체의 유적과 유관순에 대한 유적과 스토리도 지역적 정체성에서 빠질 수 없는 요소가 되었다.

유관순을 키운 공주감리교회의 유적은 이제 종교적인 차원의 문화적 기억으로만 머무를 수 없다. 감리교회의 유적이 종교시설로만 주민의 기억에 남아 있지 않기 때문이기도 하고, 무엇보다 이곳 주민들이 유관순을 통해 감리교회를 기억하려는 현재의 요구도 무시할 수 없기 때문이다. 하지만 유형의 유적이 부족한 이상 감리교회의 유적은 다양한 문화적 기억을 수집하고 또한 그것을 외연적으로 확장함으로써 지역성을 아우르는 문화적 기억으로 거듭나야 할 것이다.

이 글은 원래 2016년 11월 17일 공주문화원 주최로 열린 유관순 학술세미나 (영명학교가 낳고 공주교회가 키운 애국열사 유관순 어떻게 기념할 것인가?) 에서 발표한 것과 2014년 필자의 책임 하에 진행된 용역사업인 〈미북감리회 선교유적정비 기본계획 수립〉(공주시, 2014)이 제시한 내용을 토대로 하여 작성되었다. 여기에 실린 그래픽은 모두 거기에서 가져왔다.

Erzähler: Der Erzähler. Betrachtungen zum Werk Nikolai Lesskows] in *The Novel: An Anthology of Criticism and Theory 1900~2000* ed. by Dorothy Hale, Malden Mass.: Blackwell Publishing, 2006.

"Evangelistic Work of Chung Chung Province", The Korea Mission Field, 1906.7.

Kevin Lynch, *The Image of the City*, Cambridge: The MIT Press, 1960.

Laurajane Smith, *Uses of Heritage*, London and New York, 2006.

永明中 · 高等學校, 『永明九十年史』.

공주시지 편찬위원회, 『공주시지』, 2002.

문화재청, 〈공주 중학동 구 선교사 가옥 기록화 조사 보고서〉, 2007.

〈미북감리회 선교유적정비 기본계획 수립〉, 공주시, 2014.

이규덕, 「기독교 여성 민족운동가 노마리아에 대한 연구」, 감리교신학대학교 대학원 석사학위논문, 2008.

이덕주, 『충청도 선비들의 믿음이야기』, 도서출판진흥, 2006.

장길수, 「공주 근대 여성 교육의 선구자 사애리시」 『공주의 인물2, 교육자편』, 공주문화원 부설 향토문화연구소, 2015.

지수걸, 「공주의 '청라언덕'과 미국인 선교사들」 『웅진문화』, 2013.

충청남도역사문화원, 『공주 근대사 자료집(개신교편)』, 공주시, 2012.

학술세미나 〈영명학교가 낳고 공주교회가 키운 애국열사 유관순 어떻게 기념할 것인가?〉

황미숙, 「선교사 마렌 보딩(Maren Bording)의 공주 대전 지역 유아복지와 우유급식소 사업」 『한국기독교와 역사』 제34호, 2011.

공주학연구원 소장 자료

http://missionstay.or.kr/

정을경

충남역사문화연구원 책임연구원

    현재 충남역사문화연구원의 백제충청학연구부 책임연구원으로 있으며 충남지역의 독립운동과 민족운동의 연구, 충남지역의 다양한 역사문화 연구에 힘쓰고 있다.

    주요논저로는 「동학농민군 이병춘의 생애와 독립운동」, 「일제강점기 박인호의 천도교활동과 민족운동」, 「1920년대 충남지역 천도교단의 변화와 청년문화운동」 등이 있다.

공주지역의 독립운동과
독립운동가

1. 여성의 독립운동 연구 현황

　2020년 9월 현재, 국가보훈처에 독립유공자로 등록된 독립운동가는 전국적으로 16,282명에 이른다. 이중 충청남도 출신은 총 1,422명이며, 경상북도 출신 2,265명의 다음 순위로 전체 2위의 기록이다. 전체 독립운동가 중 충남 출신의 비율이 8.7%를 점유하고 있는 수치이다. 충남지역이 경북 다음으로 전국에서 두 번째로 독립운동가를 많이 배출했다는 점은, 확대 해석하여 충청남도에서 독립운동이 활발하게 전개되었으며 많은 충남 출신의 독립운동가가 다양한 활동을 했다고 자부할 수 있는 결과로서 의미를 갖기도 한다. 유관순 열사의 서훈이 상향 조정되면서, 전국 지자체 뿐 아니라 국민들도 서훈에 큰 관심을 갖는 계기가 되었다. 지자체가 앞 다투어 자신들의 시군 출신인 독립운동가를 서훈하는데 노력하고 있으며, 서훈을 받지 못한 독립운동가들을 발굴하여 그들의 활동상과 공적을 정리하는 등 열심인 모습을 보이고 있다.

　충남은 그동안 '충절의 고장', '선비의 고장'으로 알려져 왔다. 한국사의 과정에서 살펴보면, 충남이라는 지역에서는 항일의병전쟁을 시작으로 3·1운동이 충남 전역에서 전개되었다. 또한 충남 출신의 독립운동가들이 국내뿐 아니라 국외를 무대로 활발한 독립운동을 전개한 지역이다. 이름만 들어도 알 수 있는 충남 출신 독립운동가로는 유관순, 한용운, 김좌진, 윤봉길, 이동녕, 임병직, 민종식, 이상재, 이종일 등을 비롯한 굵직한 인물을 배출한 지역이기도 하다. 2019년 3·1운동 발발 및 임시정부 수립 100주년 기념으로 다양한 기념행사가 진행되었을 때, 연구자들은 충남 출신 독립운동가 몇 명으로도 한국의 독립운동사(獨立運動史)를 설명할 수 있을 정도로 중요한 지역이다라고 설명하기도 하였다.

그렇다면 전체 16,282명의 독립운동가 중 여성의 비율은 얼마나 될까. 정확하게 488명이다. 약 3%에 해당하는 비율이다. 이 중 충남 출신은 20명이며, 충남에서도 공주 출신 여성 독립운동가는 김현경, 노예달, 이은숙 3명이 서훈을 받았다. 이러한 수치가 꽤 적게 느껴질 수 있을지 모르겠으나, 매우 많은 수치라는 점을 강조하고 싶다. 독립운동가 서훈 신청은 철저하게 1차 자료, 즉 일제강점기 당시의 자료들이 뒷받침되어 활동 내역을 증빙하여야 가능하다. 따라서 여성들의 독립운동과 관련된 사료가 남아 있을 가능성도 적을 뿐 아니라, 일정한 서훈의 등급을 충족하기에는 여러 가지 제약이 존재한다.

이러한 점을 감안하고도, 전체 독립운동가 중 3%의 여성들이 독립운동에 참여했다는 점은 상식적으로도 납득이 어렵다. 아직 제대로 발굴되거나 연구가 진행되지 못해, 공적을 인정받은 여성 독립운동가가 적다는 이유가 가장 타당할 것이다. 왜 여성 독립운동가와 여성들의 독립운동은 주목받지 못했을까. 여러 가지 원인이 있겠지만, 무엇보다 자료의 한계와 함께 연구자들의 관심이 적었다는 것이 가장 큰 원인으로 판단된다. 충남뿐 아니라 전국에서 여성 독립운동가의 발굴이나 연구는 전반적으로 미진하다. 충남 지역의 여성 독립운동과 관련하여도 2017년과 2018년에 두 차례 정리되어 출간되었을 뿐이다.[1]

충남은 보수적이며 가부장적인 성향이 강한 지역으로 알려져 왔다. 이러한 시대적인 배경 속에서 역사의 중심은 남성이었고, 독립운동이나 역사 역시 남성들이 중심이 되어 진행되었다. 특히 여성들은 역사의 전면에 나서기 보다는, 조력자의 역할로서 독립운동 전선에 뛰어든 남편을 대신하여 가정을 지켜낸다거나 남편이나 남자들의 독립운동을 돕는 역할을 하는 경우가 많았다. 따라서 당시의 시대적인 상황을 고려하여 여성들이 전개했던 활동에 적극적으로 의미를 부여하는 작업이 필요하다. 현재의 시각에서 여성들의 독립운동을 평가하는 것은 바람직하지 않다는 것이 필자의 소견이다. 또한 남성과 동일한 기준과 잣대로 여성의 독립운동을 평가받는 것도 당시의 상황을 고려하지 못한 판단이라고 생각한다.

유학적인 전통이 강했던 충남 지역은 근대로 들어서게 되면서, 기독교가 전파되면서 여성들의 인식 체계가 크게 변화하게 되었다. 여성들은 기독교라는 종교를 통해 자신들이 남성과 평등한 권리를 갖고 있다는 생각을 하게 되었고, 근대학교 설립을 통해 교육의 기회도 부여받았다. 이러한 시대적 배경은 여성들이 사회적 존

---

1) 충청남도역사문화연구원, 『역사 속의 충남여성 : 문화의 전승자들』, 2017. 충청남도역사문화연구원, 『충남 여성의 삶과 자취 : 역사에 남긴 유산』, 2018.

재로 일어설 수 있는 원동력이 되었다. 이 원동력은 여성들이 여성이라는 굴레를 벗고 민족이나 국민이라는 집단의식을 사회운동으로 투영하게 만들었고, 이러한 의식은 3·1운동으로 표출되었다.

이러한 상황을 이해하기 위해서는 지역의 여성들이 어떠한 상황에 처해 있었고, 그 상황 속에서 어떠한 활동을 전개하면서 독립의식을 표출하였는지 살펴야 한다. 따라서 본고에서는 공주지역에서 전개된 독립운동을 개관하고, 공주 출신 여성들이 어떠한 역할을 담당하였는지 살펴보도록 하겠다.

2. 공주지역의 독립운동과 여성의 역할

1) 공주지역의 독립운동 전개

2020년 9월 현재를 기점으로 공주 출신 독립유공자는 101명이다. 이들을 계열별로 나누어 살펴보면 아래의 표와 같다.

공주지역 독립유공자 현황(2020년 9월 현재)

의병	계몽운동	의열투쟁	3·1운동	문화운동	국내항일	학생운동	만주방면	미주방면	일본방면	중국방면	임시정부	광복군	합계
14	2		55		13	4	4		2	4	2	1	101

위의 표를 통해 공주지역 출신 독립운동가들 중 절반이 넘는 인원이 3·1운동에 참여했으며, 다른 지역에 비해 의병과 국내항일 운동에 참여가 높았으며, 국내뿐 아니라 국외에서도 활발한 활동

을 했다는 점 등이 공주지역 독립운동의 특징이라고 할 수 있겠다. 특히 101명 중 여성 독립운동가 김현경, 노예달, 이은숙 3명은 3·1운동과 중국방면에서 독립운동을 전개하였다.

공주지역에서 전개된 독립운동을 간략하게 살펴보자. 공주지역의 독립운동은 한말 의병전쟁을 시작으로 많은 독립운동을 통해 항일정신을 표출하였다. 김문주는 유성의병의 선봉장으로 참여하였으며, 이상린과 이상구는 홍주의병, 노원섭은 공주 용당에서 의병을 일으켰다. 이들 외에 이원선·이춘성·강덕보·최경휴·이학현·장남일·노성삼·노치흠·이덕경·이사건 등은 후기의병에 참여했다. 또한 공주만의 특색있는 독립운동은 오강표와 이학순의 자결 순국투쟁이다. 오강표는 1905년 을사늑약 체결로 자결을 시도했다가 실패하자, 1910년의 국권침탈 소식을 듣고 강학루에 목을 매 자결 순국했다. 이학순은 1910년 한일병합 소식을 듣고 음독(飮毒)해 자결했다. 이들 이외에도 이학순의 장남 이내수는 항일정신에 입각하여 철도부설반대투쟁 및 호적 이름 등재 반대 등의 활동을 하였고, 이철영은 호적 거부, 심상교는 일제의 우로금(優老金) 거부 등 강한 항일정신을 표출하였다.

공주지역의 독립운동 중 1910년 청림교 비밀결사 조직은 주목할 만하다. 1910년 국내 독립운동이 비밀결사 형태로 전개되자, 공주지역인들이 청림교라는 비밀결사를 조직하여 독립의군부에 참여했다. 이들은 자금을 모아 의병을 모집하는 등의 활동을 전개했다. 또한 공주지역에서는 1910년대 교육계몽운동과 국채보상운동이 전개되었다. 샤프 여사로 인해 근대교육 보급이 시작되었고,

우리암 선교사 부부와 아들(출처 : 공주학연구원)

영명학교 창설자인 우리암은 폐교된 명설학당을 다시 여는 등 적극적이었다. 공주인에 의한 근대교육은 1904년 사립학교가 설립되면서 본격적으로 시작되었고, 공주 출신 국내외 유학생들은 유학생학우회를 조직하여 계몽활동을 전개하였다. 1907년 진명야학교 설립을 시작으로 야학도 활발하게 실시되었다. 이뿐 아니라 단연동맹회가 조직되어 수백원을 모금하기도 하였다.

다음으로 공주의 3·1운동은 공주의 거의 대부분의 지역에서 전개되었다는 특징을 갖는다. 공주에 독립선언서가 전달된 것은 3월 24일 이전으로 보이는데, 독립선언서는 윤봉균이 고종 국장을 참례하러 갔을 때 경성에서 입수한 것을 원고로 3월 31일 등사 인쇄해 4월 1일에 배포되었다. 공주에서 독립만세운동을 위한 첫 움직임은 3월 7일에 있었으나 해산되었고, 이후 장날인 3월 12일에도 계획되었으나 실패하였다. 그러나 3월 14일 신상면(현 유구읍), 3월 17일 공주시장, 4월 1일 공주읍과 정안면, 의당면, 장기면, 4월 2일 우성면, 4월 3일 탄천면, 4월 3~4일 계룡면에서 만세운동이 대대적으로 전개되었다. 이 만세운동에 참여한 주민 중 115명이 사법적 탄압을 받는 등 적극적으로 전개되었다는 점에서 의미가 크다.

공주지역의 1920년대 독립운동은 농민조합을 조직하는 농민운동이 활발했는데, 1930년대 초반에는 소작쟁의가 폭발적으로 일어났다. 공주청년수양회가 중심이 되어 청년운동을 전개하였다. 또한 공주지역 학생운동은 공주고등보통학교 동맹휴학이 대표적이다. 신간회 공주지회는 민족문제, 지역문제 해결을 위한 활동을 했다. 이뿐 아니라 이춘구, 장수태, 오익표, 윤태현, 이관직, 이은숙, 이호원, 김형동 등은 임시정부 및 중국에서 독립운동을 전개한 대표적인 국외독립운동가이다. 또한 김만제와 정낙진은 일본에서 독립운동을 전개하였다.

충남 공주지역의 독립운동은 전국적으로 발생한 독립운동과 흐름을 함께 하는 경향을 보인다. 공주지역의 독립운동은 크게 의병운동, 민적거부, 자결, 애국계몽운동, 3 · 1운동, 동맹휴교, 농민운동, 노동운동, 여성들의 항일운동, 신간회운동, 교육문화운동 등 다양한 움직임이 있었다.

먼저 충남지역에서의 의병투쟁하면 대표적인 전투가 홍주의병이었으나 서산과 당진 등 서해안지역을 비롯하여 공주와 논산 등의 계룡산 일대의 산악지대에서도 소규모의 부대가 편성되어 항일투쟁이 전개되었다. 기록에 의하면, 임대수(林大洙) 의병이 1907년 8월부터 1908년 2월까지 공주(公州)·천안(天安)을 비롯하여, 청양(靑陽)·당진(唐津)·보령(保寧) 등 충남 일대에서 활약하면서 일제에게 큰 타격을 주었다. 그의 활동은 1911년까지 이어졌으나, 그 해 6월 공주에서 일제 군경과 교전하던 중 동지 6명과 함께 전사하였다고 전해진다. 이뿐 아니라 공주에서 활동한 인물들이 확인되는데, 1907년 고향인 공주군(公州郡) 용당(龍堂)에서 500여 명의 군사를 거느리고 거의했던 노원섭(盧元燮) 의병장이 대표적이다. 김원식은 1907년 12월 공주에서 의병으로서 군자금 모집과 군사 모집 등의 활동을 전개하였다. 또한 박덕여(朴德汝) 의병장도 1908년 2월 9일 공주군(公州郡) 사곡면(寺谷面) 원당리(元堂里)에서 일본 경찰과 교전하다가 전사 순국한 인물이다. 김규호 역시 이름이 잘 알려지지 않은 소규모 의병부대들에서 산발적으로 투쟁을 하였다. 그는 일본군의 동태를 의병에게 알려주는 연락책의 임무를 띠고 있었던 것으로 보인다. 1908년 공주군 일대에서 정보를 수집하여 의병에게 제공하는 등의 활동을 하다가 같은 해 11월에 체포되어 이송되던 중 피살되었다.

이외에도 공주지역에서 의병들의 접전 기록이 확인된다. 1908년 1월 7일 계룡산에서 공주(公州)수비대 1소대와 의병 50명과의 접전이 있었고, 21일에 공주 서북 약 20리 지점에서 조치원수비기병대(鳥致院守備騎兵隊)와 의병 50명과의 접전, 31일에 공주 서북 약 30리 반 지점에서 공주파견기병대(公州派遣騎兵隊)와 의병 50명과의 접전, 3월 28일 공주 동북방 20리 지점에서 공주수비대(公州守備隊)와 의병 150명과의 접전, 같은 날 공주 서방 80리 지점에서 강경수비대(江景守備隊)와 의병 25명과의 접전, 3월 29일 공주 동북 20리 지점에서 공주파견기병대(公州派遣騎兵隊)와 의병 40명과의 접전이 벌어졌다. 김대장의진 역시 4월 11일 오전 9시, 공주 동남쪽 2리반 지점의 난당리(蘭堂里)에서 약 17명의 병력으로 공주수비대(公州守備隊) 파견기병 제4중대 소속 궁택(宮澤) 군조(軍曹)가 이끄는 기병(騎兵) 부대와 치열한 전투를 벌였다. 그러나 안타깝게도 김대장의진은 화력의 열세를 극복하지 못하고 전멸하였다. 김성륙도 1908년 공주시 정안(正安) 일대에서 의병에 가담하여 항일전을 전개하였다. 그러나 군세를 확장하기 위해 의병을 규합하는 등의 활동을 벌이다가 일경들과 교전 중에 전사 순국하였다.

이상에서 살펴본 대로, 산발적이기는 하지만 공주지역의 의병전투는 1907년 8월부터 1911년까지 전개되었다. 당시 일제는 각 지역에 주둔한 수비대와 기병대를 동원하여 이 지역의 의병 진압에 총력을 기울였으나 그들의 표현대로 "약간의 손상을 주었을 뿐 아직 진정시키지 못한 상태"를 유지하고 있었다.

다음으로 개인적인 독립운동으로 공주지역에서는 민적을 거부한다거나 자결을 하는 등의 활동을 펼친 인물들이 있었다. 공주의 유생이었던 이철영(李喆榮, 1867~1919)은 민적을 거부하는 등 항일운동을 독자적으로 펼쳤다. 이철영은 자신의 활동을 저지하며 협박하던 일경들을 향해 "차라리 죽어 조선의 귀신이 될지언정 살아서 일본 백성이 되지 아니하겠다"면서 필사적으로 민적을 거부하였다. 결국 그는 수차례에 걸쳐 옥고를 치르던 중 1919년 옥고의 여독으로 결국 순국하였다. 이뿐 아니라 오강표(吳剛杓, 1843~1910)는 1910년 일제의 국권강탈에 항거하여 자결한 애국 순절지사로 유명한 인물이다. 공주군 사곡면 월가리 도덕골에서 태어난 오강표는 일제의 강요로 1905년 11월 '을사늑약'이 체결되었다는 소식을 듣고 분격해서 을사오적을 토벌해야 한다는 상소문을 올렸다. 그러나 관찰사가 상소문 올리는 것을 거절하자 분개하여 아편을 구입하여 자결하려 하였으나 실패하였다. 그러나 결국 1910년 강제병합 소식을 듣고 공주 향교의 명륜당(明倫堂)에 들어가 대성통곡 한 뒤 자결하였다.

다음으로 공주지역의 애국계몽운동은 활발하게 전개되지는 못하였다. 공주를 비롯하여 충남지역이 보수적인 유생층이 두터웠기 때문에 사회경제적 기반을 제공할 수 없었기 때문으로 보인다. 단지 애국계몽운동을 펼치던 대한자강회가 전국에 26개소의 지회를 설치하였는데, 충남에서는 직산 1개소에 지회가 있었던 것으로 확인된다. 또한 공주 출신이었던 심원택이 대한자강회에 참여하여 활동한 것이 확인된다. 이뿐 아니라 애국계몽의 가장 큰 움직임이었던 국채보상운동이 공주에서도 진행되었다. 충남지역에서는 1907년 3월부터 본격적으로 의연금 모금을 추진하게 되었다. 충남의 각지에서 호중국채보상의조회, 국채보상기성회 등 20개소에 달하는 국채보상금 수합소가 설치되어 활동하였다. 이에 공주지역의 유지들을 비롯하여 다양한 계층에서 참여하였다. 특히나 공주지역에서는 갑사나 동학사의 승려들의 의연도 이어졌다.

충남지역과 공주지역에서 가장 활발했던 독립운동은 3·1운동이었다. 공주의 3·1운동은 박장래가 1919년 서울에서 독립만세시위운동을 보고 조선독립가(獨立歌)를 배워 공주로 왔다. 그는 3월 10일 공주읍내 대화정(大和町) 김수철(金洙喆) 방에서 기숙하면서 그곳에 머물던 영명학교 재학생 안기수(安期壽)와 그 학교 졸업생인 신의득(申義得)에게 서울의 독립운동 소식을 전하며, 공주에는 영명학교 외에도 농업학교와 보통학교도 있는데 독립운동에 참여하지 않고 잠잠히 있는 것은 비겁한 것 아니냐면서 학생들의 분발을 촉구했다. 또한 그는 그들에게 독립가를 가르쳤고, 그 가사(歌詞)를 베끼게 하는 공주지역의 항일의식을 고취시키는 역할을 하였다.

이러한 의식이 형성되면서 공주지역의 3·1운동은 3월 14일 오후 4시경 유구시장에서 시작되었다. 충남지역의 3·1운동이 3월 2일부터 전개되었다는 사실에 비추었을 때 공주지역은 빠른 시기였다. 유구읍 출신인 황병주(黃秉周)는 손병희가 서울에서 독립만세운동을 전개하다가 체포된 사실을 신문을 통해 알고 만세운동을 전개하기로 결심하였다. 그는 시장에서 이승현, 이홍규, 조병옥 등 군중 30여 명에게 조선독립만세를 외치면서 모자를 벗어 흔들고 군중과 함께 독립만세를 불렀다. 이들 만세 군중들은 우(牛)시장으로 이동하면서 독립만세를 불렀고, 일경 고산(高山)순사의 제지에도 만세 군중은 500여 명으로 늘어났다. 고산순사가 박용진 순사보에게 황병주를 주재소로 연행하게 하였다. 이에 이승현(李升鉉, 聖鉉)은 시장에 있는 약 100여 명의 군중에게 "어찌하여 너희들은 가만히 보고만 있는가"라며 황병주를 구출하러 주재소로 가자고 독려하였다. 이승현과 황연성(黃璉性)의 주도로 100여 명의 군중들은 황병주의 구출을 위하여 대한독립만세를 부르며 주재소로 이동하여 고산순사를 공격하였고, 주재소의 문, 등(燈), 유리창 등 일제 치안기관의 시설물을 파괴하였다. 이뿐 아니라 노상우(盧相羽)는 주재소로 이동하는 과정에 하재옥의 집 앞에서 박준빈(朴準斌), 황연성, 유석우, 이우상 등과 함께 독립만세운동을 주도적으로 전개하고 황병주 석방을 요구하였으며, 고산순사의 가슴에 타격을 가하였으며, 주재소 공격에 참여하였다.

그리고 뒤이어 4월 1일 공주면에 위치한 공주시장과 정안면 석송리·광정리에서 독립만세운동이 벌어졌다. 공주시장의 독립만세운동은 강윤과 유우석의 주도로 전개되었다. 영명학교(永明學校) 교사인 김관회(金寬會), 이규상(李圭尙), 현언동(玄彦東)과 졸업생 김사현(金士賢), 학생 오익표(吳翼杓), 안성호(安聖鎬), 목사 현석칠(玄錫七)과 천안에 있었던 안창호(安昌浩) 목사 등은 3월 24일 밤 9시 공주면 대화정(大和町) 사립영명학교(감리교회에서 설립) 교실에 모여 독립만세운동을 계획하였다. 이들은 각지에서 일어나고 있는 독립만세운동에 공감하여 4월 1일 오후 공주 장날에 만세운동을 전개하기로 뜻을 모았다. 먼저 김관회 선생이 영명학교 학생들을 동원하기로 하였고, 김관회 선생으로부터 학생동원 지시를 받은 김수철이 3월 30일 자신의 집에 대표급 학생들을 불러 모았다. 이 자리에 유관순의 오빠인 유우석(준석), 노명우, 강윤, 윤봉균이 모였으며, 이 자리에서 독립운동의 취지에 모두 찬성하여 그 방법을 협의하였다. 이틀날인 3월 31일 오후 3시경 이 다섯명은 영명학교 기숙사에 모여 독립선언서에 바탕하여 독립사상을 고취하였고, 학교 등사판을 이용해 시위운동 참여를 촉구하는 격문 약 1천매를 등사하였다. 또한 이규남은 3월 29일 김수철(金洙喆)의 방문을 받고 4월 1일 공주 시장에서 독립만세운동에서 사용할 태극기를 만들어 줄 것을 의뢰받고, 자신의 집에서 태극기 4기(旗)를 직접 제작하였다. 그는 김수철에게 태극기 3기, 이규상에게 1기를 전달하였다. 김수철은 본인이 태극기 1기를 갖고 노명우(盧明愚)·윤봉균(尹鳳均)에게, 이규상은 김현경(金賢敬)에게 전달하였다. 드디어 4월 1일 오후 2시 유우석(준석)과 노명우, 강윤은 등사한 선언서와 격문을 나누어 숨긴 채 이규남이 만든 태극기를 갖고 공주 장터로 향했다. 그들은 장터에 있는 군중들 가운데 섞여들어 선언서와 격문을 나누어주었고, 감추어 갖고 온 태극기를 일제히 꺼내 장터 높이 세웠다. 이들이 온 힘을 다해 "대한독립 만세!"를 외치자 장터의 군중들이 일제히 호응하여 만세소리가 공주 읍내에 퍼져나갔다. 경천 소학교 여교사 김현경의 주도로 여학생들도 참여하는 등 대대적인 독립만세운동이 전개되었다.

공주시장의 만세운동과 같은 날 전개된 정안면 석송리·광정리의 만세운동은 이기한(李綺漢)이 마을 주민들에게 "모두 나를 따르라" 하며 앞장을 섰다. 이에 이병억(李秉億), 이동안(李東案), 정재철(鄭在喆), 노규한, 윤원식, 이동엽, 최태식, 황타관 등 주민 20~30명이 '대한독립만세'를 부르며 광정리로 이동하였다. 내송리에서는 운궁리 주민 20여 명이 합세하였다. 광정리에 도착한 만세 군중들은 먼저 일본인 거주지와 정미소 앞에서 독립만세를 부르고 주재소를

석송리 3 · 1운동 사적비(필자 촬영)

공격하였다. 이기한은 "주재소를 파괴하자", "왜 구경만 하느냐?" 라며 주재소 파괴를 독려하였다. 주재소가 파괴되고 있다는 통보를 받은 공주경찰서는 순사 2명, 순사보 1명, 헌병군조 1명, 병졸 5명을 자동차로 광정리에 급파하여 오후 4시 40분경에 석송리 주막 김원일 집 앞에 이르렀다. 광정리에서 석송리로 돌아와서 주막에서 휴식을 하고 있던 주민들은 도로로 뛰어 나아가 자동차 진행을 막고 손을 흔들며 '대한독립만세'를 외쳤다. 목원(木原)순사가 이동안을 주도자로 지목하고 체포하려고 왼손을 결박하고 오른손마저 잡으려고 했다. 그러자 장기현(張基鉉), 정화순(鄭化順), 문백룡(文白龍), 정재철, 서순석 등이 함께 "그가 무슨 죄가 있어 잡아 가느냐?" 며 고함을 치고 목원순사를 떠밀었다. 이어 마을 주민 4~50여 명과 일경들의 다툼이 벌어졌다. 결국 이동안 체포에 실패한 일경들은 정재철과 서광순(徐匡淳)을 체포하려고 시도하였고, 김정쇠(金正釗)·전정길(全鼎吉)은 목원순사에게 덤벼 체포를 저지하였다. 상황이 급박하게 전개되자, 결국 일경들이 주민들에게 총격을 가했고, 이병림이 순국하는 등 수십 명이 중경상을 입었다. 주민들은 다시 광정리로 이동하여 대한독립만세를 불렀고, 이 독립만세운동은 4월 3일까지 계속 전개되었다.

뒤이어 4월 4일에는 옥룡동(玉龍洞, 주외면 용당리) 주민 1천여 명이 독립만세를 불렀다. 계룡면(鷄龍面)에서는 4월 2일 경천 시장에서 1천여 명이 태극기를 들고 대한독립만세를 불렀고, 같은 날 우성면(牛城面)에서는 밤에 도천리(道川里)와 쌍신동(雙新洞) 주민들이 횃불을 올리면서 독립만세를 고창하였다. 동대리(銅大里) 주민들도 독립만세를 불렀다. 탄천면(灘川面)에서는 4월 3일 밤 면내 각 동리 약 1천 5백 명 주민들이 횃불을 올리면서 독립만세를 불렀다. 이인면(利仁面)에서는 4월 4일에 면민 1천 5백여 명이 독립만세를 불렀다. 공주지역의 3·1독립만세운동은 한 달이라는 기간 동안 13개 지역에서 다양하게 전개되었다.

다음으로 1920년대 학생들이 일제의 노예적인 식민지 교육에 항거하여 동맹휴학을 벌이는 독립운동이 전개되었다. 이 학생운동은 광주학생운동에서 절정을 이루었고, 충남지역에도 파급되었다. 이철하는 1927년 6월 공주보통학교 4학년 재학 중, 학생들 앞에서 한국 사람을 무시하는 말을 함부로 하는 교장에게 반성을 촉구하는 서신을 보냈다가 구타와 함께 퇴학을 당하였다. 이에 분노한 동급생 50여 명은 동년 7월 2일 교장 배척 등 6개 조항의 요구조 건을 내걸고 기습 맹휴를 단행하였으며, 2학년생 90여 명도 동조 휴학을 결의하였다. 뒤이어 1930년 1월 공주고보, 공주영명학교, 공주금성보통학교, 공주 유구보통학교 등에서 맹휴 또는 만세시위 가 있었다. 공주 출신인물인 박명렬(朴命烈/朴明烈, 1912.7~미상)은 공주 고등보통학교에 재학 중이던 1930년 1월 광주학생운동에 호응하 여 벌인 공주고보생들의 동맹휴학과 반일 가두시위를 주도했다는 이유로 퇴학당하였다. 그 후 공주고보생 김순태(金淳泰), 공주소년연 맹 위원장 안병두(安炳斗) 등과 함께 반전운동을 위한 비밀결사를 조 직하였고, 1932년 3월 5일경 영명학교(永明學校)를 비롯한 읍내 곳 곳에 반전벽보를 붙이고 격문을 뿌렸다.

이후에도 공주에서 독서회를 조직하여 반일사상을 고취하는 등

공주공립고등여학교(출처 : 공주학연구원)

활발한 활동을 벌였다. 이뿐 아니라 1936년 3월 당시 공주고등보통학교 2학년 학생인 김해인과 구자훈 등 7명이 항일결사 '명랑(明朗)클럽'을 조직하였다. 이들은 일제 식민통치에 항거하기 위해 일어사용금지, 신사참배거부, 악질일인교유배척 등의 활동을 하는 한편, 무궁화식수장려 및 미신타파 등 계몽활동을 펴면서 민족의식 고양에 힘을 쏟았다. 그런데 이들이 졸업한 후 이 모임의 회원이었던 천영관(千永寬)이 1942년 6월경에 일제의 패망을 언급하였다가 일본 경찰에 체포되었다. 이로 인하여 명랑클럽의 조직이 발각됨에 따라 구자훈도 일본 경찰에 체포되었다.

다음으로 1930년대에 전개된 농민운동은 충남지역에서 소작쟁의, 농민야학, 적색농조운동 등이 있었다. 1920년부터 전개된 충남의 소작쟁의의 건수가 전국 13개도의 평균치인 7.7%를 훨씬 상회하였음은 주목할만한 일이다. 구체적인 활동내역은 파악되지 않지만, 1920년대 공주에서도 농민단체를 조직하여 다양한 농민운동을 전개하였다. 충남지역의 노동운동은 1920년 조선노동공제회의 출범과 함께 일어나기 시작하였다. 공주에서는 1926년과 1927년에 공주노동회와 공주노동협성회를 창립하였고 각 면에 지회를 설치하였다.

또한 공주에서 일제의 식민지 지배를 타파하기 위한 목적으로 소년운동과 농민운동에 종사했던 안병두(安秉斗, 1910.7~1950.9)라는 인물이 있었다. 1931년 10월 공주군 우성면 방흥리에서 소작쟁의가 발생하였는데, 그는 박명렬(朴命烈)과 함께 소작농을 지도하여 쟁의를 이끌었다. 이와 같이 소작쟁의 등 공주지역 농민운동에 적극 참여하고 있는 안병두는 그 해 12월 이학근(李學根) 등과 함께 비합법적인 농민조합을 결성하였다. 그는 일제와 맞서기 위해서는 농민과 노동자들에게 민족의식과 계급의식을 불어 넣어야만 한다고 생각하였다. 그래서 안병두는 농민조합원들에게 연설을 통해 민족의식과 계급의식을 깨치는데 힘을 쏟았다. 한편, 그는 공주소년동맹(公州少年同盟) 집행위원장으로서 활발하게 대중운동을 펼치던 중 공주고등보통학교 학생 김순태(金淳泰)·노수남(盧壽男)·유석순(兪錫淳) 등과 반전운동을 위한 비밀결사를 조직하였다. 그 후 이들은 1932년 3월 5일 공주 영명학교를 비롯한 시내에 반전격물을 뿌리는 등의 활동을 벌였다.

다음으로 여성들의 항일운동이다. 대부분 3·1운동 때 투옥된 지사 및 그 가족들의 후원과 임정의 지원 등을 목적으로 애국부인회가 조직된 이후 그와 유사한 여성단체들이 전국적으로 활동하였다. 1925년에 공주에서도 공주부인회가 조직되었다. 또한 종교여성단체로 공주여자기독교청년회(1925), 공주불교부인아리다라회(1925) 등도 조직되었다.

신간회운동도 빠질 수 없다. 신간회에서는 민족의 자주 독립의식을 고취하기 위하여 전국에 지회를 설치하였다. 충남에서는 홍성, 예산, 당진, 서산, 공주, 부여, 천안 지회가 설립되었다.

다음으로 교육문화운동은 교육, 언론, 종교, 국학, 예술 등의 분야로 나누어 볼 수 있다. 충남지역에서의 교육문화운동은 그다지 활발한 편은 아니었던 것 같다. 교육운동의 경우 교사의 신분으로 민족사상을 고취한 경우가 확인되는데, 공주의 장기국민학교 교사

유제경(柳濟敬) 정도가 알려진 인물이다. 한편 일제의 식민화 교육정책에 대항하기 위하여 1922년 말 서울에 민립대학기성회가 조직되었다. 각 지방별로 발기인 모임을 결성하였는데 이때 충남지역에서도 시군별로 지방부가 조직되어 기금을 모금하였다. 공주에서는 유정현(柳靖鉉)을 대표로 하여 조직되었다. 또한 논산 출신인 신현구(申鉉九, 1882~1930)는 공주 영명학교를 설립한 미국 선교사 윌리엄즈(禹利岩)를 만나면서 기독교에 입문하여 공주 영명학교에서 신학문을 익혔다. 영명학교를 마친 뒤 그는 공주 계룡에서 사립 원명학교를 세워 어린 학생들을 가르치는 한편 기독교 전도사업에 힘을 쏟았다. 20세 무렵 신현구는 모교인 영명학교에 한문 교사로 자리를 옮긴 뒤에는 이규갑 등과 교유하면서 민족의식을 키워 나갔다. 또한 비밀결사 그룹인 공주그룹은 1941년 11월경 일본 도쿄(東京)에서 조직된 '우리조선독립그룹'의 국내 연계조직으로 결성된 비밀결사였다. 공주 출신인 현창석(玄昌碩)은 일본 센슈대학(傳修大學) 유학 중 채용석(蔡用錫)·정종락(鄭鍾樂)·김원식(金源植) 등과 일제 패망을 예견하고 국제정세를 이용해 독립을 달성하고자 '우리조선독립그룹'을 결성했다. 현창석은 일제가 패망하는 결정적인 시기에 일본과 국내가 연계해 독립을 달성해야 한다고 보았다. 따라서 1941년 6월 귀국해 고향인 공주에서 노섭, 현창석, 임헌도, 정낙진 등과 함께 '우리조선독립그룹'의 국내연계조직으로 공주그룹을 결성하였다. 공주그룹은 도쿄에서 미국의 공습을 틈타 주요시설의 방화, 철도 및 수도파괴 등 재일조선인들이 무장봉기를 한다는 계획에 따라 국내에서도 이에 동조해 함께 봉기하기로 하였다. 그러나 이러한 계획을 추진하던 중 일본에서 현창석이 체포되면서 공주그룹의 전모가 드러났다.

2) 공주 출신 독립유공자

1. 강덕보(姜德保), 미상, 충남 공주 익구곡 경천리, 의병

강덕보는 1908년 12월과 1909년 5월 사이에 충남 공주, 청양군 등지에서 이관도 의진에 가담하여 군자금모집 활동을 하다 체포되었다. 징역 15년 형을 받았다. 정부는 그의 공훈을 기려 2016년에 애국장을 추서하였다.

2. 강명세(姜明世), 1896~미상, 충남 공주 신상면, 노령방면

강명세는 1920년에 러시아에서 독립운동을 전개한 인물이다. 1920년 10월 러시아 블라디보스톡에서 대한의군부 통신원이었던 최병직 등이 무기와 탄약을 구입할 때 통역을 하다가 체포되었다. 징역 1년 6월을 받았고, 정부는 그의 공훈을 기려 2020년에 애족장을 추서하였다.

3. 강범진(康范鎭), 이명 강대규(康大奎), 1907~미상, 충남 공주 유구면 유구리 426번지, 만주방면

강범진은 국민부 동만지역 조직위원으로 활동한 인물이다. 국민부는 1929년 3월 정의부, 참의부, 신민부 3부 대표자회의를 개최하여 결성된 조직체였다. 국민부의 중앙집행위원장은 현익철, 민사위원장은 김이대, 경제위원장은 장승언, 외교위원장은 최동오 등이 선임되었다. 국민부는 새로운 통합체로서, 새로운 강령과 헌장을 제정하여 정식으로 조직되었다. 강범진은 국민부의 조직위원으로 활동하였으나, 1933년 4월 체포되었다. 일제는 1931년 9월 18일 만주사변을 일으킨 이후 항일독립군을 탄압하였다. 1933년 강범진은 흑룡강성 통하현에서 중국군과 연합하여 일본군에 대항하였으나, 마점산(馬占山)의 일시적인 변절로 인하여 세력이 약화되었다. 결국 강범진은 체포되어 3년 6개월을 언도받고 복역하였다. 정부는 그의 공훈을 기려 1990년 애족장을 추서하였다.

4. 강태윤(姜泰崙), 1888.4.21~1927.4.23, 충남 공주 의당리
   중흥리 477, 3·1운동

강태윤은 1919년 4월 충남 공주에서 전개된 독립만세운동에 참여하였다가, 태형 90도를 받은 인물이다. 정부는 그의 공훈을 기려 2011년에 대통령표창을 수여하였다.

5. 강태하(姜泰河), 1884.9~1953.5, 충남 공주, 3·1운동

강태하는 1919년 3월 14일 공주 유구시장에서 독립만세운동에 참여한 인물이다. 유구시장 만세운동은 황병주가 3월 14일 오후 4시경 유구시장에서 30여 명 군중을 향하여 모자를 흔들면서 대한독립만세를 외치면서, 군중들과 함께 한 만세운동이다. 만세 군중들은 우시장으로 이동하면서 독립만세를 불렀고, 일경 고산(高山)순사의 제지에도 만세 군중은 500여 명으로 늘어났다. 고산순사가

박용진 순사보에게 황병주를 주재소로 연행하게 하였다. 이에 이승현과 황연성의 주도로 100여 명의 군중들은 황병주를 구출하기 위해 대한독립만세를 부르며 주재소로 이동하였다. 이들은 고산순사를 공격하고, 주재소의 문, 등, 유리창 등 주재소의 시설물을 파괴하였다. 결국 강태하는 보안법 위반으로 공주지방법원에서 징역 6월을 선고(1919.6.16)받아 옥고를 겪었다. 정부는 그의 공훈을 기려 1995년에 대통령표창을 추서하였다.

6. 강혁주(姜赫周), 이명 대야혁주(大野赫周), 1889.7.16~
   1969.3.11, 충남 공주 의당면 도신리 579, 3 · 1운동

강혁주는 1919년 4월 충남 공주에서 만세운동을 하다가 체포되어 태형 90도를 받은 인물이다. 정부는 그의 공훈을 기려 2011년에 대통령표창을 추서하였다.

7. 고영국(高泳國), 1887.8~1946.2, 충남 공주 주외면 금학리,
   국내항일

고영국은 1920년 김상설, 이옥정 등이 서울을 거점으로 창설한 종교단체인 청림교(靑林敎)에 가입하여 항일투쟁을 전개한 인물이다. 청림교는 만주의 길림성과 북간도지방까지 교세를 확장하여, 지부 42개, 전교실 50개를 확보할 정도였다. 당시 교도 수가 30만 명을 헤아렸다. 그러나 2대 교주였던 태두섭 부자(父子)와 간부들이 불온사상을 고취했다는 이유로 일제에 의해 검거되면서 교세가 급격하게 하락하였다. 고영국은 청림교가 조선의 독립을 이룰 수 있

다고 믿고 청림교에 가입하였다. 이후 그는 일반인을 대상으로 민족의식을 고취하였으나, 일제에 발각되어 보안법 위반으로 두 차례 체포되었다. 정부는 그의 공훈을 기려 2008년에 대통령표창을 추서하였다.

8. 구무언(具茂彦), 미상~1987.12, 충남 공주 의당면 도신리 464번지, 국내항일

구무언은 1940년 2월 공주공립중학교에 재학 중인 이용준 · 김용 등 급우 5명과 함께 독립운동에 투신할 것을 결의하였다. 이들은 당시 한국의 독립을 위해서는 일제와 대립관계에 있는 미국과 영국의 원조를 받을 필요가 있다고 판단하였다. 그리하여 미국 · 영국계 선교사와 교류를 강화해 갔다. 그리고 김용 등은 많은 사람들을 기독교도로 포섭하면서 항일의식을 고취하였다. 구무언은 1940년 공주중학교를 졸업한 후에도 항일의식 고취에 노력하던 중, 조선중앙주류배급조합 고원으로 재직하였다. 그러나 1942년 봄 일제에게 발각되었고, 1942년 9월 30일 대전지방법원에서 '치안유지법' 위반으로 징역 1년을 언도받아 옥고를 치렀다. 정부는 그의 공훈을 기려 1995년에 건국포장을 추서하였다.

9. 구자훈(具滋勳), 1921.1~미상, 충남 공주 의당면 도신리 469번지, 학생운동

구자훈은 공주고등보통학교 재학 중인 1936년 3월에 급우 7명과 함께 항일결사 '명랑클럽'을 조직하였다. 이들은 일제 식민통치에 대항하기 위해 일어사용금지 · 신사참배거부 · 악질일인교유배척 등의 활동을 하였으며, 무궁화식수장려 및 미신타파 등 계몽 활동을 전개하는 등 민족의식 고양에 힘을 쏟았다. 그러나 이들이 졸업한 후 이 모임의 회원이었던 천영관이 1942년 6월경에 일제의 패망을 언급하여 일본 경찰에 체포되었다. 이로 인해 명랑클럽의 조직이 발각되었고, 구자훈도 일본 경찰에 체포되었다. 구자훈은 1942년 9월 대전지방법원에서 치안유지법 위반으로 징역 1년형을 언도받고 옥고를 치렀다. 정부는 그의 공훈을 기려 1990년에 애족장을 수여하였다.

10. 권중윤(權重倫), 1879~미상, 충남 공주, 3·1운동

권중윤은 1919년 3월 14일 공주 유구시장에서 독립만세운동을 전개한 인물이다. 황병주가 3월 14일 오후 4시경 유구시장에서 30여 명 군중을 향하여 모자를 흔들면서 대한독립만세를 외쳐 군중들의 독립만세운동을 유도하였다. 이들 만세 군중들은 우(牛)시장으로 이동하면서 독립만세를 고창하였고, 일경 고산(高山)순사의 제지에도 만세 군중은 500여 명으로 늘어났다. 고산순사가 박용진 순사보에게 황병주를 주재소로 연행하게 하였다. 이에 이승현과 황연성의 주도로 100여 명의 군중들은 황병주의 구출을 위하여 대한독립만세를 부르며 주재소로 이동하여 고산순사를 공격하고, 주재소의 문, 등, 유리창 등 일제 치안기관의 시설물을 파괴하였다.

권중윤도 강태하·안만길·유석우·이우상 등과 함께 주재소 시설물을 파괴하면서 대한독립만세를 고창하였다. 결국 그는 보안법 위반으로 공주지방법원에서 징역 6월을 선고(1919.6.16)받아 옥고

를 겪었다. 정부는 그의 공훈을 기려 2008년에 대통령표창을 추서
하였다.

11. 김규호(金圭護), 미상~1907.11, 충남 공주 양야면 창리, 의병

김규호는 의병활동을 전개한 인물이다. 1908년 충남지역의 의
병항쟁은 4월 무렵부터 12월에 이르기까지 공주를 중심으로 정
산·청양·유구 부근에서 지속적으로 전개되었다. 이에 일제는 수
비대와 기병대를 동원하여 의병 진압에 총력을 기울였으나, 별다
른 효과를 거두지 못하는 상황이었다. 김규호가 활동한 시기는 공
주 지역의 의병 부대가 이름은 알려지지 않았으나 산발적으로, 그
러나 지속적으로 일제에 투쟁하고 있었던 시기였다.

기록에 의하면, 충남 연기 출신의 임대수라는 의병이 1907년 8
월부터 1908년 2월까지 공주·천안을 비롯하여, 청양·당진·보령
등 충남 일대에서 활약하면서 일제에게 큰 타격을 주고 있었다. 임
대수는 1911년까지 의병활동을 전개하였으나, 6월 공주에서 일제
군경과 교전하던 중 동지 6명과 함께 전사하였다고 한다. 또한 노
원섭 의병장도 1907년 고향인 공주군 용당에서 500여 명의 군사
를 거느리고 거의했던 공주 출신의 대표적 인물이다. 박덕여 의병
장도 1908년 2월 9일 충남 공주군 사곡면 원당리에서 일본 경찰
과 교전을 전개하다가 전사 순국한 인물이다.

김규호가 어떤 의병부대에 소속되어 활동하였는지 파악하기 어
렵지만, 같은 시기 공주지역에서 활동하던 의병과 함께 활동한 것
으로 추정된다. 또한 그는 일본군의 동태를 의병에게 알려주는 연

락책의 임무를 갖고 있었던 것으로 파악된다. 결국 김규호는 1908년 충남 공주군 일대에서 정보를 수집하여 의병에게 제공하는 활동을 하다가 동년 11월 12일 공주군 감성시장에서 공주경무고문지부 순사에게 체포되었다. 그러나 김규호는 이송되던 도중 대평리시장 부근에서 일제 경찰에게 피살되었다. 정부는 그의 공훈을 기려 2005년 애국장을 추서하였다.

12. 김동식(金東植), 1891.7.28~1966.10.31, 충남 공주 의당면 덕학리 551, 3 · 1운동

김동식은 1919년 4월 충남 공주군 의당면에서 독립만세운동을 하다가 체포되었다. 태형 90도를 받았으며, 정부는 그의 공훈을 기려 2013년에 대통령표창을 추서하였다.

13. 김만제(金萬濟), 1912.10~1991.10, 충남 공주 계룡면 경천리 62번지, 일본방면

김만제는 논산군과 공주군을 접한 계룡산 인근에 사회단체가 없다는 점을 유감스럽게 생각하였다. 그리하여 1928년 1월 12일 용상청년회를 창립하기 위해 준비위원회를 개최하였다. 여기서 김만제는 창립 규약초안 및 의안 작성위원으로 선출되었다.

이후 김만제는 일본에 건너가 신호중앙신학교에 입학하여 신학공부를 하였다. 당시 신호중앙신학교에는 한국인 학생으로 김만제를 비롯하여 김영창 등 5명이 재학하고 있었다. 김만제 등 민족의식이 깊은 한국인 학생들은 한민족의 진실한 행복은 일제의 지배로부터 벗어나 독립이 되어야 한다고 생각하였다. 따라서 이들은 일제가 주장하는 내선일체(內鮮一體) 등의 정책으로 인하여 한국인의 민족의식 및 독립정신이 상실되어 간다고 판단하였다. 또한 김만제를 포함한 신학생들은 일제가 만주사변·중일전쟁 등 침략전쟁으로 국력이 쇠퇴하여 미국 등의 연합국이 승리할 것이며 이때가 우리민족이 독립할 좋은 기회가 될 것이라고 주장하였다. 이들은 중앙신학교의 교정, 신문실, 기타의 장소에서 한국인 신학생의 집회 또는 친목회 등을 이용하여 민족의식을 일깨우는 활동을 전개하였다.

그러나 일제는 1941년 12월 진주만을 기습 공격하면서 태평양전쟁을 일으켰고, 그에 따른 재일 한국인 운동가들에 대한 대대적인 검거를 단행하였다. 그 해 12월 9일 김만제도 일본 경찰에 체포되어 취조를 받다가 1942년 4월 2일 병으로 석방되었다. 정부는 그의 공훈을 기려 2008년에 대통령표창을 추서하였다.

14. 김문주(金文柱), 미상, 충남 공주, 의병

김문주는 1895년 9월 충남 유성에서 거의한 문석봉 의진의 선봉장으로 참여하였다. 정부는 그의 공훈을 기려 2013년에 애족장을 추서하였다.

15. 김백룡(金白龍), 1895.7.10~1949.4.17, 충남 공주 의당면 중흥리 442, 3·1운동

김백룡은 1919년 4월 충남 공주군 의당면에서 독립만세시위에 참여하였다가 태 90도를 받았다. 정부는 그의 공훈을 기려 2011년에 대통령표창을 추서하였다.

16. 김병헌(金秉憲), 1880.1~1949.10, 충남 공주, 3·1운동

김병헌은 1919년 3월 14일 공주 유구시장에서 독립만세운동을 전개하였다. 황병주가 3월 14일 오후 4시경 유구시장에서 30여 명 군중을 향하여 모자를 흔들면서 대한독립만세를 외쳐 군중들의 독립만세운동을 유도하였다. 이들 만세 군중들은 우(牛)시장으로 이동하면서 독립만세를 고창하였고, 일경 고산(高山)순사의 제지에도 만세 군중은 500여 명으로 늘어났다. 고산순사는 박용진 순사보에게 황병주를 주재소로 연행하게 하였다. 이에 이승현과 황연성의 주도로 100여 명의 군중들은 황병주의 구출을 위하여 주재소로 고산순사를 공격하고, 주재소의 문, 등, 유리창 등 일제 치안기관의 시설물을 파괴하였다.

김병헌은 이 독립만세운동에 적극 참여하여 독립만세를 불렀다. 일제는 그를 보안법 위반으로 체포하여 공주지방법원에서 징역 2년을 선고(1919.6.16)받고 항고하였으나 경성복심법원(1919.7.20)과 고등법원(1919.10.16)에서 각각 기각되어 옥고를 겪었다. 정부는 그의 공훈을 기려 1990년에 애족장을 추서하였다.

17. 김사현(金士賢), 1888~미상, 충남 공주 대화리, 3·1운동

김사현은 1919년 4월 1일 공주시장에서 독립만세운동에 참여하였다. 영명학교 교사와 학생들은 3월 24일 오후 영명학교에서 현석칠·김관회·이규상 등 교사와 학생들이 독립만세운동을 위한 첫 모임을 갖고 각자의 역할 분담을 하였다. 이들은 25일에는 독립선언서 제작을 준비하여 31일에는 학교 등사판으로 독립선언서

1,000매를 인쇄하였고, 또한 태극기를 제작하였으며, 독립만세운동에 참가할 동지들을 모으는 활동을 전개하였다.

김사현이 이러한 활동에 참여하여 활동하다가 체포된 사실이 확인된다. 그러나 그는 무죄를 받았으나, 정부는 그의 공훈을 기려 2019년에 대통령표창을 추서하였다.

18. 김삼룡(金三龍), 1898.6.12~미상, 충남 공주 정안면 운궁리, 3·1운동

김삼룡은 1919년 4월 1일 충남 공주 정안면에서 주민 수백 명과 함께 조선독립 만세를 외치는 만세운동에 참여하였다. 또한 동면 광정리에 소재한 경찰관 주재소의 담장 등을 부수다가 체포되어 징역 10월형을 선고받았다. 정부는 그의 공훈을 기려 2012년에 건국포장을 추서하였다.

19. 김상규(金相圭), 이명 상교(相敎), 1880.1~미상, 충남 공주, 3·1운동

김상규는 1919년 3월 14일 공주 유구시장에서 독립만세운동을 전개하였다. 황병주가 3월 14일 오후 4시경 유구시장에서 30여 명 군중을 향하여 모자를 흔들면서 대한독립만세를 외쳐 군중들의 독립만세운동을 유도하였다. 이들 만세 군중들은 우시장으로 이동하면서 독립만세를 고창하였고, 일경 고산(高山)순사의 제지에도 만세 군중은 500여 명으로 늘어났다. 고산순사가 박용진 순사보에게 황병주를 주재소로 연행하게 하였다. 이에 이승현과 황연성의 주도로 100여 명의 군중들은 황병주의 구출을 위하여 대한독립만세를 부르며 주재소로 이동하여 고산순사를 공격하고, 주재소의 문, 등, 유리창 등 일제 치안기관이 시설물을 파괴하였다.

김상규는 주재소 창문의 유리창을 주도적으로 파괴하였고, 강태하·안만길·유석우·이우상 등과 함께 주재소 시설물을 파괴하였을 뿐 아니라 대한독립만세를 고창하였다. 결국 김상규는 보안법 위반으로 공주지방법원에서 징역 2년을 선고(1919.6.16)받아 옥고를 겪었다. 정부는 그의 공훈을 기려 2009년에 애족장을 추서하였다.

20. 김순명(金順明), 1876.2.1~1941.2.20, 충남 공주 정안면 내촌리 199, 3·1운동

김순명은 1919년 4월 1일 충남 공주 정안면에서 이기한 등이 주도한 만세운동에 참여하였다가 체포되어 태 90도를 받았다. 정부는 그의 공훈을 기려 2010년에 대통령표창을 추서하였다.

21. 김영휘(金永暉), 이명 김광영휘(金光永輝)·김영휘(金永輝), 1874.10.5~1942.1.14, 충남 공주 의당면 덕학리 540, 3·1운동

김영휘는 1919년 4월 충남 공주군 의당면에서 만세운동을 전개하다가 체포되어 태 90도를 받았다. 정부는 그의 공훈을 기려 2011년에 대통령표창을 추서하였다.

22. 김오룡(金五龍), 1883.2.12~미상, 충남 공주 목동면 이인리, 3·1운동

김오룡은 1919년 4월 1일 충남 공주군 정안면 석송리와 광정리

에서 전개된 만세운동에 참여하여 체포되어 징역 10월(미결구류 100일 통산)형을 받았다. 정부는 그의 공훈을 기려 2011년에 건국포장을 추서하였다.

23. 김좌록(金左錄), 이명 재록(在錄), 1890.2~1942.3, 충남 공주, 3·1운동

김좌록은 1919년 3월 14일 공주 유구시장에서 독립만세운동을 전개하였다. 황병주가 3월 14일 오후 4시경 유구시장에서 30여 명 군중을 향하여 모자를 흔들면서 대한독립만세를 외쳐 군중들의 독립만세운동을 유도하였다. 이들 만세 군중들은 우시장으로 이동하면서 독립만세를 고창하였고, 일경 고산(高山)순사의 제지에도 만세 군중은 500여 명으로 늘어났다. 고산순사는 박용진 순사보에게 황병주를 주재소로 연행하게 하였다. 이에 이승현과 황연성의 주도로 100여 명의 군중들은 황병주의 구출을 위하여 주재소로 고산순사를 공격하고, 주재소의 문, 등, 유리창 등 일제 치안기관의 시설물을 파괴하였다.

김좌록은 이 독립만세운동에 적극 참여하였고, 보안법 위반으로 공주지방법원에서 징역 6월 선고(1919.6.16)받고 항고하였으나 경성복심법원(1919.7.20)과 고등법원(1919.10.16)에서 각각 기각되어 옥고를 겪었다. 정부는 그의 공훈을 기려 1995년에 대통령표창을 추서하였다.

24. 김지성(金知性), 1854~미상, 충남 공주, 3·1운동

김지성은 1919년 3월 14일 공주 유구시장에서 독립만세운동을 전개하였다. 황병주가 3월 14일 오후 4시경 유구시장에서 30여 명 군중을 향하여 모자를 흔들면서 대한독립만세를 외쳐 군중들의 독립만세운동을 유도하였다. 이들 만세 군중들은 우시장으로 이동하면서 독립만세를 고창하였고, 일경 고산(高山)순사의 제지에도 만세 군중은 500여 명으로 늘어났다. 고산순사가 박용진 순사보에게 황병주를 주재소로 연행하게 하였다. 이에 이승현과 황연성의 주도로 100여 명의 군중들은 황병주의 구출을 위하여 대한독립만세를 부르며 주재소로 이동하여 고산순사를 공격하고, 주재소의 문, 등, 유리창 등 일제 치안기관의 시설물을 파괴하였다.

김지성은 강태하·안만길·유석우·이우상·이흥규·조병옥 등과 함께 주재소 시설물을 파괴하면서 대한독립만세를 고창하였다. 결국 그는 보안법 위반으로 공주지방법원에서 징역 6월을 선고 (1919.6.16)받아 옥고를 겪었다. 정부는 그의 공훈을 기려 2002년에 대통령표창을 추서하였다.

25. 김현경(金賢敬), 1897.6~1986.8, 충남 공주, 3·1운동

김현경은 1919년 4월 1일 공주시장에서 독립만세운동을 전개하였다. 영명학교 교사와 학생들은 3월 24일 오후 영명학교에서 김관회·이규상 등 교사와 학생들이 독립만세운동을 위한 첫 모임을 갖고 각자의 역할 분담을 하였다. 이들은 25일에는 독립선언서 제작을 준비하여 31일에는 학교 등사판으로 독립선언서 1,000매를 인쇄하였다. 또한 태극기를 제작하였으며, 독립만세운동에 참가할 동지들을 모으는 활동을 전개하였다. 독립만세운동을 위한 준비를 한 이들은 4월 1일 오후 2시경 시장으로 나아가 군중들에게 독립선언서를 나누어 주고 태극기를 흔들며 대한독립만세를 고창하였다.

김현경은 이규상의 권유를 받고 독립만세운동에 참가하여 자신의 집에 모인 영명여학교 학생 4~5명과 함께 시장으로 가서 이규상에게 받은 태극기를 흔들면서 대한독립만세를 외쳤다. 그는 보안법 위반으로 일제에 체포되어 공주지방법원에서 예심종결(1919.7.28), 확정 판결(1919.8.29)로 징역 4월(집행유예 2년)을 선고 받는 고초를 겪었다. 또한 출옥 후 유관순의 옥사 순국 때 아펜젤러 목사와 함께 유해를 인수하여 장례를 지냈다. 정부는 그녀의 공훈을 기려 1998년에 건국포장을 추서하였다.

26. 김형동(金瀅東), 이명 김무동(金武東), 1895~1966, 충남 공주 장기면 도계리 47번지, 만주방면

김형동은 1915년 만주로 망명하였고, 1919년에는 북로군정서에 가입하여 김좌진 등과 함께 활동하였다. 1924년 중국 운남 육군강무학교를 졸업하고 1925년에는 중국 상해에서 활동하였다. 해방 직후 중경임시정부 주석 김구의 귀국환영회에도 참석하였다. 정부는 그의 공훈을 기려 1991년에 애족장을 추서하였다.

27. 노규현(盧奎鉉), 1858.10.1~1923.9.25, 충남 공주 정안면 전평리 165, 3·1운동

노규현은 1919년 4월 1일 정안면 석송리·광정리에서 독립만세운동을 전개하였다. 이기한은 마을 주민들에게 "모두 나를 따르라"라며 앞장섰고, 이병억·이동안·정재철 등 주민 20~30명이 '대한독립만세'를 부르며 광정리로 이동하였다. 내송리에서 운궁리 주민 20여 명이 합세하였다. 광정리에 도착한 만세 군중들은 먼저 일본인 거주지와 정미소 앞에서 독립만세를 부르고 주재소를 공격하였다. 이기한은 "주재소를 파괴하자", "왜 구경만 하느냐?"라며 주재소 파괴를 독려하였다. 주재소가 파괴되고 있다는 통보를 받은 공주경찰서는 순사 2명, 순사보 1명, 헌병군조 1명, 병졸 5명을 자동차로 광정리에 급파하여 오후 4시 40분경에 석송리 주막 김원일 집 앞에 이르렀다. 광정리에서 석송리로 돌아와서 주막에서 휴식을 하고 있던 주민들은 도로로 뛰어 나아가 자동차 진행을 막고 손을 흔들며 '대한독립만세'를 외쳤다. 목원(木原)순사가 이동안을 주도자로 지목하고 체포하려고 왼손을 결박하고 오른손마저 잡으려 하였다.

이때 노규현은 장기현·정화순·문백룡·정재철·서순석 등과 함께 "그가 무슨 죄가 있어 잡아 가느냐?"며 고함을 치고 목원순사를 떠밀었다. 이어 마을 주민 4~50여 명은 일경과 헌병들을 에워싸며 다툼을 벌였다. 헌병군조의 발포와 일경들의 무차별 사격으로 사상자가 발생하고 이동안과 정재철 등이 체포 압송을 당하였다. 이에 이기한 등 주민들은 다시 광정리로 이동하여 대한독립만세를 불렀다. 이 독립만세운동은 3일까지 계속 전개되었다.

노규한은 이와 같은 활동으로 일제에 체포되어 공주지방법원에서 징역 8월·집행유예 2년을 선고(1919.9.29)받아 항고하였으나 경성복심법원(1919.11.17)에서 기각되었다. 정부는 그의 공훈을 기려 2006년에 대통령표창을 추서하였다.

28. 노사문(盧士文), 1877~1948, 충남 공주 의당 중흥리 312, 3 · 1운동

노사문은 1919년 4월 충남 공주군 의당면에서 만세운동을 전개하다가 체포되어 태 90도를 선고받았다. 정부는 그의 공훈을 기려 2010년에 대통령표창을 추서하였다.

29. 노상우(盧相羽), 1882.12~1933.6, 충남 공주, 3 · 1운동

노상우는 1919년 3월 14일 공주 유구시장에서 독립만세운동을 전개하였다. 황병주가 3월 14일 오후 4시경 유구시장에서 30여 명 군중을 향하여 모자를 흔들면서 대한독립만세를 외쳐 군중들의 독립만세운동을 유도하였다. 이들 만세 군중들은 우(牛)시장으로 이동하면서 독립만세를 고창하였고, 일경 고산(高山)순사의 제지에도 만세 군중은 500여 명으로 늘어났다. 고산순사는 박용진 순사보에게 황병주를 주재소로 연행하게 하였다. 이에 이승현과 황연성의 주도로 100여 명의 군중들은 황병주의 구출을 위하여 주재소로 고산순사를 공격하고, 주재소의 문, 등, 유리창 등을 파괴하였다.

노상우는 주재소로 이동하는 과정에 하재옥의 집 앞에서 박준빈 등과 함께 독립만세운동을 주도적으로 전개하고 황병주 석방과 주재소 공격에 참여하였다. 그는 보안법 위반으로 일제에 체포되어 공주지방법원에서 징역 6월을 선고(1919.6.16)받아 옥고를 겪었다.

정부는 그의 공훈을 기려 1995년에 대통령표창을 추서하였다.

30. 노섭(盧燮), 1924.7~1943.2, 충남 공주, 국내항일

비밀결사 그룹인 공주그룹은 1941년 11월경 일본 도쿄에서 조직된 '우리조선독립그룹'의 국내 연계조직으로 결성된 비밀결사였다. 공주 출신인 현창석은 일본 센슈대학 유학중 채용석·정종락·김원식 등과 일제 패망을 예견하고 국제정세를 이용해 독립을 달성하고자 '우리조선독립그룹'을 결성했다. 현창석은 일제가 패망하는 결정적인 시기에 일본과 국내가 연계해 독립을 달성해야 한다고 보았다. 따라서 1941년 6월 귀국해 고향인 공주에서 '우리조선독립그룹'의 국내연계조직으로 공주그룹을 결성하고자 했다. 노섭은 논산군청 재직 중 현창석으로부터 '도쿄에서는 이미 한국 독립운동에 헌신하는 동지가 결집되어 활동 중이므로 국내에서도 비밀리에 이에 호응해서 활동을 전개하는 것이 어떠냐'는 제의를 받고 임헌도·정낙진 등과 공주그룹을 결성했다.

공주그룹은 도쿄에서 미국의 공습을 틈타 주요시설의 방화, 철도 및 수도파괴 등 재일조선인들이 무장봉기를 한다는 계획에 따라 국내에서도 이에 동조하여 함께 봉기하기로 하였다. 그러나 이러한 계획을 추진하던 중 일본에서 현창석이 체포되면서 공주그룹의 전모가 드러났다. 노섭은 공주에서 체포되어 1942년 6월 일본으로 압송되었으나 일제의 가혹한 고문과 옥고를 견디지 못하고 1943년 2월 14일 순국했다. 정부에서는 그의 공훈을 기려 1991년에 애국장을 추서하였다.

31. 노성삼(盧聖三), 이명 노성삼(盧成三), 1858~1913.6,
    충남 공주 우정면 월덕리, 의병

노성삼은 1908년 충남, 전북, 충북 등지에서 의병장으로서 활동
하다가 체포되어 종신징역형을 받았다. 그러나 1913년 5월 30일
형집행정지로 풀려나 같은 해 6월에 순국하였다. 정부는 그의 공
훈을 기려 2017년에 애국장을 추서하였다.

32. 노예달(盧禮達), 1900.10.12~미상, 충남 공주 학룡면
    경천리 80, 3·1운동

노예달은 1919년 3월 1일 이화학당 고등과 2학년에 재학 중이
었다. 서울 파고다 공원에서 전개된 독립만세운동에 참여하였으
며, 같은 해 3월 5일 남대문에서 학생단이 주도한 제2차 독립만세
운동에도 참여하여 체포되었다. 징역 6월, 집행유예 3년을 받았다.
정부는 그의 공훈을 기려 2014년에 대통령표창을 추서하였다.

33. 노원섭(盧元燮), 자 대재(大哉), 호 송암(松菴), 1877~1950,
    충남 공주, 의병

노원섭은 1905년 을사조약 늑결 이후 전국적으로 의병전쟁이
확대되자, 여기에 상응하여 고향인 공주 용당에서 동지 30명을 규
합하여 의병을 일으켰다. 그 후에는 항일전에 유리한 험산준령인
덕유산으로 내려와 활동 근거지를 삼았으며, 금산·진안·함양 등
지를 무대로 항일전을 수행하였다. 1907년 9월에는 150명의 의
병으로 금산을 공격하여 일본군을 대파하고 일본인 10여 명을 단
죄하고 그들의 가옥을 소각하였다. 이때 의병을 3대로 나누어 포

위하고 금산의 우편국, 세무서 등을 불태웠다. 이 시기 역시 덕유산 일대를 무대로 항일전을 전개한 문태서 의병과 어떤 관계에 있었는지 불분명하다. 그렇지만 활동지역과 시기가 거의 일치하는 점으로 미루어 볼 때, 문태서 의진과 긴밀한 연계하에 항일전을 전개했던 것으로 유추된다. 1908년에는 용당·무주·진산·고산 등지를 전전하면서 일제 군경과 치열한 교전을 벌인 끝에 결국 체포되었다. 그 뒤 전주지방법원에서 12년형을 선고받고 제주 추자도에 유배되었다가 1910년 경술국치로 이른바 대사면령이 내려졌을 때 특사로 풀려났다. 이후 1919년 3·1운동에 참가하였다가 다시 체포되었고, 2년간 옥고를 치렀다. 1945년 광복 후에는 초대 공주유도회장과 공주군민족정기단장을 지냈다. 정부는 그의 공훈을 기려 1977년 독립장을 추서하였다.

34. 노치흠(盧致欽), 1872~미상, 충남 공주 우정면 상촌리, 의병

노치흠은 1905년 음력 12월부터 1908년 3월 사이에 충남 공주에서 노성삼 등과 함께 군자금을 모집하는 등의 의병활동을 전개하다가 체포되었다. 그는 종신 징역형을 선고받았는데, 정부는 그의 공훈을 기려 2017년에 애국장을 추서하였다.

35. 문백룡(文白龍), 1897.8~1974.5, 충남 공주, 3·1운동

문백룡은 1919년 4월 1일 정안면 석송리·광정리에서 독립만세운동을 전개하였다. 이기한은 마을 주민들에게 "모두 나를 따르라"라며 앞장섰고, 문백룡은 이병억·이동안·정재철 등 주민 20~30

명과 함께 '대한독립만세'를 부르며 광정리로 이동하였다. 내송리에서 운궁리 주민 20여 명이 합세하였다. 광정리에 도착한 만세 군중들은 먼저 일본인 거주지와 정미소 앞에서 독립만세를 부르고 주재소를 공격하였다. 이기한은 "주재소를 파괴하자", "왜 구경만 하느냐?"라며 주재소 파괴를 독려하였다. 주재소가 파괴되고 있다는 통보를 받은 공주경찰서는 순사 2명, 순사보 1명, 헌병군조 1명, 병졸 5명을 자동차로 광정리에 급파하여 오후 4시 40분경에 석송리 주막 김원일 집 앞에 이르렀다. 광정리에서 석송리로 돌아와서 주막에서 휴식을 하고 있던 주민들은 도로로 뛰어 나아가 자동차 진행을 막고 손을 흔들며 '대한독립만세'를 외쳤다.

목원(木原)순사가 이동안을 주도자로 지목하고 체포하려고 왼손을 결박하고 오른손마저 잡으려 하였다. 이때 문백룡은 장기현·정화순·장기현·정재철·서순석 등과 함께 "그가 무슨 죄가 있어 잡아 가느냐?"며 고함을 치고 목원순사를 전후좌우에서 떠밀었다. 이어 마을 주민 4~50여 명은 일경과 헌병들을 각각 수명씩으로 에워싸며 다툼을 벌였다.

이동안 체포에 실패한 일경들은 정재철과 서광순을 체포하려고 시도하자, 그는 장기현과 함께 순사를 붙잡고 입으로 물어 뜯으면서 체포를 제지하였다. 이에 헌병군조의 발포와 일경들의 무차별 사격으로 사상자가 발생하고 이동안과 정재철 등이 체포 압송을 당하자, 이기한 등 주민들은 다시 광정리로 이동하여 대한독립만세를 불렀다. 이 독립만세운동은 3일까지 계속 전개되었다. 결국 문백룡은 보안법 위반으로 공주지방법원에서 징역 10월을 선고

(1919.9.29)받아 항고하였으나 경성복심법원(1919.11.17)에서 기각되어 옥고를 겪었다. 정부는 그의 공훈을 기려 2007년에 건국포장을 추서하였다.

36. 박명렬(朴命烈/朴明烈), 1912.7~미상, 충남 공주, 학생운동

박명렬은 공주고등보통학교에 재학 중이던 1930년 1월 광주학생운동에 호응하여 벌인 공주고보생들의 동맹휴학과 반일 가두시위를 주도했다는 이유로 퇴학당하였다. 그 후 공주고보생 김순태, 공주소년연맹 위원장 안병두 등과 함께 반전운동을 위한 비밀결사를 조직하고, 1932년 3월 5일경 영명학교를 비롯한 읍내 곳곳에 반전벽보를 붙이고 격문을 뿌렸다.

이로 인해 3월 10일 4명의 동지와 함께 체포되어 1932년 12월 20일 공주지방법원에서 유죄판결을 받고, 1933년 2월 16일 경성복심법원에서 징역 2년, 집행유예 5년의 형이 확정되기까지 11개월여의 옥고를 치렀다. 그 뒤에도 공주에서 독서회를 조직하여 반일사상을 고취하다 1935년 7월 2일 일본 경찰에 체포되어 한 달여 동안 조사를 받고 경성지방법원 검사국의 예심에서 기소유예로 석방되었다. 정부에서는 그의 공훈을 기려 1993년에 건국포장을 수여하였다.

37. 박윤근(朴潤根), 1891.2.10~미상, 충남 공주 의당면 중흥리 313, 3·1운동

박윤근은 1919년 4월 충남 공주군 의당면에서 만세운동을 전개하다가 체포되어 태 90도를 선고받았다. 정부는 그의 공훈을 기려

2011년에 대통령표창을 추서하였다.

38. 박준빈(朴準斌), 1868.3~1929.1, 충남 공주, 3 · 1운동

박준빈은 1919년 3월 14일 공주 유구시장에서 독립만세운동을 전개하였다. 황병주가 3월 14일 오후 4시경 유구시장에서 30여 명 군중을 향하여 모자를 흔들면서 대한독립만세를 외쳐 군중들의 독립만세운동을 유도하였다. 이들 만세 군중들은 우시장으로 이동하면서 독립만세를 고창하였고, 일경 고산(高山)순사의 제지에도 만세 군중은 500여 명으로 늘어났다. 고산순사는 박용진 순사보에게 황병주를 주재소로 연행하게 하였다. 이에 이승현과 황연성의 주도로 100여 명의 군중들은 황병주의 구출을 위하여 주재소로 고산순사를 공격하고, 주재소의 문, 등, 유리창 등 일제 치안기관의 시설물을 파괴하였다.

그는 주재소로 이동하는 과정에 하재옥의 집 앞에서 황연성 등과 함께 독립만세운동을 주도적으로 전개하고, 이어 주재소에서 고산순사에게 "어째서 황병주를 석방하지 않는가? 즉시 석방하라"고 요구하면서 고산순사의 가슴에 타격을 가하였으며, 주재소 공격에 참여하였다.

그는 이 독립만세운동에 적극 참가하는 독립운동을 전개하여 보안법 위반으로 공주지방법원에서 징역 3년을 선고(1919.6.16)받고 항고하였으나 경성복심법원(1919.7.20)과 고등법원(1919.10.16)에서 각각 기각되어 옥고를 겪었다. 정부는 그의 공훈을 기려 1997년에 대통령표창, 1990년에 애족장을 추서하였다.

39. 박한용(朴漢用), 이명 박상득(朴上得), 1879.4.10~미상,
   충남 공주 정안면 운궁리, 3·1운동

박한용은 1919년 4월 충남 공주군 정안면에서 만세시위를 전개하다 체포되어 태 90도를 선고받았다. 정부는 그의 공훈을 기려 2010년에 대통령표창을 추서하였다.

40. 백세기(白世基), 1907.9~미상, 충남 공주 계룡면 부암리
   756번지, 학생운동

백세기는 1926년 여름에 조직된 수원고등농림학교의 항일학생 결사 건아단(健兒團)에서 활동하였다. 동교 기숙사 내 한국인 학생모임인 '조선인학생담화회'를 중심으로 결성되었던 '건아단'은 민족사회에 이바지하기 위해 농민대중을 계발하여 신사회 건설을 목적한 학생결사였다. 그들은 먼저 농촌사회의 개발이 곧 독립운동의 기초가 된다고 보고 그들의 전문지식을 바탕으로 농민을 계몽 지도하는데 힘을 쏟았다. 그들은 수원군 안룡면 고견리를 비롯한 부근 여러 마을에 농민야학을 설립하여 농민의식을 고취시키는 등 민족의식을 고양하는 활동을 전개하였는데 이때 단군 연호를 사용한 것이 후에 문제가 되었다.

그러던 중 1927년 9월에 북도지방을 수학여행할 때, 강원도 등지에서 일본인의 대규모 농장을 본 건아단원들은 그 식민성 농장에 분개하고 민족농장 건설의 꿈을 키우기도 했다. 그리하여 1928년 6월에 건아단은 당시 일본 동경에 설치되어 있던 조선농우연맹(朝鮮農友聯盟)에 가입하고 '조선인에 의한 조선농촌개발'이라는 조선

농우연맹의 주장에 합류하여 추진하기로 했다. 그것은 건아단의 이상과도 합치되는 것이었다.

그리고 같은 해에 조선농우연맹이 국내에서 지방강연 등 계몽 활동을 할 때 수원고농의 학생도 연사로 참석하였는데 일제에 의해 강연활동이 중지되면서 여기에 연사로 참석했던 수원고농 학생 한전종이 무기정학을 당하였다. 이때 건아단의 조직이 발각되지는 않았으나 단원들은 사태를 중시하고 '계림농흥사(鷄林農興社)'로 명칭을 개칭 위장하였다.

그런데 건아단 출신으로 김해공립농업학교에 교사로 근무하던 김성원이 건아단의 목적을 수행하던 중 일본 경찰에 검거되는 일이 일어났다. 때문에 1928년 여름에 계림농흥사는 다시 '조선개척사(朝鮮開拓社)'로 조직을 개편했으나 사건이 확대됨에 따라 비밀결사의 조직과 활동이 드러나게 되어 1928년 9월, 전 회원이 체포되었다. 체포 후 그는 18개월 동안 모진 고문을 당하다가 1930년 2월에 경성지방법원에서 면소판결을 받았다. 정부에서는 그의 공훈을 기려 1980년에 대통령표창, 1990년에 애족장을 수여하였다.

41. 서순석(徐淳錫), 1857.5.4~1926.2.17, 충남 공주 정안면 석송리 208, 3·1운동

서순석은 1919년 4월 충남 공주군 정안면에서 만세운동에 참가한 주민을 체포하려는 일본순사를 저지하고 무기를 탈취하려다가 체포되었다. 그는 약 6개월의 옥고를 치르고 징역 6월, 집행유예 2년을 선고받았다. 정부는 그의 공훈을 기려 2010년에 대통령표창을 추서하였다.

42. 신필범(愼弼範), 1893.2.3~1974.12.27, 충남 공주 의당면
태산리 113, 3 · 1운동

신필범은 1919년 4월 충남 공주군 의당면에서 전개된 만세운동
에 참여하여 체포되어 태 90도를 받았다. 정부는 그의 공훈을 기려
2017년에 대통령표창을 추서하였다.

43. 심원택(沈源澤), 본관 청송, 미상~1913.3, 충남 공주 사곡면
호계리, 애국계몽운동

심원택은 어릴 때 상경하여 서울 서대문 가좌동에서 생장하였
다. 윤이병 등 동지들과 함께 1907년 6월 19일 동우회(同友會)를 조
직하였다. 취지는 한일 양국인의 정신적 화충협동(和衷協同)에 있었
다. 임원진으로 회장은 이윤용과 일본인 도진공희(到津公凞), 부회장
은 이범규였다. 회원은 300여 명에 달할 만큼 대단한 호응을 받았
다. 일제의 한국침략을 규탄하고 매국단체인 일진회를 성토하자,
임원진은 사퇴하는 상황에 직면하였다. 이를 수습하고자 회장 윤
이병과 부회장 김재붕이 각각 선임되었다. 취지도 황실존중 · 청년
교육 · 동양평화 등을 표방하였다. 회원은 수천 명으로 증가하는
등 혁신적인 분위기에 편승하기에 이르렀다.

일제가 1907년 7월 헤이그특사사건을 구실로 광무황제를 강제
로 퇴위시키는 만행을 저질렀다. 더욱이 일본인 차관을 임명하여
침략정책을 강화하려는 움직임도 나타났다. 심원택은 이근우 · 홍

재칠 · 홍재설 · 차춘성 · 이광수 · 이존복 · 강만선 · 김한긍 · 김경석 · 조순종 · 이인승 · 강준영 · 최원석 등 회원들과 결사대를 조직하여 대한자강회(大韓自强會)와 연합한 격렬한 반대시위운동을 전개하였다. 친일매국 상징 인물인 이완용 집을 불태우는 한편 매국역적 송병준을 체포하려고 했다. 일진회 기관지인 국민신보사를 습격하여 사옥과 기물을 파괴하였다. 시민들도 합세하여 일본인 가옥에 투척하거나 방화를 서슴지 않았다.

심원택은 일제 경찰과 격렬한 투석전을 전개하는 등 항일운동 선봉에 나섰다. 당황한 일본인은 이현이나 나동 일본인소학교로 피신하는 대소동이 일어났다. 그는 이 사건으로 체포되어 1908년 1월 16일 10년 유배형을 언도받고 전라남도로 유배되었다. 2년 6개월간 유배생활을 한 후 특사로 석방되어 고향으로 돌아온 후 일제가 나라를 병탄하자, 울분 속에서 나날을 보냈다. 의병운동을 계승하는 독립운동 단체로서 독립의군부 활동을 모색하다가 1913년에 병사하고 말았다. 그의 동지들도 이듬해 대부분 체포되는 비운을 겪었다. 정부는 그의 공훈을 기려 1977년에 건국포장, 1990년에 애국장을 추서하였다.

44. 안만길(安萬吉), 이명 만원(萬元), 1901.5~1969.4, 충남 공주, 3 · 1운동

안만길은 1919년 3월 14일 오후 4시경 공주 유구시장에서 황병주가 30여 명 군중을 향하여 모자를 흔들면서 대한독립만세를 외치는 독립만세운동에 참여하였다. 만세 군중들은 우시장으로 이동하면서 독립만세를 고창하였고, 일경 고산(高山)순사의 제지에도 만세 군중은 500여 명으로 늘어났다. 고산순사가 박용진 순사보에게 황병주를 주재소로 연행하게 하였다. 이에 이승현과 황연성의 주도로 100여 명의 군중들은 황병주의 구출을 위하여 대한독립만세를 부르며 주재소로 이동하여 고산순사를 공격하고, 주재소의 문, 등, 유리창 등 일제의 치안기관의 시설물을 파괴하였다.

안만길은 이우상·유석우·유진태 등과 함께 주재소 시설물을 파괴하면서 대한독립만세를 고창하였다. 결국 보안법 위반으로 공주지방법원에서 징역 6월·벌금 30원을 선고(1919.6.16)받고 옥고를 겪었다. 정부는 그의 공훈을 기려 2006년에 대통령표창을 추서하였다.

45. 안병두(安秉斗), 1910.7~1950.9, 충남 공주 주외면 옥룡리 364번지, 국내항일

안병두는 공주지역에서 일제의 식민지 지배를 타파하기 위해 소년운동과 농민운동에 종사하고 있었다. 1931년 10월 공주군 우성면 방흥리에서 소작쟁의가 발생하였는데, 그는 박명렬과 함께 소작농을 지도하여 쟁의를 이끌었다. 또한 안병두는 그해 12월 이학근 등과 함께 농민조합을 결성하였다. 그는 일제와 맞서기 위해서는 농민과 노동자들에게 민족의식과 계급의식을 불어 넣어야만 한다고 생각하였다. 그래서 안병두는 농민조합원들에게 연설을 통해 민족의식과 계급의식을 깨우치는데 힘을 쏟았다. 한편, 그는 공주소년동맹 집행위원장으로서 활발하게 대중운동을 펼치던 중 공주

고등보통학교 학생 김순태 · 노수남 · 유석순 등과 반전운동을 위한 비밀결사를 조직하였다. 그 후 이들은 1932년 3월 5일 공주 영명학교를 비롯한 시내에 반전격물을 뿌리는 등의 활동을 벌이다가 3월 10일 일제경찰에 피체되어 징역 2년을 받고 옥고를 치렀다. 정부는 그의 공훈을 기려 2005년에 건국포장을 추서하였다.

46. 오강표(吳剛杓), 본관 보성, 자 명여(明汝), 호 무이재(無貳齋), 1843~1910, 충남 공주 사곡면 월가리 도덕골, 애국계몽운동

오강표는 1843년 충청남도 공주군 사곡면 월가리 도덕골에서 부친 오치국과 모친 파평 윤씨 사이의 장남으로 태어났다. 그는 어려서부터 성품이 바르고 의를 중시하였으며, 효성이 지극하였다. 약관의 나이에 부친의 명으로 임헌회의 문하에 들어갔다가 임헌회의 권고로 간재 전우의 문하에서 수학하였다. 또한 을사늑약 체결에 반대하는 '청참오적소(請斬五賊疏)'를 올렸다가 받아들여지지 않자 물러나 '자정론(自靖論)'을 실천하였다. 1906년 최익현이 의병에 동참할 것을 종용할 때도 편지로 격려해주기만 하였고, 1908년 9월 서해의 섬을 전전하다가 끝내 육지를 밟지 않고 세상을 떠났다.

오강표는 간재 전우처럼 관직에 나가지 않고 도학적 전통을 고수하는 데 힘썼다. 즉, 그는 자신의 학문 속에서 충의의 참 뜻을 충분히 체득한 지사형의 인물로 평가된다. 그리고 일제의 강요로 1905년 11월 '을사늑약'이 체결되었다는 소식을 들은 오강표는 분격하여 을사오적을 토벌해야 한다는 상소문 '청참조인제적소(請斬調印諸賊疏)'를 지었다. 이 상소문을 한정명으로 하여금 관찰사 이도재에게 글을 전하여 조정에 올리도록 하였다. 그러나 관찰사 이도재는 이를 거절하고 올리지 않았다. 이에 오강표는 분을 이기지 못하고 청국 상인에게 아편을 구입하였다. 그의 행동에 의아심을 품은 청국 상인은 성분이 약한 아편을 주었다. 그는 공주 향교 명륜당으로 들어가 대성통곡하고는 마침내 자결하고자 아편을 먹고 거의 죽을 지경에 이르렀다. 그러나 다행히 한정명이 그를 발견하였기 때문에 그는 목숨을 건진 뒤 집으로 돌아왔다. 하지만 이로 말미암아 그의 몸은 온전치 못한 상태가 되었다.

그 후 오강표는 이토 히로부미를 성토하는 장문의 글을 쓰고자 하였으나 주변 사람들이 만류하는 바람에 뜻을 이루지 못했다. 이 때부터 그는 실의에 빠져서 세상사에 뜻을 두지 않고, 항상 독약을 몸에 지니고 다녔다고 한다. 을사늑약 이후 한민족의 국권회복운동을 무력으로 철저하게 탄압했던 일제는 1907년 헤이그특사사건을 빌미로 고종황제를 강제로 퇴위시키고 군대를 해산시킨 데 이어 사법권마저 박탈하였다. 나아가 1910년 8월 29일 '한일합방조약'을 체결함으로써 한국의 국토와 주권을 완전히 강탈하였다.

이때 오강표는 명강산에서 은거 생활하던 중 강제 병합의 소식을 듣자 크게 놀라 절명사(絶命詞)를 지어 금동서사에 있는 동지 최종화를 찾아갔다. 두 사람은 망국의 울분을 함께 통곡하고는 오천역에서 죽겠노라고 말하자, 최종화가 말렸다. 그러나 그는 지인들과 작별을 고하였고, 1910년 11월 13일 다시 최종화를 만났다가 헤어졌다. 그는 곧바로 공주 향교의 명륜당에 들어가 벽에 글을 붙이고 한바탕 대성통곡을 하였다. 향교에서 잡일을 맡고 있는 수복

(守僕)이 이런 사실을 향교의 직원 이정규에게 알렸다. 이정규가 오강표를 위로하고 타일렀으나, 결국 11월 17일(음력 10월 16일) 밤에 마침내 오강표는 강학루 들보에 목을 매어 자살했다. 오강표의 자결 소식을 들은 최종화는 "초야의 한 포의로 붉은 피 만강하고 애국 충정하는데 목숨을 초개처럼 버리기에 이르렀으니 매운 그 마음 선열에 조금도 부끄러움이 없도다"고 높이 평가하였다. 정부는 그의 공을 기려 1962년 독립장을 추서하였다.

47. 오익표(吳翼杓), 본관 해주, 1888.6~1922.10, 충남 공주 주외면 옥룡리 218번지, 임시정부

오익표는 공주 영명학교와 서울 감리신학교를 졸업하였다. 일본 도쿄로 유학하여 청산학원에 재학 중 국내로 귀국하여 1919년 3·1독립운동에 참여하였다. 1919년 3월 24일 공주 영명학교에서 교사 김관회 등과 함께 만세시위를 계획하고 공주지방 만세시위를 주도하였다. 이후 일제의 검거를 피해 중국 상하이로 망명하여 대한민국 임시정부에 참여하였다.

1919년 4월 7일 상해 대한민국 임시정부 임시의정원 6인의 충청도 의원 중 1인으로 피선되었으나 바로 사직하였다. 임시정부의 재원을 확보하기 위한 방도로 구급의연금 모집과 인두세 징수, 내외 공채 모집 등의 방안을 가결하고 각 지방에 구급의연금 모집 위원 3인씩을 선거할 때 오익표는 충청도 대표 위원으로 선출되었다. 그리고 5월 4일에 상해한인청년회 내에서 조직된 청년단(단장 김정목)에 통신부장과 서무부 내에 소속된 군부, 경무부, 비밀부, 인쇄부 중에 비밀부에 소속되어 청년단 내에 경보(警保)에 임하고 청년을 길림으로 파견하여 군인을 양성하는 일을 맡았다. 오익표는 이과정에서 중국인과의 교섭을 담당하였다.

오익표는 1919년 8월에 러시아 연해주로 건너가서 한민학교에서 결성된 청년단연합회에 부단장으로 선임되었다. 이후 소성학교를 설립 운영하며 민족교육운동에 전념하다가 1922년 연해주에서 사망하였다. 정부에서는 그의 공훈을 기려 1968년에 대통령표창, 1991년에 애국장을 추서하였다.

48. 유석우(柳錫瑀), 1882.12~1933.6, 충남 공주, 3 · 1운동

유석우는 1919년 3월 14일 공주 유구시장에서 독립만세운동을 주도하였다. 황병주는 3월 14일 오후 4시경 유구시장에서 30여 명 군중을 향하여 모자를 흔들면서 대한독립만세를 외쳐 군중들의 독립만세운동을 유도하였다. 이들 만세 군중들은 우시장으로 이동하면서 독립만세를 고창하였고, 일경 고산(高山)순사의 제지에도 만세 군중은 500여 명으로 늘어났다. 고산순사는 박용진 순사보에게 황병주를 주재소로 연행하게 하였다. 이에 이승현과 황연성의 주도로 100여 명의 군중들은 황병주의 구출을 위하여 주재소로 고산순사를 공격하고, 주재소의 문, 등(燈), 유리창 등 일제 치안기관의 시설물을 파괴하였다.

유석우는 주재소로 이동하는 과정에 하재옥의 집 앞에서 박준빈 등과 함께 독립만세운동을 주도적으로 전개하고 황병주 석방과 주재소 공격에 참여하였다. 결국 그는 보안법 위반으로 공주지방법원에서 징역 6월 · 벌금 30원을 선고(1919.6.16)받았다. 정부는 그의 공훈을 기려 1992년에 대통령표창을 추서하였다.

49. 유진태(兪鎭台), 1880.3~1944.3, 충남 공주 신하면 조평리 308번지, 3 · 1운동

유진태는 1919년 3월 14일 충남 공주 신상 유구시장에서 독립 만세운동에 참여한 인물이다. 3월 14일 오후 4시 유구시장에서 천도교인인 황병주가 약 30명의 군중 앞에서 대한독립만세를 부르며 시위를 주도하였다. 삽시간에 시위대는 500여 명으로 불어났는데, 이 때 황병주가 군중들과 함께 시장을 행진하다가 연행되었다. 그는 시위대와 함께 주재소로 달려가 황병주의 석방을 요구하며 시위를 벌이고 투석하였다. 이로 인해 체포되어 동년 6월 16일 공주지방법원에서 보안법 위반 및 소요죄로 징역 6월과 벌금 30원을 선고 받았다. 정부는 그의 공적을 기려 2006년에 대통령표창을 추서하였다.

50. 윤명재(尹明在), 1913.11.27~1934.7.17, 충남 공주 의당면 청룡리 154, 국내항일

윤명재는 1933년경부터 충남 공주 공주읍에서 독서회를 조직하여 사회주의 서적을 윤독하며 사유재산 제도의 철폐를 역설하는 등의 활동을 전개하였다. 이후 일제에게 체포되어 징역 1년 6월을 선고받았다. 정부는 그의 공훈을 기려 2010년에 애족장을 추서하였다.

51. 윤석영(尹奭榮), 1882.8.15~1940.2.13, 충남 공주 우성면
    봉현리 234, 국내항일

윤석영은 1919년부터 1921년 6월까지 충남 예산에서 길림군정
부의 지휘 아래 독립운동 자금을 모집하다가 체포되어 징역 8월(미
결구류 100일 통산)을 언도받았다. 정부는 그의 공훈을 기려 2013년에
대통령표창을 추서하였다.

52. 윤여복(尹汝福), 이명 윤대여(尹大汝)·윤상국(尹相國),
    1918.1.2~1950.6.26, 충남 공주 탄천면 덕지리 485,
    중국방면

윤여복은 1935년 1월 중국낙양군관학교 특별반을 수료하고 민
족혁명당 공작원으로 활동하였다. 그는 북지와 만주 등지에서 공
작활동을 전개하던 중 일경에게 체포되어 징역 2년, 집행유예 2년
을 선고받았다. 정부는 그의 공훈을 기려 1990년에 애족장을 추서
하였다.

53. 윤원식(尹元植), 1884.4~1945.8, 충남 공주, 3·1운동

윤원식은 1919년 4월 1일 정안면 석송리·광정리에서 독립만세
운동을 전개하였다. 이기한은 마을 주민들에게 "모두 나를 따르라"
라며 앞장섰고, 이병억·이동안·정재철 등 주민 20~30명과 함께
'대한독립만세'를 부르며 광정리로 이동하였다. 윤원식은 내송리에
서 최범성·이명보 등 운궁리 주민 20여 명과 함께 합세하였다. 광
정리에 도착한 만세 군중들은 먼저 일본인 거주지와 정미소 앞에

서 독립만세를 부르고 주재소를 공격하였다. 이기한이 "주재소를 파괴하자", "왜 구경만 하느냐?"라며 주재소 파괴를 독려하자, 그는 갖고 있던 삽을 휘둘러 주재소 게시판을 파괴하였다.

주재소를 파괴한 만세 군중들은 오후 4시 40분경 광정리로 출동하는 일경과 헌병들과 석송리에서 제지하였다. 일경들이 무차별 발포로 사상자가 발생하고 이동안과 정재철 등을 체포하여 공주로 돌아가자, 다시 이기한 등은 광정리로 가서 독립만세운동을 전개하였다. 이 독립만세운동은 4월 3일까지 전개되었다. 윤원식은 이 독립만세운동에 적극 참여하는 독립운동을 전개하여 보안법 위반으로 공주지방법원에서 징역 10월·구류 10일을 선고(1919.9.29)받아 항고하였으나 경성복심법원(1919.11.17)과 고등법원(1919.12.13)에서 각각 기각되어 옥고를 겪었다. 정부는 그의 공훈을 기려 2006년에 건국포장을 추서하였다.

54. 윤창선(尹昌善), 이명 윤창현(尹昌孫), 1882~미상, 충남 공주 신상면 석남리, 3·1운동

윤창선은 1919년 3월 14일 충남 공주 신상 유구시장에서 독립만세운동에 참여한 인물이다. 3월 14일 오후 4시 유구시장에서 천도교인인 황병주가 약 30명의 군중 앞에서 대한독립만세를 부르며 시위를 주도하였다. 삽시간에 시위대는 500여 명으로 불어났는데, 이 때 황병주가 군중들과 함께 시장을 행진하다가 연행되었다. 그는 시위대와 함께 주재소로 달려가 황병주의 석방을 요구하며 시위를 벌이고 투석하였다. 이로 인해 체포되어 동년 6월 16일 공주지방법원에서 보안법 위반 및 소요죄로 징역 6월을 선고 받았다. 정부는 그의 공적을 기려 2011년에 대통령표창을 추서하였다.

55. 윤태현(尹泰鉉), 1919.6~1950.7, 충남 공주 장기면 하봉리, 광복군

윤태현은 1919년 6월 공주군 장기면 하봉리에서 태어났고, 공주소학교를 다녔다. 이후 중국으로 가서 상업활동을 하였다. 이때 병력을 모집하기 위해 초모활동을 나왔던 한국청년전지공작대 대원을 만나, 그 본부가 있는 서안으로 갔다. 전지공작대는 무정부주의 계열 청년들이 결성한 무장조직으로 화북지역 일대에 거주하는 한인청년들을 대상으로 병력을 모집하였고, 이들을 한국청년훈련반에 입교시켜 군사훈련을 실시하였다.

윤태현도 청년훈련반에 입교하여 군사훈련을 받았다. 이 훈련반의 교육과 훈련은 전지공작대 및 광복군 간부들이 주도하였다. 정신훈련을 광복군 간부들이, 군사훈련은 전지공작대 간부들이 맡았다. 윤태현은 9개월간의 훈련을 받고, 1942년 10월 1일 한국청년훈련반 제3기로 졸업하였다. 졸업 후에는 광복군 제2지대에서 제1구대 제1분대 대원으로 활동하였다. 제2지대 본부는 서안에 있었고, 지대장은 이범석이었다. 광복군이 미국의 전략첩보기구인 OSS(Office of Strategic Services)와 합작하여 OSS훈련을 실시하였을 때, 윤태현도 OSS훈련을 받았다. OSS훈련이란 광복군과 OSS가 합작하여 광복군 대원들에게 특수훈련을 실시하고, 이들을 국내에 침투시키는 국내진입작전을 실시하기 위한 것이었다. OSS훈련은

1945년 5월부터 3개월 과정으로 실시되었고, 1945년 8월 4일 제1기생이 훈련을 마쳤다.

제1기생 훈련이 완료되자, 이들을 국내에 침투시키려는 작전이 추진되었다. 임시정부 주석 김구와 광복군 총사령 이청천이 서안으로 와서 제2지대 본부에서 OSS 총책임자인 도노반 소장과 국내진입작전에 합의하였다. 이때 윤태현은 윤치원·김세용과 함께 충청도반 제3조로 편성되어, 국내침투를 준비하였다. 그러나 일제의 항복소식이 전해지면서, 국내진입작전은 실행되지 못하였다. 정부는 그의 이러한 공적을 기려 1999년에 애국장을 추서하였다.

56. 이건우(李建雨), 1880.2.6~1955.3.9, 충남 공주 의당면 청룡리 153, 3·1운동

이건우는 1919년 4월 1일 충남 공주군 의당면에서 전개된 만세운동에 참가하였다가 체포되어 태 90을 언도받았다. 정부는 그의 공훈을 기려 2010년에 대통령표창을 추서하였다.

57. 이관직(李觀稙), 1883.7.10~1972.10.19, 충남 공주 정안면 사현리 220, 만주방면

이관직은 1907년 3월 육군 부위로서 진위보병 제2대대에 근무하다가 군대해산을 당했다. 이후 그는 유인식·김동삼 등과 함께 협동학교를 설립하였고, 이회영·이동녕과 함께 신민회를 조직하여 구국 계몽운동을 전개하였다. 1910년에는 신민회 독립기지 후보지 물색을 위해 활동했고, 만주 유하현 삼원보에 조국 광복을 위한 인재양성을 목적으로 신흥강습소를 설립하는데 동참하여 교관으로 활동하였다. 정부에서는 그의 공적을 기려 1990년에 독립장을 추서하였다.

58. 이규남(李圭南), 1898.12~1971.5, 충남 공주, 3·1운동

이규남은 1919년 4월 1일 공주시장에서 독립만세운동을 주도하였다. 영명학교 교사와 학생들은 3월 24일 오후 영명학교에서 현석칠·김관회·이규상 등 교사와 학생들이 독립만세운동을 위한 첫 모임을 갖고 각자의 역할 분담을 하였다. 이들은 25일에는 독립선언서 제작을 준비하여 31일에는 학교 등사판으로 독립선언서 1,000매를 인쇄하였고, 또한 태극기를 제작하였으며, 독립만세운동에 참가할 동지들을 모으는 활동을 전개하였다.

이에 이규남은 29일 김수철의 방문을 받고 4월 1일 공주시장에서 독립만세운동에서 사용할 태극기를 만들어 줄 것을 의뢰받고 이를 승낙하였다. 이어 태극기 제작에 필요한 재료를 받아 자신의 집에서 태극기 4기를 직접 제작하였다. 그는 태극기 4기를 김수철에게 3기, 이규상에게 1기를 전달하였다. 김수철은 자신이 1기를 가지고 노명우·윤봉균에게, 이규상은 김현경에게 전달하여 4월 1일 공주시장 독립만세운동에서 태극기를 흔들면서 대한독립만세를 부르게 하였다. 결국 그는 보안법 위반으로 공주지방법원에서 예심종결(1919.7.28), 확정 판결(1919.8.29)로 징역 4월·집행유예 2년을 선고받았다. 정부는 그의 공적을 기려 2004년에 대통령표창을 추서하였다.

59. 이규상(李圭尙), 1894.5~미상, 충남 공주, 3·1운동

이규상은 1919년 4월 1일 공주시장에서 독립만세운동을 주도하였다. 그는 3월 24일 오후 영명학교에서 현석칠·김관회 등 교사와 학생들과 독립만세운동을 위한 첫 모임을 갖고 각자의 역할 분담을 하였다. 또한 영명여학교와 공주공립보통여학교를 담당하여 학생들을 독립만세운동에 참여하도록 하는 역할을 맡았다. 이화학당 재학생인 박루이사로부터 독립만세운동의 취지를 설명하고 독립운동을 권유받은 그는 3월 24일 영명학교에서 회합을 그녀에게 알리고 공주공립보통여학교 학생들을 독립만세운동에 참여시키는 역할을 부탁하여 승낙을 받았다. 그리고 이규남이 만든 태극기 1기를 받아 김현경에게 전달하였고, 그녀는 영명여학교 학생과 함께 4월 1일 공주시장에서 태극기를 흔들면서 대한독립만세를 외쳤다.

결국 그는 보안법 위반으로 공주지방법원에서 예심종결(1919.7.28), 확정 판결(1919.8.29)로 징역 8월을 선고받고 옥고를 겪었다. 정부는 그의 공훈을 기려 2004년에 대통령표창을 추서하였다.

60. 이기한(李綺漢), 1868.12~1941.10, 충남 공주, 3·1운동

이기한은 1919년 4월 1일 공주 정안 석송리·광정리에서 독립만세운동을 주도하였다. 그는 석송리에서 이병억과 함께 마을 주민에게 대한독립만세를 외치도록 호소하였다. 그는 마을 주민들에게 "모두 나를 따르라"라며 조정관과 함께 태극기를 들고 앞장서자, 이동안·정재철 등 주민 20~30명이 '대한독립만세'를 부르며

광정리로 이동하였다. 이들은 내송리에 이르러 운궁리 주민 20여
명에게 독립만세운동을 권유하여 최범성·윤원식·이월성 등이 합
세하였다. 광정리에 도착한 만세 군중들은 먼저 일본인 거주지와
정미소 앞에서 독립만세를 부르고 주재소를 공격하였다. 그는 "주
재소를 파괴하자", "왜 구경만 하느냐?"라며 주재소 파괴를 독려하
였다.

　주재소가 파괴되고 있다는 통보를 받은 공주경찰서는 순사 2명,
순사보 1명, 헌병군조 1명, 병졸 5명을 자동차로 광정리에 급파하
였다. 일경과 헌병들은 오후 4시 40분경에 석송리 주막 김원일 집
앞에 이르렀다. 광정리에서 독립만세를 부르고 석송리로 돌아와서
주막에서 휴식을 하고 있던 주민들은 도로로 뛰어 나아가 자동차
진행을 막고 손을 흔들며 '대한독립만세'를 외쳤다. 하차한 목원(木
原)순사는 이동안을 주도자로 지목하고 체포하려고 왼손을 결박하
고 오른손마저 잡으려 하였다. 이 때 노규현·정화순·장기현·문
백룡·정재철·서순석 등은 "그가 무슨 죄가 있어 잡아 가느냐?"
며 고함을 치고 목원순사를 전후좌우에서 떠밀었고, 마을 주민들
은 일경과 헌병들을 각각 수명씩으로 에워싸며 다툼을 벌였다. 또
한 서광순·정재철을 체포하려 할 때, 김정쇠·전정길은 목원순사
에게 덤벼들어 체포를 저지하였고, 이동안은 순사보 이근남에게
"너는 이근남이 아니냐? 너도 한국사람인데 어째서 만세를 부르지
않느냐?"며 주먹으로 구타하였다. 상황이 급박하게 전개되자, 중성
(中聖)헌병군조는 총을 뽑아 발포하였고 일경들은 주민들에게 총격
을 가였다. 일경의 무차별적 총격으로 이상림이 순국하고 십 수명

이 중경상을 입었다. 총격으로 주민들을 제압한 일경들은 이동안과 정재철 등을 체포하여 공주로 압송하였다. 이기한은 다시 마을 주민들을 이끌고 과정리 주재소로 가서 밤늦게까지 횃불을 올리고 독립만세를 고창하였으며, 이 독립만세운동은 4월 3일까지 계속 이어졌다.

결국 그는 보안법 위반으로 공주지방법원에서 징역 3년을 선고(1919.9.29)받아 항고하였으나, 경성복심법원(1919.11.17)과 고등법원(1919.12.13)에서 각각 기각되어 옥고를 치렀다. 정부는 그의 공훈을 기려 1977년에 건국포장, 1990년에 애국장을 추서하였다.

61. 이덕경(李德慶), 이명 이덕경(李德景/李德京), 1883~1908.12.2, 충남 공주 공주읍, 의병

이덕경은 1907년 12월부터 1908년 5월 사이에 충남 공주군에서 의병장으로 30여 명의 의병을 이끌며 군자금을 모집하는 등의 활동을 전개하다가 체포되어 교수형을 선고받고 순국하였다. 정부는 그의 공훈을 기려 2018년에 애국장을 추서하였다.

62. 이동엽(李東葉), 이명 이동안(李東案), 1891.7~1944.3, 충남 공주, 3·1운동

이동엽은 1919년 4월 1일 공주 정안 석송리·광정리에서 독립만세운동을 주도하였다. 이기한이 석송리에서 이병억과 함께 마을 주민에게 대한독립만세를 외치도록 호소하였다. 이기한이 마을 주민들에게 "모두 나를 따르라"라며 태극기를 들고 앞장서자, 이동안은 정재철·문백룡·김정쇠·최병한 등 주민 20~30명이 '대한독립만세'를 부르며 광정리로 이동하였다. 이들은 내송리에 이르러 운궁리 주민 20여 명에게 독립만세운동을 권유하여 함께 광정리로 향하였다. 광정리에 도착한 만세 군중들은 먼저 일본인 거주지와 정미소 앞에서 독립만세를 부르고 주재소를 공격하였다. 주재소가 파괴되고 있다는 통보를 받은 공주경찰서는 순사 2명, 순사보 1명, 헌병군조 1명, 병졸 5명을 자동차로 광정리에 급파하였다. 일경과 헌병들은 오후 4시 40분경에 석송리 주막 김원일 집 앞에 이르렀다.

광정리에서 독립만세를 부르고 석송리로 돌아와서 주막에서 휴식을 하고 있던 주민들은 도로로 뛰어 나아가 자동차 진행을 막고 손을 흔들며 '대한독립만세'를 외쳤다. 하차한 목원(木原)순사는 이동안을 주도자로 지목하고 체포하려고 왼손을 결박하고 오른손마저 잡으려 하였다. 이 때 노규현 등은 "그가 무슨 죄가 있어 잡아가느냐?"며 고함을 치고 목원순사를 전후좌우에서 떠밀었고, 마을 주민들은 일경과 헌병들을 각각 수명씩으로 에워싸며 다툼을 벌였다. 또한 서광순 · 정재철을 체포하려 할 때, 김정쇠 등 순사에게 덤벼들어 체포를 저지하였다.

그는 순사보 이근남에게 "너는 이근남이 아니냐? 너도 한국사람인데 어째서 만세를 부르지 않느냐?"며 주먹으로 구타하고, 중성(中聖)헌병군조의 칼을 빼앗으려고 실랑이를 벌려서 칼을 땅에 떨어트렸다. 칼을 떨어트린 중성헌병군조는 총을 뽑아 발포하였고 일경들은 주민들에게 총격을 가였다. 일경의 무차별적 총격으로 이상림이 순국하고 십 수명이 중경상을 입었다. 그는 총격으로 주민들을 제압한 일경들에게 정재철 등과 함께 체포를 당하여 공주로 압송되었다. 결국 그는 보안법 위반으로 공주지방법원에서 징역 1년을 선고(1919.9.29)받고 항고하였으나 경성복심법원(1919.11.17)과 고등법원(1919.12.13)에서 각각 기각되어 옥고를 겪었다. 정부는 그의 공훈을 기려 1983년에 대통령표창, 1990년에 애국장을 추서하였다.

63. 이문협(李文協), 이명 이제선(李濟善), 1870.10~1948.12, 충남 공주 사곡면 회학리, 국내항일

이문협은 1920년 김상설, 이옥정 등이 서울을 거점으로 창설한 종교단체인 청림교(靑林敎)에 가입하여 항일투쟁을 전개했다. 청림교는 동학교도였던 남정의 호인 '청림'에서 유래하였는데, 만주의 지린 성, 북간도지방까지 교세를 확장하여, 지부 42개와 전교실 50개를 확보하였다. 당시 교도의 수는 30만 명을 헤아렸다. 그러나 2대 교주인 태두섭 부자와 간부들이 불온사상을 고취했다는 이유로 일제 총독부에 의해 검거되어 교세는 급격히 하락했다. 이문협은 청림교의 힘으로 조선의 독립이 이뤄질 것으로 기대하여 청림교에 가입하고, 일반인을 대상으로 일반을 대상으로 민족의식을 고취하던 중 사실이 발각되어 보안법 위반으로 두 차례나 체포되었다. 정부는 그의 공훈을 기려 2009년에 대통령표창을 추서하였다.

64. 이병림(李秉霖), 1889.6~1919.4, 충남 공주, 3·1운동

이병림은 1919년 4월 1일 공주 정안 석송리·광정리에서 독립만세운동을 전개하던 중 순국한 인물이다. 이기한은 4월 1일 석송리 마을 주민들에게 "모두 나를 따르라"라며 앞장서자, 이병억·이동안 · 정재철 등 주민 20~30명이 '대한독립만세'를 부르며 광정리로 이동하였다. 내송리에서 운궁리 주민 20여 명이 합세하였다. 광정리에 도착한 만세 군중들은 먼저 일본인 거주지와 정미소 앞에서 독립만세를 부르고 주재소를 공격하였다. 이기한은 "주재소를 파괴하자", "왜 구경만 하느냐?"라며 주재소 파괴를 독려하였다.

주재소가 파괴되고 있다는 통보를 받은 공주경찰서는 순사 2명, 순사보 1명, 헌병군조 1명, 병졸 5명을 자동차로 광정리에 급파하였다. 일경과 헌병들은 오후 4시 40분경에 석송리 주막 김원일 집 앞에 이르렀다. 광정리에서 독립만세를 부르고 석송리로 돌아와서 주막에서 휴식을 하고 있던 주민들은 도로로 뛰어 나아가 자동차 진행을 막고 손을 흔들며 '대한독립만세'를 외쳤다. 하차한 목원(木原)순사는 이동안을 주도자로 지목하고 체포하려고 왼손을 결박하고 오른손마저 잡으려 하였다. 이 때 노규현 · 정화순 · 장기현 · 문백룡 · 정재철 · 서순석 등은 "그가 무슨 죄가 있어 잡아 가느냐?"며 고함을 치고 목원순사를 전후좌우에서 떠밀었고, 마을 주민들은 일경과 헌병들을 각각 수명씩으로 에워싸며 다툼을 벌였다.

또한 서광순 · 정재철을 체포하려 할 때, 김정쇠 · 전정길은 목원순사에게 덤벼들어 체포를 저지하였고, 이동안은 순사보 이근남에게 "너는 이근남이 아니냐? 너도 한국사람인데 어째서 만세를 부르지 않느냐?"며 주먹으로 구타하였다. 상황이 급박하게 전개되자, 중성(中聖)헌병군조는 총을 뽑아 발포하였고 일경들은 주민들에게 총격을 가였다.

그는 일경의 무차별적 총격으로 순국하였고, 십수 명이 중경상을 입었다. 일경들이 이동안과 정재철 등을 체포하여 공주로 압송하자, 이기한 등 마을 주민들은 과정리 주재소로 가서 밤늦게까지 횃불을 올리고 독립만세를 고창하였으며, 이 독립만세운동은 4월 3일까지 계속 이어졌다. 정부는 그의 공훈을 기려 1977년에 대통령표창, 1991년에 애국장을 추서하였다.

65. 이사건(李士乾), 미상~1908, 충남 공주, 의병

이사건은 1907년 7월 광무황제 강제퇴위와 8월 군대해산을 계기로 전국적으로 의병전쟁이 격화, 고조되어가자 의병에 투신한 것으로 보인다. 러일전쟁에서 승리한 일제는 1905년 11월 을사조약을 강제로 체결하였고, 전국 각지에서 봉기한 의병이 항일투쟁의 선봉에 섰다. 1907년에는 일제의 대한침략이 절정에 이르렀다. 이러한 상황에서 이사건도 의병 대열에 동참하여 청양, 공주 일대를 무대로 항일전을 펼쳤다. 1907년 12월에는 100여 명의 동료의병들과 함께 청양군 정산 주재소와 우편소를 습격하는 등 활발한 활동을 전개하였다. 이러한 활동으로 인해 일제 군경의 추적을 받던 중 1908년 2월 고향인 충남 공주에서 일경에게 신원이 노출되어 피살 순국하였다. 정부는 그의 공적을 기려 1996년 애국장을 추서하였다.

66. 이상구(李相龜), 이명 이상두(李相斗), 자 낙서(洛西), 호 정관정(靜觀亭), 1859~1927, 충남 공주, 의병

이상구는 홍주의병에 가담하여 대마도에 유폐되었던 '홍주9의사' 가운데 한 사람이다. 1905년 11월 을사조약이 강제 체결되자, 전국적으로 조약 반대투쟁이 거세게 일어났다. 홍주의병은 전국 각지에서 활동한 중기의병 가운데 가장 규모가 크고 활동이 치열했던 의진이었다. 을사조약 늑결로 전국적으로 항일투쟁의 기운이 고조되어가자, 안병찬·이세영 등은 1906년 2월 하순 청양군 정산면 천장리에 있던 민종식의 집에 모여 거사 절차를 논의하기에 이르렀다. 이들은 약 보름간의 준비기간을 가진 뒤 3월 15일경 청양군 광시 장터에서 거의(擧義)하였다. 이때 이상구도 창의대장 민종식 휘하에 정재호·최상집·이세영·채광묵·윤자홍 등과 함께 참여해 활동하였다.

그러나 이 의병은 홍주성을 점거하기 위해 광시를 떠난 직후인 3월 17일 청양군 화성면 합천에서 관군과 일제 군경의 공격을 받아 패산하고 말았다. 그 뒤 의병의 재기를 위해 백방으로 노력한 결과 5월 11일 홍산 지치에서 의병을 다시 일으켰다. 이 의병은 서천, 남포 등지를 거쳐 5월 19일 일시에 공격을 가해 홍주성을 장악하고 기세를 떨쳤으며, 부서의 편제를 갖추었다. 이상구는 이때 좌익장을 맡아 활약하였다. 홍주의병이 기세를 떨치자, 통감 이토 히로부미는 서울에 주둔해 있던 일본군을 출동시켜 의병 탄압작전에 들어갔다. 통감으로부터 군대 출동 지시를 받은 한국주차군 하세가와(長谷川好道) 사령관은 5월 27일 오후 서울에서 대대장 전중(田中) 소좌의 지휘 아래 보병 2개 중대를 홍주로 급파한 것을 비롯하여 경성 헌병대대에서도 대위 이하 26명을 급파하였고, 전주 수비대에서도 1개 소대 병력을 차출하여 홍주로 파견하였다. 이렇게 집결한 일본군은 5월 31일 새벽 홍주성을 급습하였다. 중화기로 무장한 일본군 정예부대의 공세로 인해 홍주성은 함락되고 의병들은 사방으로 패산하지 않을 수 없었다.

이상구는 홍주성에서 일제 군경에 체포되어 82명의 동료들과 함께 서울로 압송되었다. 한국주차군사령부에서 심문을 받은 뒤 7월에 15년형을 선고받고 홍주의병의 중심인물 최상집·안항식·신보균·유준근·남규진·이식·문석환·신현두와 함께 '홍주9의사'의 한 사람으로 8월 8일 대마도로 끌려가 감금되었다. 그 직후에는 전북 태인에서 의병을 일으켰던 최익현과 그의 참모였던 임병찬도 끌려와 함께 옥고를 겪었다. 그리하여 일본군 12사단 예하 대마경비보병대대 병영 안에 신축된 이른바 감금소에 갇혀 2년 5개월 25일(888일) 동안 온갖 고초를 겪은 끝에 1907년 2월 유준근, 이식과 함께 마지막으로 석방되었다. 정부는 그의 공적을 기려 1977년에 건국포장, 1990년에 애국장을 추서하였다.

67. 이상래(李祥來), 이명 이종호(李鍾鎬), 이복래(李福來), 1891~미상, 충남 공주 탄천면 신영리, 국내항일

이상래는 1916년 음력 9월 말경부터 충남 논산군에서 이내수 등과 국권회복방안을 협의하였다. 그리하여 1918년 논산군에서 광복회 명의로 군자금을 모집하다 체포되어 징역 6월을 언도받았다. 또한 1921년 2월경에는 중국 안도현에서 광복단 모연대장으로 활동하기도 하였다. 정부는 그의 공훈을 기려 2018년에 건국포장을 추서하였다.

68. 이상욱(李象旭), 1873.10.6~1945.8.16, 충남 공주 의당면 청룡리 275, 3·1운동

이상욱은 1919년 4월 1일 충남 공주군 의당면에서 독립만세운동에 참가하였다가 체포되어 태 90을 언도받았다. 정부는 그의 공훈을 기려 2010년에 대통령표창을 추서하였다.

69. 이승현(李升鉉), 1878.10~1943.2, 충남 공주, 3·1운동

이승현은 1919년 3월 14일 공주 유구시장에서 독립만세운동을 주도하였다. 황병주가 3월 14일 오후 4시경 유구시장에서 30여 명 군중을 향하여 모자를 흔들면서 대한독립만세를 외쳐 군중들의 독립만세운동을 유도하였다. 이들 만세 군중들은 우시장으로 이동하면서 독립만세를 고창하였고, 일경 고산(高山)순사의 제지에도 만세 군중은 500여 명으로 늘어났다. 고산순사는 박용진 순사보에게 황병주를 주재소로 연행하게 하였다.

그는 황병주가 연행되자, 시장에 있는 약 100여 명의 군중에게 "어찌하여 너희들은 가만히 보고만 있는가"라며 황병주를 구출하러 주재소로 가자고 독려하였다. 황연성도 하재옥 집 앞에서 박준빈·이우상·유석우·노상우 등과 함께 독립만세운동을 전개하였다. 그와 황연성의 주도로 주재소에 도착한 군중들은 고산순사를 공격하고, 주재소의 문, 등, 유리창 등 일제 치안기관의 시설물을 파괴하였다. 결국 그는 보안법 위반으로 공주지방법원에서 징역 3년을 선고(1919.6.16)받고 항고하였으나 경성복심법원(1919.7.20)과 고등법원(1919.10.16)에서 각각 기각되어 옥고를 겪었다. 정부는 그

의 공훈을 기려 1977년에 대통령표창, 1990년에 애족장을 추서하
였다.

70. 이영한(李暎漢), 1878.12.29~1938.2.27, 충남 공주 정안면 운궁리, 3·1운동

이영한은 1919년 4월 충남 공주군 정안면에서 전개된 만세운동
에 참여하였다가 체포되어 태 90도를 언도받았다. 정부는 그의 공
훈을 기려 2010년에 대통령표창을 추서하였다.

71. 이우상(李雨相), 1892.6~1959.1, 충남 공주, 3·1운동

이우상은 1919년 3월 14일 공주 유구시장에서 독립만세운동을
주도하였다. 황병주가 3월 14일 오후 4시경 유구시장에서 30여
명 군중을 향하여 모자를 흔들면서 대한독립만세를 외쳐 군중들의
독립만세운동을 유도하였다. 이들 만세 군중들은 우시장으로 이동
하면서 독립만세를 고창하였고, 일경 고산(高山)순사의 제지에도 만
세 군중은 500여 명으로 늘어났다. 고산순사가 박용진 순사보에게
황병주를 주재소로 연행하게 하였다. 이에 이승현과 황연성의 주
도로 100여 명의 군중들은 황병주의 구출을 위하여 대한독립만세
를 부르며 주재소로 이동하여 고산순사를 공격하고, 주재소의 문,
등, 유리창 등 일제 치안기관의 시설물을 파괴하였다.

그는 황연성과 함께 하재옥의 집 앞에서 독립만세운동을 주도
적으로 전개하였고, 주재소에서는 현우석·강태하·이홍규 등과
함께 시설물을 파괴하고 대한독립만세를 고창하였다. 결국 그는

보안법 위반으로 공주지방법원에서 징역 6월·벌금 30원을 선고 (1919.6.16)받아 옥고를 겪었다. 정부는 그의 공훈을 기려 2005년에 대통령표창을 추서하였다.

72. 이원선(李元善), 1877~1910, 충남 공주, 의병

이원선은 친형 이재형이 1906년 민종식의 홍주의병에 참여하여 일본군과 교전 중에 전사한 형의 뜻을 계승하기 위해 의병에 참여하였다. 그리하여 1908년 11월 23일 전남 광주의 우기면 수곡리에서 의병장 조경환을 만나 의병에 투신하였다. 그는 조경환 의진의 우익장이 되어 약 60여 명의 의병을 인솔하고 영광 함평 나주 등지에서 활약하였다. 그는 1909년 1월 광주의 소지면 어강산에서 일본군의 습격을 받아 조경환 의병장이 전사한 후에는 의병장이 되어 잔여 의병들을 인솔하고 광주 창평 등지에서 활동하였다. 1909년 7월 18일 창평군 덕산면 용대리에서 일본 헌병대와 충돌하여 교전한 후 같은 달 28일에 일본 순사에게 체포되었다. 그는 1909년 8월 31일 광주지방재판소에서 유형 10년을 선고받았으며, 증거가 불충분하다고 무죄를 선고받기도 하였다. 그러나 검사가 이에 불복, 공소를 신청하여 교수형을 선고받고 순국하였다. 정부에서는 그의 공훈을 기려 1991년에 애국장을 추서하였다.

73. 이원오(李元吾), 1876~1910.5, 충남 공주 성내면 봉촌리, 의병

이원오는 1908년 음력 10월 조경환 의진에 들어가 의병활동을 전개하였다. 조경환 의진은 1907년 12월 광주, 함평 등지에서 이원오를 비롯한 의병을 모아 김태원의 좌익장으로 활약하였다. 함평 성문을 급습하고 학포마병대를 습격하였으며, 전남 장성 부근에서 일본 헌병과 교전하는 등 활발한 활동을 펼쳤다. 이원오는 1909년 1월 조경환 의병장이 일본군과 교전 중 전사한 후 그의 뒤를 이어 의병장이 되었다. 의병장으로 활약하던 이원오는 같은 해 음력 6월 12일 일본군에 의해 체포되었다. 그는 1910년 2월 24일 대구공소원에서 교수형을 받고 상고하였으나 4월 22일 고등법원에서 기각, 형이 확정되어 순국하였다. 정부는 그의 공훈을 기려 1995년 애국장을 추서하였다.

74. 이은숙(李恩淑), 이명 이영구(李榮求), 1889.8.8~1979.12.11, 충남 공주 정안면 사현리, 중국방면

이은숙은 1910년 남편 이회영 및 일가족과 함께 중국 길림성 유하현 삼원보로 이주하여 신흥무관학교를 설립하는 등 독립운동기지 개척에 크게 협조하였다. 또한 그녀는 1919년 중국 북경으로 가서 이회영과 독립운동가들의 활동을 지원하다 1925년 귀국하여 독립운동자금을 조달하였다. 정부는 그의 공훈을 기려 2018년에 애족장을 추서하였다.

75. 이정춘(李正春), 1882~미상, 충남 공주 신상면 유구리, 3 · 1운동

이정춘은 1919년 3월 충남 공주에서 만세운동에 참여하였다가 일경에 체포되어 징역 2년을 언도받았다. 정부는 그의 공훈을 기려

2011년에 애족장을 추서하였다.

76. 이철영(李喆榮), 호 성암(醒菴), 1867.3~1919.12, 충남 공주 계룡면 상황리, 국내항일

이철영은 부여에서 서당 훈도로 있던 1905년 을사조약이 강제로 체결되자 일제의 모든 정책을 거부할 것을 촉구하는 창의문을 지어 배포하였다. 또한 일제의 국권침탈이 날로 심해지는 것을 보면서 통분한 마음을 품고 있던 그는 1909년 일제가 주도하는 호적에 입적할 것을 거부하고 개항 이후 일제의 침략과정을 열거하며 통박한 서한을 작성하여 부여주재소를 통해 일본 정부에 보내고자 하였다. 일본 경찰은 갖은 협박과 회유로 입적할 것을 강요하였으나, 그는 "차라리 죽어 조선의 귀신이 될지언정 살아서 일본백성이 되지 아니하리라"고 하며 이를 완강히 거부하였다. 이로 인해 그는 수차에 걸쳐 일경의 취조를 받았으나 그때마다 천하의 도의에 입각하여 일제의 침략행위를 꾸짖었다. 그의 일제에 대한 이같은 저항은 19번에 걸쳐 계속되었으며 구금된 것도 70여 일에 달하였다. 그는 투옥되어서도 항상 선비의 의연한 자세를 잃지 않았을 뿐 아니라 주위 사람들에게 애국사상을 고취하는데 힘썼으므로 일본 경찰조차 "진실로 천하제일의 남아"라고 존경할 정도였다. 정부는 그의 공훈을 기려 1990년에 애족장을 추서하였다.

77. 이철하(李哲夏), 1909.12~1936.9, 충남 공주 주외면 신기리 394번지, 학생운동

이철하는 1927년 6월 공주보통학교 4학년 재학 중, 학생들 앞에서 한국 사람을 무시하는 말을 함부로 하는 교장에게 반성을 촉구하는 서신을 보냈다가 구타와 함께 퇴학을 당하였다. 이에 분노한 동급생 50여 명은 동년 7월 2일 교장 배척 등 6개 조항의 요구조건을 내걸고 기습 맹휴를 단행하였으며, 2학년생 90여 명도 동조휴학을 결의하였다.

그 후 이철하는 서울의 중동학교에 편입학하여 재학 중이던 1928년 2월 배제고보 4학년생 한병선 등과 함께 시내 각 공·사립 중등학교 학생 대표들로 비밀결사 'ㄱ당'을 결성하였는데, 지방으로의 조직 확산을 도모하다 같은 해 11월 일본 경찰에게 발각되어 다른 11명의 간부진과 함께 체포되었다. 그는 1930년 4월 25일 경성지방법원에서 치안유지법 위반으로 징역 4년을 받고 옥고를 치렀으며, 만기출옥 후 고문의 후유증에 시달리다 20대의 나이로 별세하였다. 정부에서는 그의 공훈을 기려 1993년에 애국장을 추서하였다.

78. 이춘구(李春求), 이명 이광일(李光一)/영정춘구(永井春求), 1878.10.29~1949.5.16, 충남 공주 장기면 평기리 166, 중국방면

이춘구는 1920년 대한민국임시정부 연통제 충청북도 독판부 참사 및 1921년 대한의군부 단원 및 군량감을 역임하였다. 또한 1921년 8월 서울에서 김희중, 황정연과 함께 북경의 박용만 등과 연계하여 조선 내에 조선독립군사령부를 설치하기로 계획하고 참모장을 맡아 활동하려고 계획하였다. 이 과정에서 일경에게 체포되어 징역 1년을 언도받았다. 정부는 그의 공훈을 기려 2012년에 애족장을 추서하였다.

79. 이춘성(李春成), 이명 이능학(李熊學)/이공주(李公州, 李公周), 1876~1909, 충남 공주 남부면 고상아리, 의병

이춘성의 직업은 부상(負商)이었다. 그는 1908년 음력 2월에 의병을 일으켰고, 신여도 의병과 연합하여 충남의 부여와 보령 아산 청양 등지에서 의병 활동을 하였다. 그는 1908년 8월에는 오양선 의병과 연합하여 보령군 읍내의 순사주재소를 습격하였다. 이 전투에서 순사의 의복과 칼 그리고 물품 등을 탈취하였다.

그리고 그 해 10월 15일에는 이종화 의병과 민창식 의병 등과 연합하여 신창읍내의 순사주재소를 습격하였다. 이때도 순사복과 칼 등을 탈취하는 전과를 세웠다. 그는 또한 1909년 음력 3월말경에는 설인수 외 9명의 의병을 거느리고 청양군 남하면 최 별감 지에서 군자금을 모집하는 등 이후 청양 정산 일대에서 항일의병투쟁을 하다가 체포되었다. 1909년 11월 24일 공주지방재판소에서 교수형을 선고받고 항고하였으나, 1909년 12월 경성공소원에서 교수형을 선고 받아 순국하였다. 정부에서는 그의 공을 기려 1991년 애국장을 추서하였다.

80. 이학순(李學純), 1843~1910.12.7, 충남 공주, 계몽운동

이학순은 1910년 한일병합 이후 일본경찰이 은사금을 거절한다는 이유로 헌병대에 구금시키자, 옥중에서 약을 마시고 순국하였다. 정부는 그의 공훈을 기려 1962년에 독립장을 추서하였다.

81. 이학현(李學鉉), 이명 이학현(李學玄), 1882~미상, 충남 공주 북면 산방리, 의병

이학현은 1907~1908년 충남 논산군 일대에서 의병장으로 활동을 하다가 체포되어 징역 10년을 언도받았다. 정부는 그의 공훈을 기려 2013년에 애족장을 추서하였다.

82. 이호원(李浩源), 이명 이호언(李浩彦)/강덕재(康德載), 1891~1978, 충남 공주 장기면 월송리 192번지, 만주방면

이호원은 1919년 중국 봉천성 유하현 삼원포에서 조직된 한족회에 참여하여 기관지 한족신보 편집을 담당하였다. 1921년 5월 한족회 내의 소장파인 현익철·현정경 등과 함께 광한단을 조직하여 간부로 활동하면서 군자금 모집에 주력하였다. 국내에 결사대를 파견하여 군자금 모집활동을 전개하다가 체포되어 징역 10년을 선고받고 복역한 후 1928년 출옥하자마자 다시 만주로 망명하여 1929년 11월 흥경현(현 신빈현)에서 조선혁명당 결성에 참여하였다.

그는 조선혁명당 중앙집행위원에 선임되었으며, 1931년에는 중앙상무집행위원, 선전위원회 교양부 집행위원장, 조선혁명당 중앙집행위원장 겸 정치부 집행위원장으로 활동하였다. 1932년 1월 흥경 교외에서 조선혁명당 중앙집행위원장 이호원, 총사령관 김관웅 및 이종건·장세용·이규성 등 10여 명의 간부들이 일본 경찰에 붙잡혔으며, 그는 징역 7년을 복역하였다. 정부는 그의 공훈을 기려 2000년에 독립장을 추서하였다.

83. 이홍규(李弘珪), 1896.7~1975.3, 충남 공주, 3·1운동

이홍규는 1919년 3월 14일 공주 유구시장에서 독립만세운동을 주도하였다. 황병주가 3월 14일 오후 4시경 유구시장에서 30여 명 군중을 향하여 모자를 흔들면서 대한독립만세를 외쳐 군중들의 독립만세운동을 유도하였다. 이들 만세 군중들은 우시장으로 이동하면서 독립만세를 고창하였고, 일경 고산(高山)순사의 제지에도 만세 군중은 500여 명으로 늘어났다. 고산순사가 박용진 순사보에게 황병주를 주재소로 연행하게 하였다. 이에 이승현과 황연성의 주도로 100여 명의 군중들은 황병주의 구출을 위하여 대한독립만세를 부르며 주재소로 이동하여 고산순사를 공격하고, 주재소의 문, 등, 유리창 등 일제 치안기관의 시설물을 파괴하였다. 결국 그는 보안법 위반으로 공주지방법원에서 징역 6월·벌금 30원을 선고(1919.6.16)받아 옥고를 겪었다. 정부는 그의 공훈을 기려 1993년에 대통령표창을 추서하였다.

84. 장기현(張基鉉), 1858.7~1935.10, 충남 공주, 3·1운동

장기현은 1919년 4월 1일 정안면 석송리·광정리에서 독립만세운동을 주도하였다. 이기한은 마을 주민들에게 "모두 나를 따르라"라며 앞장서자, 이병억·이동안·정재철 등 주민 20~30명이 '대한독립만세'를 부르며 광정리로 이동하였다. 내송리에서 운궁리 주민

20여 명이 합세하였다. 광정리에 도착한 만세 군중들은 먼저 일본인 거주지와 정미소 앞에서 독립만세를 부르고 주재소를 공격하였다. 이기한은 "주재소를 파괴하자", "왜 구경만 하느냐?"라며 주재소 파괴를 독려하였다. 주재소가 파괴되고 있다는 통보를 받은 공주경찰서는 순사 2명, 순사보 1명, 헌병군조 1명, 병졸 5명을 자동차로 광정리에 급파하여 오후 4시 40분경에 석송리 주막 김원일 집 앞에 이르렀다. 광정리에서 석송리로 돌아와서 주막에서 휴식을 하고 있던 주민들은 도로로 뛰어 나아가 자동차 진행을 막고 손을 흔들며 '대한독립만세'를 외쳤다. 목원(木原)순사가 이동안을 주도자로 지목하고 체포하려고 왼손을 결박하고 오른손마저 잡으려 하였다.

이때 장기현은 노규현 · 정화순 · 문백룡 · 정재철 · 서순석 등과 함께 "그가 무슨 죄가 있어 잡아 가느냐?"며 고함을 치고 목원순사를 전후좌우에서 떠밀었다. 마을 주민 4~50여 명은 일경과 헌병들을 각각 수명씩으로 에워싸며 다툼을 벌였다. 특히 그는 문백룡과 함께 순사를 붙잡고 입으로 물어뜯으면서 일경들이 정재철 · 서광순을 체포하지 못하도록 제지하였다. 이어 일경들의 발포로 사상자가 발생하고 이동안과 정재철 등이 체포 압송을 당하자, 이기한 등 주민들은 다시 광정리로 이동하여 대한독립만세를 불렀다. 이 독립만세운동은 3일까지 계속 전개되었다.

결국 그는 보안법 위반으로 공주지방법원에서 징역 8월 · 집행유예 2년을 선고(1919.9.29)받고 항고하였으나 경성복심법원(1919.11.17)에서 기각되어 옥고를 겪었다. 정부는 그의 공훈을 기려

2003년에 대통령표창을 추서하였다.

85. 장남일(張南一), 1882~미상, 충남 공주 북면 마항리, 의병

장남일은 1907년 음력 7월 충북 일대에서 이명상 의진에 가담하여 활동하였다. 또한 같은 해 음력 11월에는 강원도 일대에서 김계배 의진에 참여하여 의병활동을 하다가 체포되어 징역 1년을 언도받았다. 정부는 그의 공훈을 기려 2015년에 건국포장을 추서하였다.

86. 장수태(張壽泰), 1879.8~1944.12, 충남 공주 공주면 대화리 112번지, 임시정부

장수태는 대한민국임시정부와 연관되어 활동한 독립운동가이다. 1919년 대한민국임시정부는 국내에서 정보수집과 군자금 모집 등을 목적으로 교통국과 연통제를 운영하였다. 대한민국 임시정부 교통국 참사 윤응염이 국내로 잠입해 들어왔다. 장수태는 평시에는 모자제조업에 종사하면서 비밀리에 『독립신문』과 『신한청년』을 국내에 배포시키고 도인권 가족과 김마리아 등 주요 인물들을 상하이로 탈출시키는 일을 도와 윤응염과 연계하여 활동하였다.

한편 윤응염 등과 함께 인천 근해 일대 영종·대부·장봉·시·울불 등 여러 섬에서 대대적으로 군자금을 모금하였다. 1922년 9월경 충남 보령군 대천면 대천리에서 역시 윤응염과 함께 군자금 모금활동을 전개하다가 일경에 체포되었다. 1923년 9월 25

일 경성지방법원에서 장수태는 징역 1년 6개월을 언도받고 상고하였다. 그러나 1924년 1월 21일 경성복심법원에서 징역 1년 6개월의 원심을 확정받아 옥고를 겪었다. 정부는 그의 공훈을 기려 2009년에 애족장을 추서하였다.

87. 장춘섭(張春燮), 1890.5~1970.4, 이명 두암(斗岩), 충남 공주 사곡면 회학리, 국내항일

장춘섭은 1920년 김상설 · 이옥정 등이 서울을 거점으로 창설한 종교단체인 청림교(靑林敎)에 가입하여 항일투쟁을 전개했다. 청림교는 동학교도였던 남정의 호인 '청림'에서 유래하였는데, 만주의 길림성, 북간도지방까지 교세를 확장하여, 지부 42개, 전교실 50개를 확보했으며, 당시 교도의 수는 30만 명을 헤아렸다. 그러나 2대 교주인 태두섭 부자와 간부들이 불온사상을 고취했다는 이유로 일제 총독부에 의해 검거되어 교세는 급격히 하락했다. 장춘섭은 청림교의 힘으로 조선의 독립이 이뤄질 것으로 기대하여 청림교에 가입하고, 일반인을 대상으로 민족의식을 고취하던 중 사실이 발각되어 보안법 위반으로 두 차례나 체포되었다. 정부는 그의 공훈을 기려 2005년에 대통령표창을 추서하였다.

88. 전정길(全鼎吉), 1889.10~1933.6, 충남 공주, 3 · 1운동

전정길은 1919년 4월 1일 정안면 석송리 · 광정리에서 독립만세운동을 주도하였다. 이기한은 마을 주민들에게 "모두 나를 따르라"라며 앞장섰고, 이병억 · 이동안 · 정재철 등 주민 20~30명이 '대한

독립만세'를 부르며 광정리로 이동하였다. 내송리에서 운궁리 주민 20여 명이 합세하였다. 광정리에 도착한 만세 군중들은 먼저 일본인 거주지와 정미소 앞에서 독립만세를 부르고 주재소를 공격하였다. 이기한은 "주재소를 파괴하자", "왜 구경만 하느냐?"라며 주재소 파괴를 독려하였다.

주재소가 파괴되고 있다는 통보를 받은 공주경찰서는 순사 2명, 순사보 1명, 헌병군조 1명, 병졸 5명을 자동차로 광정리에 급파하여 오후 4시 40분경에 석송리 주막 김원일 집 앞에 이르렀다. 광정리에서 석송리로 돌아와서 주막에서 휴식을 하고 있던 주민들은 도로로 뛰어 나아가 자동차 진행을 막고 손을 흔들며 '대한독립만세'를 외쳤다. 목원(木原)순사가 이동안을 주도자로 지목하고 체포하려고 왼손을 결박하고 오른손마저 잡으려 하였다. 이때 노규현·정화순·장기현·문백룡·정재철·서순석 등은 "그가 무슨 죄가 있어 잡아 가느냐?"며 고함을 치고 목원순사를 전후좌우에서 떠밀었고, 마을 주민들은 일경과 헌병들을 각각 수명씩으로 에워싸며 다툼을 벌였다.

또한 그는 서광순·정재철을 체포하려 할 때, 김정쇠와 함께 목원순사에게 덤벼들어 체포를 저지하였다. 상황이 급박하게 전개되자, 중성(中聖)헌병군조는 총을 뽑아 발포하였다. 일경의 무차별적 총격으로 이병림이 순국하였고 십 수명이 중경상을 입었으며, 이동안과 정재철 등이 체포 압송당하였다. 그도 보안법 위반으로 공주지방법원에서 징역 8월을 선고(1919.9.29)받고 항고하였으나 경성복심법원(1919.11.17)에서 기각되어 옥고를 겪었다. 정부는 그의 공훈을 기려 1992년에 대통령표창을 추서하였다.

89. 정낙진(丁洛鎭), 1925.5~미상, 충남 공주 장기면 송원리 683번지, 일본방면

정낙진은 일본 동경철도학교 재학 중인 1941년 12월에 항일결사 '우리조선독립그룹'에 가입하여 활약하였다. 그는 그룹의 주도 역할을 맡았던 현창석 등과 함께 여러 차례 모임을 가지며 독립의식을 길렀는데, 이들은 태평양전쟁의 장기화에 따른 국제정세 속에서 일제의 패망을 예견하고 이때를 독립의 기회로 보고 조선민중을 규합하여 일제히 봉기할 것을 계획하였다. 또 이 같은 계획은 국내와도 연결이 이루어져 공주지역에서도 집단을 결성하고 서로 호응하였다.

이들이 계획한 활동방략은 주요건물의 파괴 및 식량창고의 방화, 수도 및 도로를 파괴함으로써 일본의 혼란을 더욱 가중시키는 데 목적을 둔 것이었다. 회원을 활동구역을 각기 분담하고 이러한 계획을 추진시켜 나갔는데, 도중에 일본 경찰에게 발각됨으로써 그는 1942년 3월에 체포되었다. 체포 후 그는 모진 고문으로 인하여 정신장애를 일으켜 동경시립정신병원에 입원하는 등 고초를 치렀다. 정부는 그의 공훈을 기려 1983년에 대통령표창, 1990년에 애족장을 추서하였다.

90. 정재철(鄭在喆), 1879~미상, 충남 공주, 3·1운동

정재철은 1919년 4월 1일 정안면 석송리·광정리에서 독립만세운동을 주도하였다. 이기한은 마을 주민들에게 "모두 나를 따르라"라며 앞장섰고, 정재철은 이병억·이동안·문백룡·김정쇠·최병한 등 주민 20~30명과 함께 '대한독립만세'를 부르며 광정리로 이동하였다. 이들이 내송리에 이르렀을 때, 식수 부역으로 동원된 운궁리 주민 최범성·윤원식·이명보 등 20여 명이 독립만세운동에 합세하였다. 만세 군중들이 광정리에 도착하였을 때, 군중들 가운데 쇠스랑, 곡괭이, 삽 등을 가지고 있던 3, 4명이 주재소를 파괴하기 시작하였다. 이기한이 "주재소를 파괴하자", "왜 구경만 하느냐? 빨리 부수라"라며 군중들을 독려하여 만세 군중들은 주재소문, 등, 게시판, 담벽, 유리창 등을 부수었다.

정안주재소가 파괴되고 있다는 정보를 접한 공주경찰서는 순사 2명, 순사보 1명, 헌병군조 1명, 헌병 5명을 광정리로 급파하였다. 일군경들이 오후 4시 40분경 석송리 주막에 도착하였을 때, 광정리에서 독립만세를 부르고 주재소를 파괴하고 석송리로 돌아와 휴식을 취하고 있던 마을 주민들이 도로로 나아가 자동차를 막고 대한독립만세를 고창하였다. 하차한 일경들이 만세 군중들을 체포하려고 하자 군중들이 여러 곳으로 흩어져 체포에 실패하고 자동차로 돌아갔다. 이때 그를 포함한 마을 주민 4~50여 명이 일경 일행을 에워쌌다. 일경들은 이동안을 주도자로 지목하여 다시 체포하려고 시도하자, 노규현·정화순·장기현·문백룡 등이 순사를 전후좌우에서 밀치며 체포를 저지하였다. 이동안 체포에 실패한 일경들이 그와 서광순을 체포하려고 하자, 김정쇠·장기현·문백룡·전정길 등이 순사에게 덤벼들고 물어뜯으면서 체포를 저지하였다. 이에 헌병군조가 발포하면서 일경들의 무차별 사격으로 사상자가 발생하였다. 또한 그와 이동안 등은 체포당하여 공주로 압송되었다. 이후 마을 주민들은 다시 광정리로 가서 독립만세운동을 전개하였고, 이 독립운동은 4월 3일까지 전개되었다.

결국 그는 보안법 위반으로 공주지방법원에서 징역 10월을 선고(1919.9.29)받고 항고하였으나 경성복심법원(1919.11.17)에서 기각되어 옥고를 겪었다. 정부는 그의 공훈을 기려 2008년에 건국포장을 추서하였다.

91. 조병옥(曺秉玉), 1882.8~1969.11, 충남 공주, 3·1운동

조병옥은 1919년 3월 14일 공주 유구시장에 독립만세운동을 주도하였다. 황병주가 3월 14일 오후 4시경 유구시장에서 30여명 군중을 향하여 모자를 흔들면서 대한독립만세를 외쳐 군중들의 독립만세운동을 유도하였다. 이들 만세 군중들은 우시장으로 이동하면서 독립만세를 고창하였고, 일경 고산(高山)순사의 제지에도 만세 군중은 500여 명으로 늘어났다. 고산순사는 박용진 순사보에게 황병주를 주재소로 연행하게 하였다. 이에 이승현과 황연성의 주도로 100여 명의 군중들은 황병주의 구출을 위하여 대한독립만세를 부르며 주재소로 이동하여 고산순사를 공격하고, 주재소의 문, 등, 유리창 등 일제 치안기관의 시설물을 파괴하였다. 결국 그는 보안법 위반으로 공주지방법원에서 징역 6월을 선고(1919.6.16)받아 옥고를 겪었다. 정부는 그의 공훈을 기려 1995년에 대통령표창을 추서하였다.

92. 조석홍(曹錫洪), 1874.8.26~1957.10.10, 충남 공주 사곡면 회학리 1-6, 국내항일

조석홍은 1916년 8월 충청남도 공주에서 청림교에 가입하여 활동하다 체포되어 태 90도를 언도받았다. 정부는 그의 공훈을 기려 2010년에 대통령표창을 추서하였다.

93. 조재형(趙在衡), 이명 송촌재형(松村在衡), 1893.7.19~ 1950.4.24, 충남 공주 의당면 수촌리 24, 3 · 1운동

조재형은 1919년 4월경 충남 공주 의당면에서 전개된 만세운동에 참여하였다가 체포되어 태 90도를 언도받았다. 정부는 그의 공훈을 기려 2017년에 대통령표창을 추서하였다.

94. 최경휴(崔卿休), 1884~미상, 충남 공주 신상면 탑립리, 의병

최경휴는 1909년 음력 9월 충남 청양군에서 이관도 의진에 참여하여 군자금을 모집하는 등의 활동을 전개하다가 체포되어 징역 7년을 언도받았다. 정부는 그의 공훈을 기려 2016년에 애족장을 추서하였다.

95. 최범성(崔範聲), 1895.12.29~1963.1.10, 충남 공주 정안 운궁리89, 3 · 1운동

최범성은 1919년 4월 1일 충남 공주군 정안면 석송리에서 전개된 만세운동에 참여한 인물이다. 그는 석송리에서 광정리까지 시위행진을 하면서 만세를 외치는 등의 활동을 하다가 일경에게 체포되어 구류 25일을 받았다. 정부는 그의 공훈을 기려 2019년에

대통령표창을 추서하였다.

96. 최병한(崔炳瀚), 이명 최병한(崔炳翰), 1900.6.29~1969.12.29, 충남 공주 정안면 운궁리, 3·1운동

최병한은 1919년 4월 1일 충남 공주군 정안면 석송리에서 전개된 만세운동에 참가하여 순사주재소 파괴 등의 적극적인 활동을 전개하였다. 결국 일경에게 체포되어 태 90도를 언도받았다. 정부는 그의 공훈을 기려 2011년에 대통령표창을 추서하였다.

97. 최태식(崔泰植), 1900.7~1976.2, 충남 공주, 3·1운동

최태식은 1919년 4월 1일 공주 정안 석송리·광정리에서 독립만세운동을 주도하였다. 이기한은 마을 주민들에게 "모두 나를 따르라"라며 앞장서자, 이병억·이동안·정재철 등 주민 20~30명이 '대한독립만세'를 부르며 광정리로 이동하였다. 최태식은 내송리에 거주하면서 운궁리 주민 20여 명과 함께 독립만세운동에 참여하였다. 광정리에 도착한 만세 군중들은 먼저 일본인 거주지와 정미소 앞에서 독립만세를 부르고 주재소를 공격하였다. 주재소가 파괴되고 있다는 통보를 받은 공주경찰서는 순사 2명, 순사보 1명, 헌병군조 1명, 병졸 5명을 자동차로 광정리에 급파하여 오후 4시 40분경에 석송리 주막 김원일 집 앞에 이르렀다. 광정리에서 석송리로 돌아와서 주막에서 휴식을 하고 있던 주민들은 도로로 뛰어나아가 자동차 진행을 막고 손을 흔들며 '대한독립만세'를 외쳤다.

일경들이 주도자로 이동안을 지목하고 체포하려고 할 때 노규현·정화순·장기현 등 주민들은 "그가 무슨 죄가 있어 잡아 가느냐?"며 고함을 치고 순사를 전후좌우에서 떠밀었고, 일경과 헌병들을 각각 수명씩으로 에워싸며 다툼을 벌였다. 또한 서광순·정재철을 체포하려 할 때도 순사에게 덤벼들어 체포를 저지하였다. 이에 중성(中聖)헌병군조의 발포에 이어 무차별 총격으로 이병림이 순국하였고 십 수명이 중경상을 입었다. 결국 그는 보안법 위반으로 공주지방법원에서 징역 8월을 선고(1919.9.29)받고 항고하였으나 경성복심법원(1919.11.17)에서 기각되어 옥고를 겪었다. 정부는 그의 공훈을 기려 1990년에 애족장을 추서하였다.

98. 현우석(玄宇錫), 1880~미상, 충남 공주 신상면 유구리, 3·1운동

현우석은 1919년 3월 14일 충남 공주군 신상면 유구시장에서 황병주가 주도한 만세시위에 참여하여 500여 명의 군중과 함께 "조선독립만세"를 고창하며 만세시위를 전개하였다. 또한 일경에게 연행된 황병주의 석방을 요구하며 경찰관주재소를 습격하였다가 체포되어 징역 2년을 언도받았다. 정부는 그의 공훈을 기려 2011년에 애족장을 추서하였다.

99. 현창석(玄昌碩), 1922.10~1971.10, 충남 공주 장기면 송원리 683번지, 국내항일

현창석은 전수대학 재학 중인 1940년 9월 박인석·채용석 등과 일제 식민통치에 항거하기로 의견을 교환하였다. 그 후 그들은 동급생인 정종락·김원식·권오황 등을 동지로 포섭하고, 1941년 11월까지 수십 차례의 모임을 갖고 한국인의 교육문제와 민족차별 등에 대한 토론을 통해 민족의식을 고취시켰다. 또한 현창석은 그 해 11월 하순 자신의 하숙집에서 동지들을 모아 "전쟁이 장기화하는 결과 일본의 패전은 필연한 것이므로 이 패전기의 혼란을 좋은 기회로 조선민중을 지휘 봉기하게 하여 독립을 완수하게 하도록, 당면의 임무는 동지를 획득 집결시켜 이들과의 연락 단결을 공고하게 하여야 한다"고 주장하면서, '우리조선독립그룹'을 조직하였다.

한편, 그는 1941년 6월경 일시 귀국했을 때 논산군 농회기수 강촌준웅(岡村俊雄), 공주농업학교 학생 청목정웅(靑木正雄) 등에게 일본에서의 항일활동 상황을 소개하고, '우리조선독립그룹'과 같은 목적의 단체의 '공주그룹'을 조직하게 하였다. 또한 1941년 12월 동지 채용석·정종낙·김원식 등에게 공주에서 독립운동을 추진하고 있는 집단이 있다고 하면서, 이 집단과 서로 호응하여 도쿄에서 민중봉기가 있으면 함께 봉기하기로 하였다. 태평양전쟁 발발 이후 그는 동지들과 더불어 미군과 영국군의 공습이 있을 때 조선민중을 봉기하게 하기 위해 각자 분담구역 및 활동방침을 정하였다. 현창석은 일본 도쿄 간다지역을 맡아 계획을 추진해 나갔다. 그러던 중 일제에게 이 조직이 발각되었고, 현창석은 1943년 3월에 체포되어 모진 고문을 당하다가 1944년 3월에 실형을 받고 옥고를 치렀다. 정부는 그의 공훈을 기려 1982년에 대통령표창, 1990년에 애족장을 추서하였다.

100. 홍사철(洪泗哲), 이명 홍점산(洪點山/洪点山), 1898.6.14~ 1959.7.20, 충남 공주 정안면 운궁리 44, 3·1운동

홍사철은 1919년 4월 1일 충남 공주군 정안면 석송리, 광정리 일대에서 수백 명의 군중을 이끌며 '독립만세'를 외치고, 광정리 소재 주재소를 습격하는 등 만세운동을 주도하였다. 결국 일경에게 체포되어 징역 10월(징역 8월 17일로 감형)을 언도받았다. 정부는 그의 공훈을 기려 2010년에 애족장을 추서하였다.

101. 황병주(黃秉周), 1884.11~1946.5, 충남 공주, 3·1운동

황병주는 1919년 3월 14일 공주 유구에서 독립만세운동을 주도하였다. 그는 천도교 신자로 『매일신보』를 통하여 서울의 3·1운동이 교주 손병희의 주도로 시작되고 체포되었다는 사실을 알고 독립만세운동을 전개하기로 결심하였다. 이어 1919년 3월 14일 오후 4시경에 공주 유구시장에서 30여 명 군중을 향하여 모자를 흔들면서 대한독립만세를 외쳐 군중들의 독립만세운동을 유도하였다. 시장의 군중들이 독립만세운동에 가담하면서 만세 군중이 점차 증가되자, 이들은 우시장을 향하여 이동하였다. 이 과정에서 읍내를 순시하던 일경 고산(高山)순사를 만났다. 일경은 독립만세운동을 제지하면서 수차에 걸쳐 해산을 종용하였으나, 오히려 만세 군중은 늘어나 수술공의 집 앞에 이르러서는 약 500여 명이나 되었다.

이에 일경은 순사보 박용진에게 명령하여 주도자인 그를 체포하여 유구주재소로 연행하게 하였다. 그가 체포 연행되자, 이승현은 시장에 있는 약 100여 명의 군중에게 "어찌하여 너희들은 가만히 보고만 있는가"라며 황병주를 구출하러 주재소로 가자고 독려하였다. 황연성도 하재옥 집 앞에서 박준빈·이우상·유석우·노상우 등과 함께 독립만세운동을 전개하였다. 이승현과 황연성의 주도로 주재소에 도착한 군중들은 고산순사를 공격하고, 주재소의 문, 등, 유리창 등 일제 치안기관의 시설물을 파괴하였다. 결국 그는 보안법 위반으로 공주지방법원에서 징역 2년을 선고(1919.6.16)받고 항고하였으나 경성복심법원(1919.7.20)과 고등법원(1919.10.16)에서 각각 기각되어 옥고를 겪었다. 정부는 그의 공훈을 기려 1977년에 대통령표창, 1990년에 애족장을 추서하였다.

102. 황연성(黃璉性), 1876.8~1943.5, 충남 공주, 3·1운동

황연성은 1919년 3월 14일 공주 유구시장에서 독립만세운동을 주도하였다. 황병주가 3월 14일 오후 4시경 유구시장에서 30여 명 군중을 향하여 모자를 흔들면서 대한독립만세를 외쳐 군중들의 독립만세운동을 유도하였다. 이들 만세 군중들은 우시장으로 이동하면서 독립만세를 고창하였고, 일경 고산(高山)순사의 제지에도 만세 군중은 500여 명으로 늘어났다. 고산순사가 박용진 순사보에게 황병주를 주재소로 연행하게 하였다. 이승현이 황병주가 연행되자, 시장에 있는 약 100여 명의 군중에게 "어찌하여 너희들은 가만히 보고만 있는가"라며 황병주를 구출하러 주재소로 가자고 독려하였다.

그는 하재옥 집 앞에서 박준빈·이우상·유석우·노상우 등과 함께 독립만세운동을 부르도록 독려하였고, 주재소 사무실에 들어가는 순사에게 황병주를 석방하지 않으면 군중을 해산시키지 않겠다고 주장하였다. 그와 이승현의 주도로 주재소에 도착한 군중들은 고산순사를 공격하고, 주재소의 문, 등, 유리창 등 일제 치안기관의 시설물을 파괴하였다. 그는 보안법 위반으로 공주지방법원에서 징역 3년을 선고(1919.6.16)받고 항고하였으나 경성복심법원(1919.7.20)과 고등법원(1919.10.16)에서 각각 기각되어 옥고를 겪었다. 정부는 그의 공훈을 기려 1990년에 애족장을 추서하였다.

103. 황타관(黃他官), 1895.6~1956.1, 충남 공주, 3·1운동

황타관은 1919년 4월 1일 정안면 석송리·광정리에서 독립만세운동을 주도하였다. 이기한은 마을 주민들에게 "모두 나를 따르라"라며 앞장섰고, 이병억·이동안·정재철·문백룡·김정쇠·최병한 등 주민 20~30명이 '대한독립만세'를 부르며 광정리로 이동하였다. 이들이 내송리에 이르렀을 때, 식수 부역으로 동원된 운궁리 주민 최범성·윤원식·이명보 등 20여 명이 독립만세운동에 합세하였다. 만세 군중들이 광정리에 도착하였을 때, 군중들 가운데 쇠스랑, 곡괭이, 삽 등을 가지고 있던 3, 4명이 주재소를 파괴하기 시작하였다. 이기한은 "주재소를 파괴하자", "왜 구경만 하느냐? 빨리 부수라"라며 군중들을 독려하였다.

황타관과 함께 윤원식·홍점산 등은 적극적으로 주재소 문, 등, 게시판, 담벽, 유리창 등을 부수었다. 특히 그는 발길로 유리창을 걷어차는 등 일제 치안기관인 주재소 시설물을 파괴하면서 독립만세를 고창하였다. 결국 그는 보안법 위반으로 공주지방법원에서 징역 10월을 선고(1919.9.29)받고 항고하였으나 경성복심법원(1919.11.17)에서 기각되어 옥고를 겪었다. 정부는 그의 공훈을 기려 1995년에 건국포장을 추서하였다.

3) 여성들의 독립운동

공주라는 지역은 1932년 10월 충청남도청이 대전으로 이전하기 전까지, 약 300년이라는 기간 동안 충청도를 관할하는 충청감영이 소재했던 수부(首府)였다. 충청도를 '양반의 고장, 양반 마을'이라고 부르는데는 이러한 시대적인 배경과 함께 보수적인 정서와 유교적인 규범이 매우 강했다는 점을 시사하기도 한다. 이러한 배경으로 인해 충청도는 1890년대 초반까지 개화나 신문명에 대해 강한 거부감을 갖고 변화를 거부하였다. 개신교의 전래로 비로소 공주를 포함한 충청도는 조심스러운 개화의 문을 열었고, 한미수호통상 이후 개신교 선교활동을 통해 닫혀있던 마음이 열리는 계기를 맞이하였다.

특히 개신교단은 선교사를 파견하여 공주에 선교거점을 마련하게 되었고, 본격적인 선교활동으로 인해 개화의 물결을 맞이하게 되었다. 처음 공주에 온 감리교 선교사는 스크랜턴이었으며, 뒤이어 서원보, 맥길, 로버트 샤프 부부, 우리암 부부 등이 차례적으로 파견되어 공주에 발을 딛었다.

서원보의 보고서에 의하면, "분명히 공주는 충청도에서 가장 중요한 곳이다. 이 고장 어디에서나 공주의 영향력이 행사되고 있었기 때문에 이곳은 선교사업의 결정적인 요충지라 할 수 있다"라고 밝히고 있다. 서원보의 이야기대로라면, 충청도에서 공주지역의 영향력이나 파장력은 매우 컸던 것으로 파악된다. 어쩌면 이러한 점이 공주지역의 여성들이 충청도의 다른 지역보다 빠르게 개화할 수 있게 된 원인이 되었을지도 모르겠다. 이 중심에는 공주의 영명학교를 빼놓을 수가 없다. 영명학교는 1910년 나라의 국권을 잃는 시기에도, 명실상부하게 충청지역을 대표하는 교육기관으로 발전하고 있었다. 조선총독부는 미국과 일본의 관계를 고려하여, 기독교계 학교에 대해서는 상대적으로 자율성을 부여하였다. 영명학교 창립10주년 기념행사로 인해 대대적인 모금운동이 전개될 수 있었던 것도 이러한 연유 때문이었다. 매일신보 1916년 11월 19일 '영명학교 확장'이라는 기사를 살펴보면, "우리는 지금 1천 원이나 그이상의 돈이 우리 실험실을 위한 기부금으로서 10월 15일까지 모이도록 하고자 한국인들 사이에 캠페인을 벌이느라 바쁘다. 10월 15일은 우리 학교의 10번째 기념일이다. 도시와 농촌 사이에 있는 각 기독교인들은 적어도 10센트 정도를 기부하게 될 것이며 매년 100원 정도 모금되리라 예상한다. 현재 우리는 1,000원을 모금하고 있다. 우리는 약 60명 정도의 학생이 있고 장비도 더 많이 필요하며 돈을 모금할 사람도 필요하다. 형제님이 보셨던 그 건물은 10명의 학생을 수용할 정도도 못 된다. 우리는 목표를 위해 5천 달러를 모금할 프로그램을 갖고 있다"라고 기록되어 있다. 이 계획에 의해 주민들의 적극적인 참여로 600여 원이 모금되었다. 당시의

공주 지역민들의 교육과 계몽에 대한 열망을 확인할 수 있는 대목
이다.

(1) 영명학교와 3·1운동 참여

먼저, 공주지역의 3·1운동에서 활약한 여성 독립운동가로 김현
경과 박루이사(박화숙)가 있다. 공주지역의 3·1운동은 3월 14일 유
구장터를 시작으로 4월 5일 반포면 상신리까지 여러 곳에서 전개
되었다. 특히, 공주지역에 있었던 영명학교를 중심으로 계획된 만
세운동이 주목된다. 당시 박루이사(박화숙)는 1913년 영명여학교를
제1회로 졸업, 1915년 영명여학교 고등과 졸업, 이후 이화고등보
통과로 편입하였다. 재학 중 서울에서 전개된 3·1운동을 목격하
고 3월 23일경 공주로 귀향하였다. 그녀는 이활란과 함께 3월 23
일 영명여학교 교실에서 여학생 김양옥 등과 함께 공주지역의 만
세운동을 계획하였다.

이렇듯 4월 1일에 계획된 만세운동은 영명학교·영명여학교 교
사와 학생 등이 중심이 되었다. 이튿날인 24일 저녁 9시에도 영명
학교에서 교사 김관회와 현언동, 목사 현석칠과 안창호, 영명여학
교 교사 이규상과 동경 유학생 김사현, 안성호, 오익표 등 9명이 모
여 회합을 가졌다. 이 회합을 통해 현익철을 중심으로 독립선언서
를 인쇄하고 만세운동의 날짜를 4월 1일로 결정하였다. 다음날 김
관회는 김수철을 만나 영명학교 학생들을 참여시키는데 동의를 얻
었으며, 동시에 독립선언서 1,000매의 제작을 부탁하였다. 김수철
은 영명학교 재학생이었던 유준석과 양재순 등을 만나 김관회의

뜻을 전하면서 동의를 얻어냈다.

그리고 29일에 이규남을 만나 태극기 제작을 부탁하였으며, 31일에는 노명우 등이 중심이 되어 학교 기숙사에서 윤봉균이 서울에서 가져온 독립선언서 1,000매를 인쇄하였다. 이규남은 태극기 4개를 만들어 김수철에게 3개를 나누어 주었고, 이규상에게는 1개를 전달하였다. 이 과정에서 여성들이 적극적으로 참여하였음이 확인된다. 한편 박루이사 등은 공주농업학교와 공립보통학교, 영명여학교 학생들을 비롯한 가족들의 참여를 이끌어 냈다. 이활란 역시 김현경의 집에서 영명여학교 학생과 가족들의 참여를 부탁하는 등 여성들의 적극적인 참여와 만세운동 참여를 독려하는데 앞장섰다.

당시 영명학교에 교사로 재직 중이었던 김현경(金賢敬, 1897.6.20~1986.8.15)은 1915년 서울 정신여학교를 다니다가 무관출신이었던 부친이 낙향하면서 부친을 따라 공주로 내려왔다. 그리고 그녀는 공주에 있던 영명여학교로 전학하여 학업을 지속하였다. 이후 그녀는 졸업 이후 원명보통학교 교사로 취업하였다. 정신여학교의 은사였던 여운형이 상해에서 독립선언문 1부를 보내왔고, 김현경은 동료 교사들과 함께 이 선언서를 등사하여 전단을 만들고 학생 30여 명과 함께 태극기도 만들었다. 그리고 4월 1일 영명여학교 교사인 이규상과 함께 논의한 이후 오후 2시에 계획된 만세시위에 참여하기 위해 이활란, 여학생 6~7명과 함께 물건을 사는 척 위장하여 시장으로 잠입하였다. 당시 시장에는 공주읍 교회의 여성 신도들도 모여들었다.

오후 2시, 계획대로 김수철이 독립선언서를 낭독하고 만세를 부르자 김현경을 포함하여 1,000여 명의 사람들이 이에 호응하여 만세시위를 전개하였다. 이 소식을 접한 일본 헌병들에 의해 김현경을 비롯한 영명학교와 여학교 학생들이 체포되었다. 이때 김현경과 박루이사를 비롯하여 현석칠, 김사현, 오익표, 최종식 등 19명이 공주경찰서에 끌려가 혹독한 고문을 당했고, 공주형무소로 이감되었다. 같은 해 9월 초, 박루이사를 비롯하여 김사현, 현운동, 안성호, 안창호, 오익표, 이활란 등은 공주지방법원에서 무죄를 받았다. 그러나 김현경은 8월 29일에 공주지방법원에서 보안법 위반으로 징역 4월과 집행유예 2년을 선고받았다. 이후 미결로 약 5개월간의 옥고를 치르고 출옥하였다. 김현경이 공주형무소에 투옥되었던 시기에 김현경은 유관순을 만나게 되었다.

김현경(출처 : 공훈전자사료관)

한편 박루이사(박화숙)는 일본으로 건너가 신호대학원 음악부와 미국 뉴욕의 시러큐스 대학교(Syracuse University)에서 유학하고 귀국하여 영명학교에서 음악교사로 교편을 잡았다.

우리가 잘 알고 있는 대표적인 여성 독립운동가 유관순(柳寬順, 1902~1920)은 천안 출신이지만, 공주와 깊은 연관성을 갖고 있다. 김현경과 유관순도 인연이 깊다. 김현경은 출옥 이후 재학 중인 이화학당의 교장의 부탁으로 유관순의 면회에 함께 나섰다. 면회에서 만난 유관순은 고문으로 망가진 몸을 제대로 치료도 받지 못한 채였다. 그리고 유관순은 결국 계속되는 투쟁과 투쟁으로 인한 고문으로 1920년 10월 12일 옥중에서 순국하였다. 이 소식을 들은 김현경과 이화학당 교장은 서대문감옥에서 유관순의 시신을 거두어 장례를 치뤘다. 김현경은 동아일보를 통해 3·1운동 당시를 아래와 같이 회상하였다.

"목이 터져라 만세를 외치며 장터를 달리다가 기마왜경이 휘두르는 칼에 유관순의 오빠와 함께 맞았어요. 머리에서 흘러내리는 피가 옥양목에 뚝뚝 떨어진다고 느끼는 순간 기절을 한 거예요. 얼마 뒤 정신을 차리고 보니 일본 순사가 어디 한 번 더 불러보라고 하기에 힘차게 대한독립만세를 한 번 더 불렀지요."

김현경은 충남 홍성에서 구멍가게로 생계를 잇다가 89살의 나이로 숨을 거두었다. 1998년 정부는 그녀에게 건국포장을 추서하였다.

유관순(柳寬順, 1902~1920)은 1902년 12월 16일에 충남 천안 동남구 병천면 용두리 338번지에서 아버지 유중권(柳重權)과 어머니 이소제(李少悌)의 둘째딸로 출생하였다. 유관순과 공주와의 인연은 유관순이 영명여학교에서 수학하면서 시작되었다. 1915년 기독교

감리교 충청도 교구 본부의 미국인 여자 선교사 샤프 부인(사애리시)의 주선으로 유관순은 이화보통학교 2학년으로 편입하였다. 유관순의 독립심이나 애국심이 영명학교를 통해 확장되었을 것으로 판단된다. 이후 유관순은 1918년 4월 이화고등보통학교 1학년에 입학하여 재학 중이었고, 3·1운동 소식을 접하고 친구들과 함께 담을 넘어 시위운동에 합류하게 되었다.

당시 엘리자베스 키스(Elizabeth Keith, 1887~1956)는 유관순과 관련하여 아래와 같은 말을 기록해 두었다.

> "한국의 가정에서 여자들은 남자들보다 하대를 당하지만, 삼일만세운동 때는 여자들도 남자 못지않게 잘 싸웠다. 비밀문서를 전달하기도 하고, 독립신문을 배포하고, 지하조직에 참여하며, 갖은 고문을 당하면서도 굽히지 않았다. 한국 여자들은 기회가 있을 때마다 그들이 얼마나 강인한가를 보여주었다."

이 기록을 통해 3·1운동이라는 사건이 단순한 시위가 아닌, 여성들의 독립운동이 수면 위로 떠오르는 계기이면서 동시에 기폭제가 되었던 것으로 판단된다.

체포를 면한 유관순은 사촌언니 유예도와 함께 3월 13일 기차를 타고 천안으로 돌아왔다. 그리고 보름 동안 천안을 비롯하여 연기, 청주, 진천 등지를 돌면서 서울의 3·1운동 소식을 전했다. 그리고 4월 1일 아우내 장날을 이용해 독립만세운동을 전개하였다. 특히 유관순 집안은 독립운동가를 3대에 걸쳐 9명 배출하였던 집안으로 주목된다. 4월 1일 아우내 장터에서 전개된 3·1운동에서 유관순의 아버지 유중권과 어머니 이소제, 유중오가 일제의 총에 맞아 피살되었다. 그리고 유관순을 포함하여 유관순의 숙부인 유중무, 유준석 등이 체포당하였다. 사촌언니 유예도는 만세운동에 함께 참여하였지만 체포는 면했다.

유관순과 공주의 인연은 공주감옥에서도 지속된다. 3·1운동으로 체포되어 공주감옥에 수감된 여자는 전부 10명이었다고 한다. 이후 2명은 서울로 호송되었고, 8명은 공주지역 3·1운동에 참여한 김현경과 박화숙(박루이사), 이활란, 아산 백암동 3·1운동을 주도한 교사 한연순과 김복희, 아우내 3·1운동을 주도한 유관순과 함께 참여했던 신씨 할머니, 또한 천안 직산 양대리 3·1운동을 주도한 황금순, 민옥금, 한이순 등이었다. 이들은 이 감옥에서 동고동락하면서 서로 의지하면서 독립정신을 확장하였을 것으로 짐작된다.

이들 이외에도 공주지역 여성의 독립운동에 조화벽(1895~1975)과 노마리아라는 인물도 빼놓을 수 없다. 조화벽은 유관순 집안의 며느리였다. 1895년 11월 7일 강원도 양양군 양양면 왕도리에서 무남독녀로 출생하였으며, 부친이 양양 기독교 교회 장로이고, 모친은 전도사인 독실한 기독교 집안이었다. 이러한 집안의 분위기 때문에 조화벽 역시 신실하고 독실한 신앙인으로 성장하였다. 조화벽은 호수돈여학교에 재학 중이었는데, 기숙사에서 이경지, 이경채 자매와 개성의 3·1운동을 계획하였다. 호수돈 여학생들의 주도로 진행된 개성의 만세운동에서 조화벽은 독립선언서를 인쇄하고 배

조화벽(출처 : 공훈전자사료관)

포하는 일을 담당하였다. 이뿐 아니라 그녀는 자신의 고향으로 돌아와 양양의 3·1운동에도 주도적으로 참여하였다. 시위자들에 대한 일제의 검거선풍이 불자, 조화벽은 사촌여동생 조연벽 등과 함께 양구의 산간으로 피신하여 산누에를 치며 숨어지냈다. 그리고 시위자들에 대한 검거가 잠잠해지자 조화벽은 졸업 후 영명여학교의 교사로 부임하게 되었다.

그리고 같은 학교 동료교사인 황인식(黃仁植)의 집에서 하숙하였다. 이후 유관순의 어린 동생들이 형과 누나를 만나기 위해 무작정 공주로 찾아왔고, 황인식이 유관순의 동생들을 돌보게 되면서 조화벽도 이들과 만나게 되었다. 이것이 인연이 되어 유관순의 오빠 유우석은 조화벽을 누이처럼 따르고 의지하다가 결국 결혼하게 되었다.

조화벽의 며느리의 회고에 의하면, "시어머님은 여장부셨어요. 80세에 돌아가실 때까지 독립운동가 집안의 며느리라는 긍지로 그 어려운 살림을 견디셨지요. 그러나 노년에는 한평생 시아버님으로부터 저고리 한 벌 못 얻어 입었다고 여자다운 불평도 하셨어요. 저도 남편에게서 저기로 한 벌 못 얻어 입었어요. 시아버님도 남편도 직업이 정당인이었으니 수입이 없었거든요"라고 한다. 여성의 삶에 독립운동가 집안의 며느리라는 자부심과 함께 집안을 이끌어 가기 위한 강한 정신력을 엿볼 수 있는 대목이다.

다음으로 노마리아(盧馬利亞, 1897~1982)는 공주에서 태어났으며, 유관순의 숙부 유중무의 며느리이자 독립운동가 유제경의 어머니이다. 노마리아는 1913년 공주 영명중학교를 제1회로 졸업했으며 1914년 계룡면 경천 원명학교 교사를 지내며 유관순의 사촌 오빠 유경석과 결혼하였다. 노마리아는 자신의 활동과 관련하여 직접 구술로 남겨두었다.

아우내 3·1운동이 일어났을 당시 노마리아가 만세시위에 참여하려고 하였으나, 유관순이 그녀를 만류하였다. "형님은 애기가 있고 가정부인이니까 나가지 말라고 그러다라구요. 가정부인은 이나라의 국민이 아니냐? 나라사랑하는 마음을 발휘할 수 없느냐? 그것이 무슨 소리냐 하고서… (중략) …장터에서 대한독립만세 부르는 소리가 이쪽 산 너머까지 우렁차게 나와. 그래서 당시 마음이 들떠서 살 수가 있어야지 그래서 조박사 제수하고 그 이도 애기를 업고, 나도 애를 업고 산으로 올라갔어"라고 하였다.

노마리아는 3·1운동 이후 1920년에 공주 금정(錦町, 현재 교동)에 있는 야학 공금학원(公錦學院)을 세워 운영하며 공주 일대에서 학교에 취학하지 못하는 가난한 아동들과 문맹청년과 부인들에게 한글 강습과 함께 교육하는 등 다양한 활동을 하였다.

이상에서 살펴본 것처럼, 공주지역 여성들의 3·1운동은 유관순과 깊은 연관성을 갖고 있다. 그 연관성의 중심에는 영명학교가 있다. 영명학교는 충남지역 여성들의 독립운동의 중심 역할을 하였으며, 영명학교를 계기로 충남지역 여성들이 연결고리를 갖게 되었던 것이다.

이들 이외에도 공주 출신으로 3·1운동에 참여하였던 여성 독립운동가로 박영선(朴永善, 朴婁以土)이 확인된다. 관련 자료가 거의 없어 공주 주외면 금학리 출신이라는 점과 1901년 생이라는 점 등이 확인될 뿐이다.

(2) 다양한 독립운동 참여

이외에도 공주 출신으로 다방면의 독립운동에서 활약한 여성 독립운동가들이 확인된다. 먼저, 노예달(盧禮達, 1900.10.12~미상)은 공주 학룡면 경천리 80번지 출생이다. 3·1운동 당시 이화학당 고등과 2학년에 재학 중이었으며, 서울 파고다 공원에서 전개된 만세운동에 참여하였다. 또한 몇 일 후인 3월 5일 남대문에서 학생단이 주도한 제2차 독립만세운동에도 참여하여 체포되었다. 결국 그녀는 징역 6월, 집행유예 3년을 받았고, 2014년에 정부는 그녀에게 대통령표창을 추서하였다. 자신의 고향이 아닌 재학 중인 학교 인근에서 3·1운동을 두 차례나 참여했을 정도로 독립정신이 투철한 독립운동가이다.

다음으로 이은숙(李恩淑, 이명 李榮求, 1889.8.8~1979.12.11)은 공주 정안면 사현리에서 출생하였다. 우리가 잘 알고 있는 만주에서 독립운동가로 활약한 이회영의 부인이다. 이은숙은 1910년 남편 이회영 및 일가족과 함께 중국 길림성 유하현 삼원보로 이주하여 신흥무관학교를 설립하는 등 독립운동기지 개척과 건설에 지대한 협조활동을 하였다. 또한 그녀는 1919년 중국 북경으로 가서 이회영과 독립운동가들의 활동을 지원하였으며, 1925년에는 귀국하여 독립운동자금을 조달하였다. 정부는 2018년에 그녀에게 애족장을 추서하였다. 특히 그녀의 독립운동은 당시 여성들이 시대상황에 처해 독립운동을 전개하는 전형적인 모습을 보여준다는 점에서 주목된다.

이밖에도 공주 출신으로 국내항일 활동을 전개한 여성 독립운동가로 박순기(朴順基/新井美慈子, 본적 충남 공주군 공주면 산성정 91-3, 1926년 출

이회영(출처 : 독립기념관)

이은숙(출처 : 공훈전자사료관)

생), **박숙제**(朴淑濟, 본적 충남 공주 공주 본정 328, 1923년 출생), **박완기**(朴完基/朴伊東, 본적 충남 대전 춘일 3정목 363, 1925년 출생) 등이 확인된다. 이들 역시 자료가 많지 않아, 공주 출신으로 독립운동에 참여했다는 정도만 확인이 될 뿐이다.

3. 여성의 독립운동 연구 과제

공주 출신의 여성 독립운동가들은 집안 사람들에게 독립의식에 대한 영향을 받기도 하였으며, 또한 지역에서 전개되는 독립운동과 연관되어 활동하였다. 따라서 여성의 독립운동을 개별 사건을 파악하기보다는 집안이나 가계, 혹은 지역과 인간관계 속에서 파악하는 점이 중요하다. 앞에서도 언급하였으나, 여성의 독립운동을 파악하는 것은 남성의 독립운동을 파악하는 것보다 제약이 많다. 또한 같은 기준과 잣대를 놓고 여성의 독립운동을 파악하기보다는 시대상황을 고려하여 여성들이 독립운동사에서 어떤 역할을 하였는지 일정한 범주를 정하는 것도 방법이 될 수 있을 것으로 생각되어진다.

공주 출신의 여성 독립운동가들을 정리하는 작업 속에서 당시의 시대 상황을 고려한 여성들의 역할을 정의 내리는 일이 쉽지 않다는 생각을 해봤다. 또한 일제강점기 독립운동을 설명하기 위해서는 일제강점기 당시의 자료를 근거로 논리를 전개해야 한다는 점에서 제약이 크다. 특히 후손이나 지역민들끼리 전해져 내려오는 이야기들이 당시의 자료에서 확인되지 않을 때는 논리를 진전시켜 나가기 어려운 점이 분명하게 존재한다. 마을 조사나 구술채록을 통한 접근으로 여성의 독립운동가들의 활동이 파악되기에도 일정한 한계가 있다는 점을 간과할 수가 없다.

그런 의미에서 여성들의 독립운동은 신중하게 접근할 필요가 있다. 자료를 찾아가는 과정이나 자료에서 그들의 행적을 찾는 작업은 다양한 측면을 고려하여 접근해야 한다. 또한 그들의 활동에 대한 의미 부여도 시대상황을 고려하여 연구되어야 한다. 아직 여성의 독립운동 분야는 기초 단계에 불과한 연구가 진척되었다. 연구자들의 지속적인 관심이 무엇보다 중요할 것으로 판단된다. 또한 여성들의 독립운동을 단순하게 독립운동史나 활동적인 측면에 초점을 맞출 것이 아니라, 그들의 활동에 대한 역사적인 의미를 찾아가는 작업이 필요할 것이다.

참고문헌

김진호 외 5인, 『공주독립운동사』, 학고재, 2020.
충남역사문화연구원, 『충남의 독립운동가』 1 · 2, 2011.
충청남도역사문화연구원, 『역사 속의 충남여성 : 문화의 전승자들』, 2017.
충청남도역사문화연구원, 『충남 여성의 삶과 자취 : 역사에 남긴 유산』, 2018.

● 영명실수학교의 전경

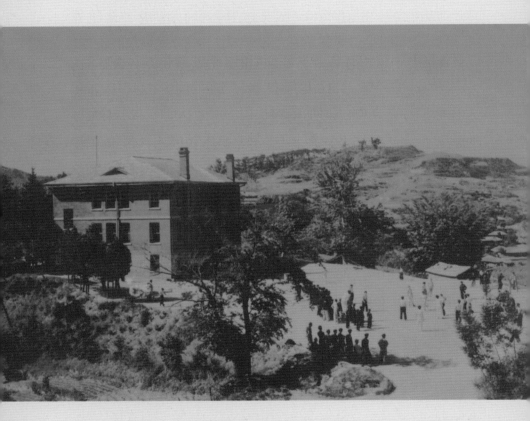

1906년 미북감리회의 우리암 선교사가 중흥학교를 세웠는데, 1909년 오래도록 밝게 빛나는 학교라는 의미의 '영명학교(永明學校)'로 정식 설립인가를 받았다. 그러다 미북 감리회에서 해외선교 199주년을 기념하여 내린 지원금을 받아 양옥 3층 규모의 벽돌 건물을 지었다. 그 후 1932년 영명실수학교로 전환되었다가 1942년 일제에 의해 강제 폐교되었다.

1905년 사애리시 여사가 세운 명선여학당은 1909년 '영명여학교'로 정식 인가를 받아 1913년 제1회 졸업생을 배출하였다. 사진 속 인물은 왼쪽에서부터 진영신, 서유돌라, 김엘라, 강면례, 노마리아, 박화숙이다. 영명여학교는 1927년 영명여자보통학교로 교명을 바꾸고 보통과와 고등과를 운영하였다.

303

충남도청 앞 관아대로(옛 충남도청 방향)

(行發堂河玉田森)

朝鮮忠淸南道公州旭町通

일제강점기 충남도청 앞 '관아대로'라고 불렸던 욱정(旭町, 현 감영길)의 현 대통교 부근이다. 사진 아래는 1918년 공주교가 새워지기 이전의 널다리로 1820년(순조 20)에 세워진 것이다. 이곳은 공주에서 가장 번화한 곳으로 각종 상점이 즐비하고, 손님을 비롯해 상인, 지게꾼 등 많은 사람들이 오갔던 곳 중의 하나였다.

충남도청 앞 관아대로(옛 앵산공원 방향)

일제강점기 충남도청 앞 관아대로에서 동쪽으로 있는 앵산공원의 작은 동산을 바라
보고 촬영한 엽서이다. 이 동산은 현재 3·1중앙공원으로 유관순 열사 동상이 세워져
있다.

- 지은이(집필순)

서만철 - 한국선교유적연구회장

공주사범대학, 서울대학교 대학원을 거쳐 미국 루이지애나 주립대학교에서 지구물리학 박사를 받았다. 귀국 후 한국해양연구원과 한국동력자원연구원에서 근무하였으며, 1991년부터 2019년까지 공주대학교에서 교수, 학장 및 총장을 역임하였다.
현재 그는 '백제역사유적지구'의 UNESCO 세계유산 등재에 기여하였던 경험을 살려 (사)한국선교유적연구회를 조직하여 몇 안 남은 기독교 선교유적을 세계유산으로 등재하고자 노력하고 있다.

임연철 - 전기 작가

서울대학교 사학과(1972)를 졸업하고 중앙대학교에서 예술경영학 석사(2002), 성균관대학교에서 공연예술학 박사학위(2006)를 받았다.
중앙일보, 동아일보에서 문화부 기자를 거쳐 문화부장, 논설위원, 사업국장을 역임(1974~2007)했다. 중앙대와 숙명여대 초빙교수, 건양대 대우교수, 국립극장 극장장 등(2007~2019)을 지냈다.
현재 전기 작가로 활동하며 『이야기 사애리시』(신앙과지성사, 2019), 『지네트 월터 이야기』(도서출판 밀알, 2020)를 펴냈다.

송충기 - 공주대학교 사학과 교수

서울대학교 서양사학과를 졸업하고 독일 보훔대학교에서 박사학위를 받았다. 현재 국립공주대학교 사학과 교수로 재직 중이다. 저서로는 『토건이 낳은 근대: 일제강점기 공주의 풍경』(2017), 『서양사강좌』(공저), 『나치는 왜 유대인을 학살했을까?』 등이 있고, 역서로는 『히틀러와 홀로코스트』, 『옥시덴탈리즘』 등이 있다. 「역사로의 회귀」와 동독에 대한 기억」, 「나치시대 콘라트 로렌츠의 학문과 정치」, 「노르베르트 베버(Norbert Weber) 신부의 공주여행기: 선교사에서 순례자로」 등 여러 편의 논문을 썼다.

정을경 - 충남역사문화연구원 책임연구원

현재 충남역사문화연구원의 백제충청학연구부 책임연구원으로 있으며 충남지역의 독립운동과 민족운동의 연구, 충남지역의 다양한 역사문화 연구에 힘쓰고 있다.
주요논저로는 「동학농민군 이병춘의 생애와 독립운동」, 「일제강점기 박인호의 천도교활동과 민족운동」, 「1920년대 충남지역 천도교단의 변화와 청년문화운동」 등이 있다.

공주가 키운 유관순과 공주의 여성독립운동가

발 행 일   2020년 12월 18일(초판 1쇄)
펴 낸 이   **공주시 · 공주대학교 공주학연구원**
발 행 처   **서경문화사** 주소 : 서울시 종로구 이화장길 70-14(204호) / 전화 : 02-743-8203
신고번호   제1994-000041호
ISBN   978-89-6062-227-2   03910

* 파본은 구입처에서 교환하여 드립니다.

  정가 16,000

● 이 책은 저작권법에 의해 보호받는 저작물입니다.
  수록된 글과 이미지를 사용하고자 할 때에는 반드시 저작권자와 서경문화사의 서면 허락을 받아야 합니다.